Equiano Intensio

Wildnisfamilie

Ein Jahr leben wie ein Naturvolk

Equiano Intensio

WILDNISFAMILIE

Ein Jahr leben wie ein Naturvolk

"Wenn du dir etwas von ganzem Herzen wünschst, kommt alles im Universum zusammen damit es passiert!"

SUN EAGLE

Die Wildnisfamilie zu Beginn des Wildnisjahres

Bibliografische Information der Deutschen Nationalbibliothek:
Die Deutsche Nationalbibliothek verzeichnet diese Publikation in der Deutschen Nationalbibliografie; detaillierte bibliografische Daten sind im Internet über http://dnb.ddb.de abrufbar.

ISBN 978-3-96103-586-1

www.rediroma-verlag.de
15,95 Euro (D)

INHALT

3. Kapitel - Die weiße Jahreszeit 124

4. Kapitel - Die Zeit danach 201

GLOSSAR

Familienjahr bzw. Wildnisjahr - Wildnisprogramm bei dem Familien als Clan für elf Monate, fern von Zivilisation, im Wald lebten.

Guides - Wildnisjahrprogrammleiter

Hauptguide - Wildnisjahrprogrammleiter und Gründer der Wildnisschule

Basecamp - Wohnort der Guides

Wildniscamp - Wohnort der Familienjahrteilnehmer

Clan - Alle Teilnehmer des Familienjahres, ähnlich einem Stamm

Guideline - Gemeinsame Richtlinien des Clans

Einen Mond - Zeiteinheit für einen Monat / Eine Sonne - Zeiteinheit für einen Tag

Körperlänge - Maßeinheit der Länge eines durchschnittlichen Menschen

Fooddrop - Nahrungslieferung durch die Guides an einen bestimmten Platz

Native - Ureinwohner eines Naturvolkes

Guardian - Ursprünglich *Wächter, Scout, Krieger*, ein Beschützer im Dienste des Clans

Wigwam - Indianerbehausung aus Naturmaterialien

Schwitzhütte - Natursauna, in der heilige Zeremonien stattfinden

Mondin - Der Mond wird als weiblich angesehen, da die weibliche Periode mit dem Mondzyklus geht

DANKSAGUNG

Von ganzem Herzen möchte ich mich bei meiner ganzen Familie und all den anderen Begleitern auf meinem bisherigen Weg bedanken. Alle haben auf ihre Art dazu beigetragen, dass ich da stehe, wo ich nun bin. Denjenigen, die sich die Zeit nahmen, meine Monatsberichte zu lesen und ihre Gedanken und Gefühle zu mir nach Amerika schickten - es kam alles an und ich spürte eure Kraft stets! Einen großen Dank an all die Menschen, welche mich beim Verwirklichen dieses Buches unterstützten. Ohne sie wäre das alles nicht möglich gewesen! Ich danke auch all meinen Ahnen, die vor mir auf dieser Erde wandelten und mir den Weg, so gut sie konnten, bereiteten. Ich danke den Tieren, Pflanzen und Mineralien, die mit uns den Raum in den Wäldern gestalten und beleben, sowie meinen geistigen Helfern, die meine Gebete empfangen und dem großen Ganzen - dem alles durchdringenden Geist.

ALEXANDROS SUN EAGLE

1. Kapitel - Die Zeit zuvor

MEINE VORGESCHICHTE

Alexandros kurz vor dem Wildnisjahr

Ich bin 1986 in München geboren und zog mit zwei Monaten in ein kleines Dorf, in der Nähe von Freiburg im Breisgau. Dort verbrachte ich die ersten zwölf Jahre meines Lebens und hatte eine schöne Kindheit mit fürsorglichen Menschen um mich herum. Meine Hauptbezugspersonen waren meine Mutter und meine Oma, ich wuchs nicht mit meinem Vater auf.

Mein zwölftes Lebensjahr brachte Veränderung und ich zog nach München. Vom Dorf in die Großstadt - in diesem Alter war München für mich gigantisch! - und es war mir eine Freude, plötzlich Supermärkte und Kaufhäuser in meiner Nähe zu haben.

Dann kam ich ins Jugendalter und entdeckte neue Reize. Neue, stylische Kleidung musste her, Gel kam in die Haare und eine ordentliche Designerparfumwolke durfte nicht fehlen. Schon bald begann ich mein Sexualleben zu erforschen. Disco und Party wurden interessant und die Nächte, sowie der Morgenschlaf wurden immer länger.

Nach einigen Jahren war mein Leben von Zigaretten, Alkohol, Marihuana, schlechter Ernährung und ungesundem Sexualverhalten geprägt. Sport war nur noch vage Erinnerung. Ich nahm an Gewicht zu, die Schule wurde mir sehr anstrengend und meine Konzentration war in alle Himmelsrichtungen zerstreut. Dieser Weg führte in einen depressionsartigen Zustand, in dem ich mich selbst kaum noch spürte. Ich erinnere mich noch genau an den Tag, an dem ich in den Spiegel sah und dort bloß einen Körper sah, doch keine Persönlichkeit mehr. Leere. Dieser teilzeitverzweifelte Kerl fand irgendwie eine Ausbildungsstelle als Elektroniker. Kurz darauf, nach einem qualmstarken Urlaub in Amsterdam, beschloss ich regelmäßig joggen zu gehen und sowohl das Kiffen als auch das Rauchen aufzuhören. Das war ein neunmonatiger Prozess. Ich trank nur noch am Wochenende und fand neue Kontakte, unter anderem lernte ich meine damalige Partnerin kennen. Im Großen und Ganzen gelang es mir, ein sogenanntes normales Leben zu führen. Doch machte sich immer wieder eine leise Stimme in mir bemerkbar. Irgendetwas wollte sie mir sagen, ich hörte es bloß nicht!

Dann stürzte und verletzte ich mich am Knie und lag drei Wochen im Bett bzw. wandelte auf Krücken. Dieser, aus heutiger Sicht geniale Unfall, schuf Ruhe in meinem Leben. Nun hörte ich die Stimme etwas besser. Ich spürte deutlich, dass ich gerade an einer Weggabelung stand. Der eine Weg würde zu einem gesellschaftlich normalen bzw. sogenannten sicheren Leben führen und ich würde immer mit einem unerfüllten Gefühl, dass etwas in meinem Leben fehlt, sein. Der andere

Weg würde bedeuten, etwas zu wagen und meiner inneren Stimme zu folgen. Mir war zu diesem Zeitpunkt nicht bewusst, was das für Auswirkungen auf mein weiteres Leben haben sollte, und ich entschied mich für den zweiten Weg.
Kurz darauf besuchte ich Philosophiekurse, las spirituelle Bücher und bekam beim Joggen wieder einen Bezug zur Natur. Letzteres weckte die Sehnsucht nach mehr Wissen und Können bezüglich des Seins in der Natur. Ich wusste nicht genau, wie das aussehen könnte. Nur zwei Wochen später, als meine Mutter mir mit dem Satz „Das wäre doch was für dich“, die Werbung einer Wildnisschule zeigte, entdeckte ich Wildnispädagogik. Begeistert meldete ich mich sofort zu einem Kurs an und setzte den nächsten Baustein in Richtung Veränderung. Meine Pläne, mich als Elektrotechniker weiterzubilden, schmiss ich über Bord und begann ein naturnahes Studium als Forstwirtschaftler.
Die Wildnisausbildung gefiel mir so gut, dass ich mehr wollte. Also fragte ich meinen Wildnislehrer, ob es nicht irgendwo einen Wildniskurs gebe, wo man länger sein könnte, als bloß ein Wochenende oder eine Woche? „Ja, in Amerika“, sagte er „....dort kann man ein Jahr in der Wildnis leben......“. Ich war vom ersten Moment an Feuer und Flamme und tief in mir wusste ich bereits, dass ich dorthin gehen würde! Nur wann? Mein Studium würde mindestens vier Jahre dauern? Also plante ich das Wildnisjahr nach dem Forststudium. Zwar war ich ein Student mit guten Noten, doch war da wieder diese innere Stimme. „Ist es das, was du wirklich machen möchtest?“, sagte sie. „Nein, doch hat es mit Natur zu tun und ein gutes Studium bringt mir Sicherheit“, gab ich zur Antwort. Das hatte ich mir selbst nicht ganz abgenommen, denn zu dieser Zeit hielt ich Sicherheit bereits für eine gesellschaftliche Illusion. Doch saß die Angst vor dem Ungewissen noch tief in meinen Knochen. Was ist wenn? Mit diesen Worten ging mein innerer Konflikt in die nächste Runde. Dann, auf einem Camp mit vielen natur- und spirituell interessierten Menschen besuchte ich mehrere Workshops und Vorträge. Unter anderem drei verschiedenartige Vorträge darüber, wie wichtig es sei, das zu leben was man wirklich leben möchte, Ängste hinter sich zu lassen und Verantwortung für innere Zufriedenheit zu übernehmen.
Es rüttelte mich kräftig durch und mit Tränen in den Augen blickte ich zum Himmel. Mir war klar, das Leben ist jetzt oder nie. Nach dem Camp sollte ich eigentlich einen einwöchigen Motorsägenkurs für mein Studium besuchen. Und obwohl ich mich bereits anders entschieden hatte,

packte ich wie ein Roboter, als ob die Information noch nicht in meine Zellen übergegangen wäre, meine Sachen und fuhr in eine kleine Stadt nordöstlich von München in Richtung Motorsägenkurs. Ich schrieb mir die Wegbeschreibung heraus, so wie ich es immer tat und gelangte in die Kleinstadt. Doch aus irgendeinem unerfindlichen Grund fand ich das Forstgebäude nicht. Ich fand bisher immer alles, was ich mir herausschrieb! Vielleicht wollte ich es auch nicht finden. Dann kam ich zu einem großen Getreidefeld und parkte auf einer Wendeplattform. Dort erblickte ich eine einzelne rote Mohnblume, die sich von den anderen Getreidepflanzen deutlich abhob. Ich verstand das Sinnbild sofort und setzte mich auf meinen schwarzen FIAT Punto. Tränen der Veränderung liefen mir über die Wangen und ich sang „Freiheit, Freiiiii-iiiiiiiiiiiiiiiiheit...................ist das einzige was zählt“. In diesem Moment brach die Wolkendecke des bayrischen Einheitsgraus und die Sonne strahlte mir auf der kleinen Wendeplattform direkt ins Gesicht. Während ich diese Zeilen schreibe steigen mir Tränen in die Augen. Mir war klar, dass sich etwas Grundlegendes in meinem Leben verändern sollte. Ich würde von nun an meinen Traum leben!

Kurz darauf habe ich mein Studium erfolgreich abgebrochen und suchte nach einer Möglichkeit mietfrei und am besten in Gemeinschaft zu leben. Es ging keine drei Wochen, da saß ich in einem Vortrag über Gemeinschaftsbildung neben einem Mann. Er suchte einen Wildnispädagogen für sein Mehrgenerationenhaus. Einen Monat später war ich bereits im Allgäu und half dort für Kost und Logis mit. Die Betreuung eines zweijährigen Jungen im Mehrgenerationenhaus war der Start in meiner *Ausbildung zum Vater*, was mir in Amerika noch von Nutzen sein sollte.

Das war bei Weitem nicht der einzige *Zufall*, der meinen Weg bis dorthin begünstigte. Viele Menschen habe ich getroffen und konnte durch diese Begegnungen wachsen. *Zufälligerweise* lernte ich einen jungen Mann kennen, der nur eine Stunde vom Mehrgenerationenhaus entfernt wohnte und auch mit nach Amerika zum Wildnisjahr kommen würde - Unterstützung, welch ein Segen!

Die Vorbereitungen waren zwar nicht alle ganz einfach - Visum, Flug, Papiere, sonstige Vorbereitungen usw. - doch ging nichts schief! Alle Zeichen wiesen darauf hin, dass das jetzt gerade stimmig ist. Aus meiner Erfahrung passt es im Leben, wenns einfach läuft. Mal sehen, wie es weiter gehen würde...

Noch vor meinem Wildnisjahr machte ich mich mit meinem Auto auf den Weg und reiste zu einigen Menschen die mir im Laufe der letzten Jahre begegnet sind. Ich lebte bei meiner Familie, Freunden, im Englischen Garten, in einem Wildniscamp und erlebte Abenteuer wie am Gardasee, wo ich versteckt hinter Booten am Strand einer Promenade schlief.

Wenige Tage vor Abflug schrieb ich folgendes:
„Nun sitze ich hier, meine Sachen sind gepackt und ich spüre ein Kribbeln in meiner Herzregion. Aufregung ist da, Freude über das Abenteuer, Angst vor dieser Herausforderung. Tiefe Dankbarkeit für diesen Reichtum, einen Weg einschlagen zu können, den mein Herz mir wies. Ich danke all den Menschen, die ich kennenlernen durfte, denn ohne sie wäre ich nun nicht der Mensch, der ich bin. Unterstützung kann sehr unterschiedlich aussehen, viele waren für mich da, wir haben zusammen gelacht, Zeit verbracht, uns ausgesprochen und vieles mehr - doch was mir am meisten in Erinnerung bleibt, sind die vielen Augen, in die ich bei all den Verabschiedungen blickte. Ich habe gespürt, wie mein Gehen auch in ihnen etwas ausgelöst hat und war dankbar für deren Segen. Mehr und mehr bekam ich in den vergangenen Monaten das Gefühl, nicht nur für mich diesen Schritt zu tun, ich trage viele von ihnen mit mir.... Was mich erwartet? Ganz ehrlich.............das weiß ich gar nicht genau. Hab zwar einiges gelesen, mich mit Menschen unterhalten, die das Wildnisjahr bereits machten und pflege bereits per E-Mail Kontakt zu den Menschen, die ich dort treffen werde. Doch kann ich eigentlich nichts darüber sagen.
Meine Vermutung: Ich denke, es wäre eine Illusion, zu erwarten, dass alles ganz locker und ohne Herausforderungen von statten geht, und warum würde ich denn dann reisen? Es geht hierbei bestimmt darum, an meine Grenzen zu gehen, sei es körperlich - Kälte, Nahrung, Komfort- oder vor allem emotional. Jeder, der einmal mit mehr Menschen als sich selbst zusammen gelebt hat, weiß wahrscheinlich, was ich meine. Konflikte entstehen, weil wir verschieden sind und jeder hat seine Sicht auf diese eine Welt. Und das ist auch gut so, auch wenn ich einige Jahre gebraucht habe, um das zu akzeptieren. Eines ist für mich klar, dies ist keine Flucht, denn ich bin mir darüber bewusst, dass ich mich selbst überall hin mitnehme! Einmal pro Mond werde ich voraussichtlich die Gelegenheit haben, mit meiner Familie zu telefonieren und mich per E-Mailbericht meinen Freunden mitzuteilen. Ich bin dankbar dafür, dass ich so viele Zuhörer habe und ich werde mich bemühen, meine Erfahrungen in den Wäldern so unverblümt und ehrlich wie möglich zu schildern. Mit allen Höhen und Tiefen. Nun noch ein paar Worte, die mich das Leben bis hierher gelehrt hat und die ich besonders in den letzten Monaten mit mir herumtrug:“

„Wenn ich etwas von ganzem Herzen wünsche, kommt alles im Universum zusammen, damit es passiert."

„Alles ist individuell - es gibt kein schwarz oder weiß, richtig oder falsch, sondern nur die volle Fülle aller Farben des Regenbogens - es liegt an mir, welche Erfahrung ich gerade machen möchte."

„Ohne Veränderung höre ich auf, zu lernen, ohne zu lernen, höre ich auf zu leben."

„Diese Erde versorgt mich mit allem, was ich brauche, um zu wachsen und zu gedeihen. Wenn es mir gut geht, kann ich dieser Erde und ihren Kindern etwas zurückgeben und binde mich damit an den Kreislauf aller Dinge an. Es ist also wichtig, dass es mir gut geht!"

Während unserer Zeit in den Nordwäldern hatten wir einmal pro Mond die Möglichkeit, ins Basecamp zu wandern und dort per Telefon oder Computer Kontakt zu unseren Freunden und Verwandten aufzunehmen. Bei jedem dieser Besuche schrieb ich mehrere Stunden lang eine lange E-Mail über das, was gerade im Wildnisjahr passierte und sendete diese an viele Leute meines E-Mailverteilers. Somit nahmen diese Menschen auch am Abenteuer teil und manche warteten bereits jeden Mond gespannt auf den nächsten Bericht. Durch das viele positive Feedback bezüglich der bildhaften Berichte sprachen mich mehrere darauf an, daraus ein Buch zu machen. Mir gefiel die Idee und somit verbrachte ich viele Stunden nach dem Wildnisjahr am Laptop. Das Vorhaben schien wie gesegnet und schon bald gab es auch einen passenden Verlag und eine nette Frau, welche sich bereit erklärte, das Manuskript zu lektorieren. Dank der Aufforderung der Menschen aus dem E-Mailverteiler liegt nun dieses Buch vor dir. Eine gute Reise…..

UM WAS GEHTS BEIM FAMILIENJAHR?

Das Wildnisjahr wird seit einigen Jahren von einer Wildnisschule in Nordamerika angeboten. Bisher gingen nur Singles in die Wälder, doch diesmal kamen Familien mit Kind und Kegel! Dazu einige Singles.
Fünfundzwanzig Erwachsene im Alter zwischen einundzwanzig und sechsundsiebzig Jahren und siebzehn Kinder zwischen zwei und fünfzehn Jahren kamen für elf Monate in den Nordwäldern von Amerika zusammen. Leben ohne Technik und so einfach wie möglich. Ähnlich einer Jäger/Sammler-Kultur, die wir Menschen einst pflegten und basierend auf der Tradition der dort einheimischen Indianer.
Doch ging es nicht um klassisches Survival oder ein Mensch-gegen-Natur-Überlebenskampf, es ging ums Leben!
Selbsterfahrung, Gemeinschaftsprozesse und das Eintauchen in die Natur waren Eckpfeiler des Familienjahres, sowie einen natürlichen Umgang mit unseren Kindern zu erforschen.
Um diese Erfahrungen zu unterstützen, hatten wir eine vorgegebene Packliste. Diese gab vor, bloß Kleidung aus Tier- und Baumwolle mitzubringen. Die Kleidungsfarben sollten Erdtöne wie grau, braun, grün, beige usw. sein. Jeglicher Schmuck, Kettchen und Piercings sollten zu Hause bleiben. Als Werkzeuge dienten lediglich Messer, Tomahawk und Ahle.
Kontakt zur zivilisierten Außenwelt sollte gemieden werden. Wir wurden ermutigt, mit unseren Verwandten und Freunden überwiegend über handschriftliche Briefe Kontakt zu halten. Pakete würde die Schule für uns bis zum Ende des Familienjahres aufbewahren.
Auch jegliche religiöse und spirituelle Praktiken, sowie Yoga und Ähnliches sollten wir *zu Hause* lassen. „Komme als leere Schale“, betonte der Gründer der Wildnisschule in einem Vorbereitungsschreiben.

Die folgenden Zeilen wurden von mir, also einem Teilnehmer des Familienjahres geschrieben. Dementsprechend enthält dieses Buch nur (m)eine Sicht der Geschehnisse in den Nordwäldern.
Wahrscheinlich könnte jeder Wildnisjahrteilnehmer ein Buch darüber schreiben und der Leser würde denken, es handle sich um unterschiedliche Erfahrungen.
So, wie ich die Dinge hier darstelle, habe ich sie erlebt und empfunden. Bestimmt wird hier einiges gar nicht erwähnt, was noch alles passierte oder die Interpretation meiner im Wildnisjahr entstandenen Texte und

Erinnerungen könnten leicht verschwommen sein. Bestimmt kann man das Familienjahr auch nicht mit vorherigen Wildnisjahren vergleichen, zum einen, da zum ersten Mal Kinder dabei waren und zum anderen, da jedes Wildnisjahr komplett anders sein kann.

Worum es mir hier geht, ist dich zum Nachdenken bzw. Nachfühlen anzuregen und dein Leben, sowie Verhaltensweisen noch einmal aus einer anderen Perspektive anzusehen. So, wie auch mir in Amerika viele neue Perspektiven begegnet sind und mich teils kräftig rüttelten.

VORBEREITUNGEN

Zu meinen Vorbereitungen gehörte Ernährungsumstellung. Fleisch, Fisch, Nüsse, Eier, Früchte, Gemüse und Wildkräuter und größtenteils Verzicht auf Brot, Nudeln, Kartoffeln, Reis, Süßzeug und Gewürze. Übungen wie blind gehen, balancieren, Körperübungen und das Lesen eines Buches vom Gründer der Wildnisschule standen täglich an. Er schrieb ein Buch über Kinder, *Das Erblühen des Kindes*, in welchem seine Erfahrungen und Beobachtungen bei der Begleitung von Kindern bei indigenen Völkern mit einfließen.
Zudem sollte ich *Gewohnheitsmuster durchbrechen* üben. Es geht dabei darum, aufzuhören wie ein Automat zu funktionieren und die Dinge nur im Autopilot zu erledigen. Wann hast du dir das letzte Mal mit der anderen Hand die Zähne geputzt? Linke Hand benutzen, unterschiedliche Wege laufen, Gürtel andersherum tragen, verkehrt herum im Bett schlafen, neue Lieblingsplätze aufsuchen, mal in einen anderen Supermarkt gehen, einfach mal Unordnung sein lassen - das fiel mir schwerer als erwartet, ich mag es aufgeräumt - rückwärts spazieren, mit dem linken Fuß beginnen zu Laufen und und und.....
Dabei war mir erst aufgefallen wie eingefahren einige meiner unbewussten Handlungen waren! Das Ganze sollte darauf vorbereiten, auch innere Muster zu durchbrechen. Wie oft reagiere ich auf Worte oder Handlungen anderer Menschen mit einem mir innewohnenden Muster! Zum Beispiel „Wie gehts dir ?“ und ich antworte „Gut“. Wie kann es sein, dass es mir dreihundertfünfundsechzig Tage rund um die Uhr gut geht? Wäre es nicht viel ehrlicher zu sagen „Ich fühle mich gerade etwas durcheinander und bin müde, doch freue ich mich, dass wir uns nun treffen“.
Der Gründer der Wildnisschule schrieb auch ein Buch über *Wahrheit sprechen* und es half mir bereits vor dem Wildnisjahr, besser mit anderen Menschen sein zu können und nicht immer in meine emotionale Höhle (Hölle) zu kriechen, so dass ich einfach nur weg wollte, allein sein oder aushalten musste. Zu dieser Zeit erkannte ich wie schwer es mir fiel das zu sagen, was wirklich in mir brodelt. Doch sollte ich in diesem besonderen Jahr die Chance bekommen, neue Herangehensweisen zu erlernen. *Freude, Wut, Tränen und Lachen - ohne all das, würde es wohl keinen Sinn nicht machen?*

DAS ABENTEUER BEGINNT

Unser Flug ging von Zürich nach New York. Ich flog nicht allein, sondern zusammen mit zwei weiteren Familienjahrteilnehmern. Drei Tage New York standen auf dem Plan! Als wir des Nachts mit der S-Bahn in Richtung unserer Behausung am Rande New Yorks fuhren, waren wir ziemlich müde vom Flug. Dabei passierten wir die Haltestation Harlem und Erinnerungen an früher gesehene Filme kamen hoch. Es war erst einmal ungewohnt, zwischen so vielen dunkelhäutigen Menschen zu sein, doch gefiel mir diese Erfahrung. Alles an ihnen schien anders, Bewegungen, Verhalten, die Sprache.
Am nächsten Tag mit der U-Bahn in die Stadt. Times Square - Wow, das muss man mal gesehen haben! Dieser Platz blitzt und blinkt, ist voller Menschen, riesige Anzeigetafeln, fast alles dreht sich ums Thema Essen, ein Stand am Anderen, viele Geschäfte und reges, städtisches Treiben. Ich dachte an das Münchner Dorf in dem ich einige Jahre lebte.....
Riesige Hochhäuser umgaben uns und wir liefen durch die blockförmig angeordneten Straßen. Die Leute dort waren bunter gemischt als man es sich vorstellen könnte, alles kreuz und quer von High Society bis bettelarm, schrägste Leute mit ausgefallenen Klamotten und Menschen aus aller Welt waren hier anzutreffen. Das war in meinen Augen nicht Amerika, eher eine Ausnahmestadt, Weltstadt! Inmitten der riesigen City ist der Central Park, eine schön angelegte Parkanlage, in der unzählige Väter mit ihren Söhnen Baseball spielten und auch Baseballmatches stattfanden. Wir wollten auf ein Hochhaus, um die Stadt von oben zu sehen, doch waren die Preise dafür mindestens genauso hoch, so dass wir es sein ließen. Wir waren auch im offenbar weltbekannten *Museum of modern Art*. An einem Sonntag gingen wir in eine Gospelkirche, das war sehr interessant, leider nur ein paar Lieder und Prozession auf eine fast schon bekehrende Art. Naja, auch mal miterlebt. Indisch Essen in einem Lokal mit ca. eintausend Lichterketten, total abgefahren. *Chinatown* und das danebengelegene *Little Italy* sahen wir uns auch an.
Dann ein Schreck, ich hatte die Abflugzeit unseres Fluges mit der Ankunftszeit verwechselt. Flug verpasst - Mist! Schnellstmöglich mit dem Taxi zum Flughafen, welch ein Glück, wir mussten gerade einmal fünfundzwanzig Euro pro Kopf nachzahlen und konnten die nächsten drei Anschlussflüge nehmen. Ich war mittlerweile nervlich ziemlich platt - Flug, wenig Schlaf, schlechtes, schweres Essen und vor allem diese, dich auffressende Stadt. Ich wohnte zwar zwölf Jahre städtisch, doch

war New York was ganz Anderes! „Werde zu New York oder geh, solange du in dir ruhst....“, kam mir in den Sinn.
Nach zweimal Umsteigen, landete unser Flieger des Nachts am Zielflughafen. Wir wurden mit dem Auto abgeholt und zum Basecamp der Wildnisschule gefahren. Dort gab es verschiedene Holzhäuser und der Lebensstil zeigte eine Mischung aus Zivilisation und Wildnis. Die freundlichen Guides zeigten uns den Schlafplatz für diese Nacht und wir machten erste Bekanntschaft mit Leuten, die uns bald so nah wie Familienmitglieder sein würden.

2. Kapitel - Die grüne Jahreszeit

ANFANGSZEIT

Körperlich, doch vor allem emotional war ich müde. Die Familienjahrteilnehmer gingen in drei Gruppen getrennt, an drei aufeinanderfolgenden Tagen ins Wildniscamp. Die erste Gruppe bestand überwiegend aus erfahrenen Leuten. Personen, die entweder bereits ein Wildnisjahr absolviert hatten oder eine Weile an der Wildnisschule im Basecamp lebten.

Die zweite Gruppe enthielt unsere größte Familie sowie einige Singles als Unterstützung und die dritte Gruppe weitere Familien und Singles. Ich war in der letzten Gruppe. Zusammen mit den Guides wurde das Gepäck durchgesehen und ich konnte bei der Schule noch nachkaufen, was mir fehlte. Als ich dem Hauptguide meine sechs Boxershorts wie auf der Packliste aufgeführt zeigte, sagte dieser mit einem leichten Lächeln „Du bist ein Mann, lass drei davon hier.....“. Das tat ich dann auch

und freute mich auf ein minimalistisches Leben.

Ein letztes Mal alles durchsehen und packen

Dann trafen sich alle aus Gruppe drei im Kreis und der Hauptguide und seine Frau sprachen einleitende Worte. Ich freute mich über meine neu erworbenen, lockerleichten Mokassins und cremte sie mit Bärenfett ein. Dieses Wundermittel sollte mir noch lieber werden als ich zu diesem Zeitpunkt ahnte!
Die Wanderung vom Basecamp zum Wildniscamp dauert ca. drei Stunden. Mit all den Familien machten wir mehrere Pausen und brauchten fünf Stunden. Das war der erste Kontakt mit der wilden Natur hier draußen und mir fiel sofort auf, wie wild es hier im Vergleich zu deutschen Wäldern war. Jede Menge Totholz. Das Wetter war noch etwas frisch und der letzte Schnee erst vor zwei Wochen getaut. Wegen der Ernährungsumstellung gaben die Guides uns den Rat, am ersten Tag zu fasten und das taten wir auch.

Die Anfangszeit war mitunter meine herausforderndste Zeit. Emotional außer Balance fiel es mir schwer, all diesen Veränderungen zu begegnen. Wenig Schlaf, relativ wenig Essen, all die neuen Leute, keine warmen Räume, jede Menge Guidelines und viele Stunden im Kreis sitzen und reden. Genau eine Woche hielt ich stand, dann platzte es aus mir heraus und ich weinte wie ein Schlosshund. Damals wollte ich noch nicht, dass mich jemand dabei sah, also weinte ich alleine. Was ist so besonders am siebten Tag? In unserer Vorbereitungszeit erhielten wir ein Schreiben, in dem es um *Drei Hürden der Wildnisakklimatisierung* ging. Die erste Hürde nennt sich *Psychologische Hürde* und kommt nach etwa drei Tagen zu uns. Plötzlich fällt es uns schwer, all die Ängste, Zweifel, ungeklärten Beziehungsverhältnisse und offen stehenden Geschäftigkeiten außen vor zu lassen und einfach hier zu sein. Wir werden stark mit unseren Gedanken und Gefühlen konfrontiert und finden entweder Frieden damit oder gehen wieder nach Hause. Definitiv spürte ich diese Hürde, leugnete jedoch die aufkommenden Dinge in mir und ging stählern weiter.
Die zweite Hürde trifft uns dann nach ungefähr sieben Tagen und nennt sich *Komforthürde*. Schlafsack und Zelt kommen uns unbequem vor, es ist zu kalt und der Regen macht uns zu schaffen, wir finden nicht genug zu Essen und kommen physisch an unsere Grenze. Die meisten sind bereit, das eine Woche mitzumachen, dann packen sie ihre Sachen und suchen altgewohnten Komfort. Wer es schafft, seine Komfortzone genügend zu erweitern, nimmt auch diese Hürde. Ich kann dir sagen, nach sieben Tagen wollte ich einfach nur noch nach Hause! Totale Überforderung

mit den ersten beiden Hürden brachte mich in einen depressionsartigen Zustand, in dem ich die nächsten fünf Tage blieb. „Und so soll ich nun ein Jahr lang leben!?", sprach mein Plappermann im Kopf. Es tat weh..... Auch wenn wir die Tage nicht zählen sollten, wusste ich, dass am zwölften Tag dieser Erfahrung mein Geburtstag war. Ich erhielt zwei Briefe. Einen von meiner Mutter und einen von meiner Oma. Die beiden Briefe spiegelten exakt, wo ich in diesem Moment stand. Irgendwo zwischen meinen tiefsten Zukunftsängsten und der Ermutigung nicht aufzugeben. Noch einmal kam ein starker Tränenschauer über mich und ein Funken Stärke in mir beschloss weiter zu machen!
In der nächsten Zeit haderte ich zwar noch mit meinem neuen Lebensumstand, doch fand ich wieder etwas Kraft und Hoffnung.
Nach einem Monat dann trifft uns die dritte Hürde, *Vertrauenshürde* genannt. Im ersten Monat erfahren wir verschiedene Hochs und Tiefs. Mal Sonne, mal Regen - weniger zu Essen, dann finden oder fangen wir wieder was Essbares - mal nass, mal trocken - mal warm, mal kalt. Dies halten die meisten vier Wochen durch. Doch dann, nachdem wir bereits einiges an Gewicht verloren haben, wir von oben bis unten schmutzig sind und vielleicht ein oder zwei entzündete Wunden haben, wird der bloße Gedanke an einen Tag mehr bereits zum Grauen. Die Situation erscheint wie ein Kampf gegen die Natur. Hier braucht es Vertrauen, dass im Kreis des Lebens nach einem Tief auch wieder ein Hoch kommt! Interessanterweise erfuhr ich nach einem Monat hier draußen noch einmal eine *Ich will nach Hause-Attacke*, doch konnte ich diesmal besser damit umgehen. Aus meiner Sicht zog sich die dritte Hürde für mich durch das gesamte Wildnisjahr und ich glaube noch nicht, dass ich sie voll und ganz überwunden habe. Doch habe ich bestimmt entscheidende Schritte in Richtung Vertrauen ins Leben gemacht!

Es gibt noch eine weitere, vierte Hürde. Diese unterscheidet sich jedoch grundlegend von den anderen Hürden. Die ersten drei Hürden sind persönliche Hürden und die Vierte nennt sich *Soziale Hürde*. Hierbei geht es um die Fähigkeit, gemeinsam mit anderen Leuten, also einem Clan zu leben. Die meisten von uns sind es gewohnt, für sich oder in einer Kleinfamilie - Vater, Mutter und Kinder - zu leben. Das ist nur möglich, weil wir in unserer Zivilisation eine künstliche Welt geschaffen haben, in der kaum mehr jemand direkt vom Tun und Lassen eines Anderen abhängig ist. Jeder kann für sich allein funktionieren und kümmert sich dementsprechend wenig um die Belange Anderer. Solch ein Verhalten wäre beim Leben in der Natur nahezu undenkbar. Es gehört weitaus mehr dazu, sich alleine in der Wildnis zu versorgen, als sich die meisten Leute in ihren romantischen Vorstellungen ausmalen können! Wir brauchen einander, da jeder seine individuellen Qualitäten in die Gemeinschaft einbringt und nur Zusammenhalt einen Clan gesund versorgt. Daher geht es bei der vierten Hürde unter anderem darum, für die Gemeinschaft zu wirken und im Rahmen dessen seine persönlichen Bedürfnisse zu befriedigen. Kaum einer wird leugnen, dass wir Menschen soziale Wesen sind, denn jeder der mal eine längere Periode ohne soziale Kontakte verbracht hat, kam wahrscheinlich an den Punkt einer tiefen Einsamkeit, komische Gedanken plagen Einen und im Extremfall kann unser Leben verrückt werden. Ich selbst spüre diese Einsamkeit bereits nach weniger als einer Woche! Auch die soziale Hürde zog sich praktisch durch das gesamte Wildnisjahr und auch hier hatte ich die Chance, ein Stück mehr ein Gemeinschaftsmensch zu werden.

NATUR UND PLATZ

Der magische See neben dem unser Camp lag

Die Nordwälder, in denen wir hausten, sind wild und größtenteils naturbelassen - einfach wunderschön! Trockene Kiefernwälder und Moore bilden den Hauptteil, dazwischen findet man Ahornmischwälder und jede Menge Birken. In der Regel ist das Klima hier feucht. Doch in diesem Jahr war es anders und die grüne Jahreszeit brachte viel Sonne mit sich! Die Einheimischen sprachen von einer Trockenheit, die es wohl seit vielen Jahren nicht mehr gegeben hat. Perfekt für unser Familienjahr, das trockene Klima machte die Moskitos schwächer und bot uns durch und durch herrliche Wärme. Nichts desto trotz erlebte ich hier mehr Moskitos und Beißfliegen als je zuvor!
Es gab nur ein paar tatsächlich verregnete Tage und einen kräftigen Sturm, bei dem mehrere Bäume im Camp umfielen. Zwei Bäume hätten des Nachts fast Zelte von Teilnehmern erwischt, Glück gehabt! Daraufhin banden wir Seile an abgestorbene, gefährlich aussehende Bäume in unserem Camp und zogen sie mit einigen Leuten zu Boden.
Es war spannend, die Tierwelt hier zu beobachten: Stachelschweine,

viele wuselige Eichhörnchen und Streifenhörnchen, beigefarbene Hirsche, wunderschöne Libellen, viele verschiedene bunte Käfer, große Ameisen, Vögel mit tollen Stimmen - einer gibt einen Laut von sich als ob Glas zerschellen würde - schillernd farbige Fische, kleine weiße Hasen, von denen gleich drei in der Nähe meines Zeltes wohnten, Wölfe sah ich keine, jedoch einen Pfotenabdruck im Schlamm! Coyoten die sich zwar nicht blicken ließen, doch manchmal des Nachts jaulten - au au auuuuuuuuuuuuuhhh! Ich war begeistert und tief beeindruckt, als ich diese Tiere zum ersten Mal in der Abenddämmerung hörte. Ein *Gefühl von Wildnis* ging durch meinen Körper!

Bezüglich Moskitos ein Eintrag aus meinem Tagebuch:
„....auch die Moskitos sind nun groß genug, um zu stechen. Habe mich heute von ca. dreißig bewusst stechen lassen, um eine Beziehung zu ihnen aufzubauen. Das Paradoxe ist, dass es auf diese Art weniger juckt, als wenn ich wild um mich fuchtle und kratze. Mittlerweile bin ich jedoch auch ein guter Moskitojäger!"

Eine große Plane mit drei Feuerstellen darunter und zwei weiteren Feuerstellen unter freiem Himmel bildeten unsere Küche und Gemeinschaftsräumlichkeiten. Hier wurde gekocht und wir kamen im Kreis zusammen, um zu reden. Eine weitere Plane mit einer großen Feuerstelle war ein extra Raum für die Kinder. Drei traditionelle Strohhütten, die von Teilnehmern der letzten Jahre erbaut wurden, waren bereits in unserem Sommercamp vorhanden. Eine der Hütten war sehr groß und wurde *Wolliges Mammut* genannt. Doch lebten wir in den ersten dreieinhalb Monden in unseren Zelten und sollten die Wigwams noch bewusst unbewohnt lassen. Unsere Zelte standen in einem Umkreis von etwa fünfzig Körperlängen, zwischen Baum und Strauch um das Zentrum des Camps. Es gab ca. einen Kilometer entfernt noch ein weiteres, kleineres Camp in dem manche Singles des Clans lebten. Doch letztendlich kamen sie morgens ins Familiencamp und gingen nur zum Schlafen in das sogenannte *Guardiancamp*. Mehr dazu an anderer Stelle.
Mit das Schönste und gleichzeitig Magischste war der See, an dem unser Camp lag. Zwischen See und Camp war ein ca. fünfzehn Körperlängen breites Moor, welches unser Camp im Verborgenen hielt. Wir erschlossen gleich zu Beginn einen Weg übers Moor hin zum See, indem wir mit handbreiten Baumstämmen einen Weg bauten. Am Seeufer unterteilten wir dann zwei Stellen, eine zum Trinken und etwas weiter

eine um Essschalen und Töpfe zu waschen. Unser Bade- und Kleidungswaschplatz war bereits gut zugänglich und ein in früheren Wildnisjahren gebauter Kanukanal ermöglichte es uns, mit dem Kanu aus unserem versteckten Camp in den See zu gelangen.
Nahezu jeden Abend wurden wir Zeugen eines wunderschönen, einzigartigen Sonnenuntergangs im Westen des Sees. Wenn das Wasser die Farben des Himmels spiegelte und die Abendvögel den Tag verabschiedeten, spürte ich stets eine tiefe Verbundenheit zur Natur um mich herum. Diese Bilder werde ich nie vergessen!

Die Küche

ESSEN

Wir teilten das Essen in folgende fünf Nahrungsmittelgruppen ein:

GRÜNZEUG - Gemüse / Wildpflanzen
KOHLENHYDRATE - Wurzelgemüse / Kürbis / Wildreis
EIWEIß - Fisch / Fleisch
FETT - Tierfett / Nüsse
ZUCKER - Früchte

Kürbis und Wurzelgemüse werden am Feuer gegrillt

GRÜNZEUG

Neben dem üblichen Gemüse wie Weißkohl, Rotkohl, Brokkoli, Grünkohl und Mangold, das wir in unserer zivilisierten Welt essen, aßen wir auch jede Menge Wildpflanzen. Beispielsweise pflückten wir von Frühling bis Herbst Lindenblätter. Die Blätter waren zu Beginn jung und zart und gegen Ende teils faserig und löchrig, doch sollte das keinen stören; wir waren froh, damit unsere Mägen zu füllen. Manche Lindenblätter wuchsen doppelt so groß wie meine Hand. Ich nenne das *american size*! Wir aßen die Blätter roh, gekocht oder auf der Glut zu Chips gegrillt. Letzteres kann ich sehr empfehlen! Ein anderes, mindestens genauso beliebtes Wildgemüse, nennt sich Milchkraut (*gewöhnliche Seidenpflanze*). Diese Pflanze ist einfach phänomenal! Sie wird ca. eine halbe Körperlänge hoch und hat ihren Namen wahrscheinlich ihrem milchigen Sekret zu verdanken, das einem die Hände beim Pflücken verklebt. Roh ist die Pflanze für uns Menschen giftig, gekocht wird sie jedoch zu schmackhaftem Gemüse. Wir pflückten die obersten vier Blätter einer Milchkrautpflanze und nach einiger Zeit wuchsen an dieser Stelle zwei neue Pflanzenköpfe nach, welch ein Geschenk! Es handelt sich hier um eine wild wachsende Pflanze, welche in den Nordwäldern auf großen Lichtungen, flächendeckend wächst. Sie diente uns über die gesamte grüne Zeit. Erst nur die Blätter, dann auch die Blüten, später sogar die dicken, daumengroßen Samen. Zwei Monde lang freute ich mich jeden Tag auf dieses gut schmeckende Wildgemüse mit süchtig machendem Charakter, bis..........

..........eines Tages die Samen nicht genug gekocht waren! Eine kleine Vergiftung in Form von Magenverstimmung ließ mich dann des Nachts bei Vollmond zum See torkeln und ich musste mich ordentlich übergeben. So wie einige andere in dieser Nacht. Die Zeit danach schnürte es meinen Geschmackssinn zu, wenn ich Milchkraut nur roch! So sehr ich es liebte, war ich nun doch froh, dass die Saison bald zu Ende war und wir wieder domestiziertes Gemüse bekamen.

Ansonsten aßen wir junge Adlerfarne - die erst im späteren Stadium für uns unverträglich werden - Breitwegerich, Breitwegerichsamen, Löwenzahn, Himbeerblätter, Erdbeerblätter und verschiedene andere einheimische Pflanzen.

Nach einem Mond war die Frühlingsnatur vollends erblüht und wir beschlossen im Kreis, keine Greens mehr vom Fooddrop zu nehmen, sondern nur noch Wildpflanzen zu sammeln.

So etwas wie nicht gut aussehende Enden am Gemüse wegschneiden gab es nicht. Auch der Strunk wurde stets mitgegessen. Vieles was normalerweise weggeworfen wird enthält wichtige Nährstoffe. In meinen Augen passiert das aufgrund einer ungesunden Luxusgewohnheit. Probiers mal alles.......

KOHLEHYDRATE

Wir hatten verschiedenste Wurzeln wie Karotten, rote Beete, Süßkartoffeln, Steckrüben, weiße Rüben und Kohlrabi. Zudem Kürbisse wie Butternut, grüner Hokkaido - der ist süßer als unser orangener - und einige bunte Kürbisse mit lustigen Formen, die mir nicht bekannt waren. Die einzigen Wurzeln, welche wir wild ausgruben waren Riesenklettenwurzeln, das war harte Arbeit und wurde eigentlich nur dann gemacht, wenn Not an Wurzeln war. Diese Wurzeln gibts auch in Deutschland!
Nach einem Mond entschieden wir uns, die Wurzeln und Kürbisse nicht mehr im Topf, sondern nur noch *primitiv* zu kochen. Das bedeutete unterm Feuer begraben oder neben dem Feuer gegrillt. Verschiedene Experimente mit heißen Steinen oder ofenähnlichen Gebilden waren gescheitert bzw. fast nicht realistisch bei solch großen Nahrungsmengen! Man mag kaum glauben, was es für einen Unterschied macht, Essen am Feuer zu grillen. Es schmeckt mindestens doppelt so gut und wird daher wärmstens von mir empfohlen! Ist jedoch wesentlich zeitaufwändiger.

Ein großer, frischer Barsch!

EIWEIß

Überwiegend aßen wir Fisch in der grünen Jahreszeit. Entweder Cisko und Sucker, die vom Fooddrop gebracht wurden oder unsere Selbstgefangenen. Besonders die hier einheimischen Sonnenfische kamen täglich auf die Glut. Sie sind in etwa so groß wie eine Hand und variieren auch genauso wie Menschenhände. Die Highlights beim Fischen in unserem See waren die unterarmgroßen, saftigen Barsche! Ab und zu verirrte sich auch mal eine andere Fischart an den Haken.
Und dann wurde nichts weggeworfen! Nahezu der ganze Fisch wurde gegessen, mit samt dem Kopf, welcher sogar am nährstoffreichsten ist. Mittlerweile kann ich nicht mehr fassen, was in unserer zivilisierten Welt an wertvollem Essen in den Müll wandert! Auch die Gräten wurden gegrillt und knusprig zerkaut, sowie die Organe gegessen, nur der Darm wurde entfernt, Fischeier roh gegessen oder in Orangen- oder Melonenschalen gekocht. Eine meiner schönsten Erfahrungen war morgens mit dem ersten Licht im Kanu auf den See zu fahren, der Nebel lag noch auf dem stillen Gewässer und nach erfolgreichem Fischfang auf einer Halbinsel in der Sonne liegend, mit ein paar Leuten die frisch gefangenen kleinen Fische roh zu essen. Direkt vom See, entschuppt in den Mund! Dabei musste ich etwas lächeln über meinen Kindheitsglaubenssatz „....pass auf die Gräten auf, wenn man die verschluckt, kann man ersticken....". Ich habe mir sagen lassen, dass immer wieder Menschen mit im Hals stecken gebliebenen Gräten, in Krankenhäuser müssen. In unserem Jahr kam das nicht vor und das, obwohl wir fast täglich Fischgräten aßen. Wahrscheinlich eine Sache der Gewohnheit bzw. Aufmerksamkeit!

Ab und zu gab es Hirsch, er wurde entweder gefroren mit dem Fooddrop gebracht oder angefahrene, tote Hirsche, frisch von der Straße zu uns befördert. „Muttererde versorgt", sagten wir mit einem zwinkernden Auge. Das war stets ein wahres Spektakel und bedeutete, dass drei bis fünf starke Leute die großen Hirsche ein bis zwei Kilometer an einen schmalen Baumstamm gebunden durch den Wald ins Wildniscamp schleppten. Ich spüre meine Schultern heute noch, wenn ich nur daran denke! Dann wurde das Tier am Hals aufgehängt, ausgenommen, gehäutet und zerlegt. Wir aßen drei bis vier Tage an einem Tier. Eine besondere Delikatesse waren die Hirschlenden. Frisch aßen wir Teile

davon roh, das Fleisch blutig bis medium gegrillt zerging dann wie Schokolade auf der Zunge! Wow, das war ein Geschmackserlebnis, für das man sonst wohl ein Vermögen bezahlen würde! Die Organe wurden, bis auf den Darm, natürlich alle mitgegessen, mal gekocht und mal roh. Rohes Hirschherz - wow, das musst du probieren. Solche Dinge kannte ich bloß vom Indianerfilm und verstand nun mehr darüber! Der Hirschkopf wurde gekocht und auch hier wartet wieder was für Feinschmecker - Hirn, Zunge, Augen und Ohren. Sowie das weiche Knochenmark, wenn man die Knochen aufbricht, roh oder gekocht einfach erstaunlich gut.
Komisch, all die Dinge, die wir in unserer Gesellschaft eher nicht oder selten essen, zählten bei uns als die nährstoffreichsten und wichtigsten bzw. beliebtesten Dinge in unserer Gemeinschaft. Das erklärt wohl, warum Naturvölker, welche hauptsächlich Fleisch essen - nämlich alles vom Tier - gut überleben und warum zivilisierte Leute, die hauptsächlich Fleisch essen oft eher rund statt gesund sind! Besonders gut war der Hirschfötus, der noch ungeboren in seiner Mutter war. Sehr zart. Ja, du hast richtig gelesen, da draußen ist Vieles etwas anders! Da ist man dankbar für alles was man bekommt bzw. entwickelt ein neues Verhältnis zur Nahrung und dem Kreislauf des Lebens und Sterbens. Einmal bekamen wir einen Hirsch, der schon ein paar Tage lag. Und jetzt festhalten! Wir haben schlicht die äußeren, grünlichen Teile weggeschnitten, sowie die Organe weg und die anderen Teile gegessen. Das Fleisch bekommt dann gegrillt eine besondere Käsenote und ist gewiss nicht jedermanns Sache. Ich fands gut und musste schmunzeln über das Verhalten, das ich von zu Hause kannte bezüglich sogenanntem alten Fleisch. Irgendwann gewöhnten manche von uns sich so an diesen Geschmack, dass frisches Fleisch schon fast langweilig schmeckte. Ich kanns nur noch mal betonen, da muss man wohl dabei gewesen sein, um solche Dinge voll und ganz nachvollziehen zu können!
Die Krönung war, dass wir nicht einmal Kühlschränke hatten, sondern alles im Moor unter Torfmoos begruben. Auf gut deutsch im Sumpf lagerten! Viele, die ich kenne, würden wahrscheinlich bei diesem besonderen Fleisch bzw. Fisch-Moorgeruch freiwillig verzichten. Doch glaub mir, der Hunger macht dich zu vielem fähig!
Des Weiteren hatten wir Biber - wow ist der lecker und schön fettig - Waschbär, Frösche, Kröten, Eichhörnchen, Eier, Enteneier - die sind ziemlich gut und haben ein großes Eigelb - Ameisen verschiedenster Kolonien - die schmecken mal nach Zitrone, mal süß, mal

nach.......Waschmittel? Hier gab es auch sehr große, fleischige Ameisen, die immer wieder ein Snack für zwischendurch waren, toll! Einige von uns stellten auch Ameisenfallen, dabei wurde die Spitze eines Ameisenhaufens zur Seite geschoben und dann Baumrinden in mehreren Schichten darauf gelegt. Wenn man ein paar Tage wartet, legen die fleißigen Insekten dann ihre Eier zwischen die Rinden und man kann eiweiß- und fetthaltige Nahrung gewinnen. Nicht zu vergessen sind fettige Maden aus alten Baumstämmen, geröstete Grashüpfer, Regenwurm roh oder gegrillt - muss ein bis zwei Tage im Moos aufbewahrt werden, um die sandige Erde auszuscheiden - schmeckt eher bitter doch hinterlässt dann auf einmal einen süßlichen Nachgeschmack! Haben einmal ein Mus aus Regenwürmern und frischen Wilderdbeeren gemischt. Das war eher gewöhnungsbedürftig als gut, doch irgendwie aß man doch immer wieder ein wenig davon. Frisch im Fisch abgelegte und dann gekochte Fliegeneier - das wäre bei uns ein Skandal, sei mal ehrlich! Am Feuer geröstete Schlange - zähes Fleisch, doch guter Geschmack - Eichhörnchen, Streifenhörnchen, Mäuse, Schildkröte, Bärenfüße vom Jungtier, Stachelschweinkopf und Reiswürmer. Libellen verschonten wir bewusst, da sie uns die Moskitos wegfraßen.
Nach eineinhalb Monden entschieden wir uns, auch keine eiweißhaltige Nahrung mehr im Fooddrop zu nehmen, sondern versorgten uns selbst damit. Hauptsächlich fingen wir dann Fische und Frösche. Jedoch war das kein leichter Prozess, denn die Eiweißquelle aufzugeben und darauf zu vertrauen bzw. zu hoffen, jeden Tag genügend Fische für alle Leute zu fangen, bedeutete, sich wieder mit inneren Ängsten auseinander zu setzen. Das erforderte mehrere Kreise und Besprechungen, gescheiterte Verhandlungen, da Einige natürlich vormarschieren wollten, um endlich mehr selbstversorgend zu leben und Andere das eher abschreckte! Und so kam es, dass wir manchmal ein Fischfest feierten und manchmal jeder bedächtig an einem Fischhappen nagte.

FETT

Das war wohl der wichtigste Bestandteil unserer Ernährung! Wir bekamen pures Bärenfett. Ab und zu auch Bison- oder Hirschfett, die sich geschmacklich und im Schmelzpunkt etwas unterscheiden. Doch kann sich keiner vorstellen wie gut frisch geschmolzenes Bärenfett schmeckt! Das ölige Fett enthielt dann noch knusprige Teilchen, die wir *Cracklins*

nannten. Wow! Egal was es ist, gieß Bärenfett drüber und es schmeckt, keine Übertreibung! Galt auch für vieles anderes, wie Mokassins einfetten, Haut eincremen, Würmer im Po, Warzen, Harzfettmischung für Kanupflege, emotionale Wehwehchen und Erleuchtungsbeschwerden..........einfach genügend auftragen ;-)
Warum ist Fett in unserer Nahrung so wichtig? Soweit ich es verstehe, sind Fettkalorien gesünder für uns als Kalorien aus Kohlenhydrate. Da jene sich im Körper direkt zu Zucker wandeln und, wenn sie nicht gleich verbrannt werden, im Körper als Fett ablagern. Vor allem Brot, Nudeln, Kartoffeln und Reis. Ich bevorzuge Produkte aus Dinkel, da dieser nicht so sehr den Blutzucker in die Höhe schießen lässt.
Es ist natürlich wichtig darauf zu achten, hochwertige Fette zu sich zu nehmen. An diesem Punkt scheitert es wahrscheinlich in unserer Gesellschaft und Fett wird seit Jahren als der böse Dickmacher abgestempelt. Dabei wird übersehen, dass manche Leute, die sich durch eine 0,1% Fett-Superleichternährung schlank halten wollen, oft starke Gelüste haben. Warum? Zu wenige Kalorien können vom Körper als Mangel angesehen werden und am Abend dann passiert der Griff zur Chipstüte, Schokolade oder Eiscreme. Ich stelle hier die Vermutung auf, dass unsere Industrie darüber Bescheid weiß und so manche Anti-Fett-Kampagne auf diesem Wissen basiert! Zudem macht Fett am ehesten in Kombination mit Kohlenhydrate dick. Nun verstand ich endlich wie Trennkost funktioniert. Ich selbst fühle mich definitiv besser, wenn ich Kohlenhydrate von Eiweißhaltigem bzw. Fett trenne. Trotzdem mache ich es nicht konsequent. Auf der anderen Seite ist zu viel Fett, aus eigener Erfahrung, auch nicht gut für den Körper und wird eventuell sogar direkt wieder ausgeschieden. Eher unangenehm...... Ich erinnere mich an das Jahr, bevor ich nach Amerika ging, meine Ernährung war seit fast einem Jahr vegan. Das fühlte sich erst einmal sehr gut an und über den Sommer verlor ich etwas Gewicht und war leicht und locker unterwegs. Im Winter dann bemerkte ich immer öfter Gelüste, wenn ich Fleisch oder Käse sah. Ich konnte mir das damals kaum erklären und verzichtete weiter. Heute weiß ich, dass mein Körper nach Kalorien fragte. Das erklärt mir auch, warum ich dann auf fettiges Nussmus umstieg und mit Quantität zu kompensieren versuchte! Bestimmt kann man sich auch adäquat vegan ernähren, doch beschäftigte ich mich zu wenig damit und verzichtete einfach auf tierische Produkte.

ZUCKER

Unsere einzigen direkten Zuckerquellen waren Früchte. Hauptsächlich Bananen, Äpfel und Orangen. Ab und zu auch Birnen, Wasser- oder Honigmelonen. Wobei Melonen schon ein Fest für sich waren!
Zucker ist ein schneller und spontaner Energielieferant, der jedoch nicht allzu lange anhält. Wer es gewohnt ist, seine Energie durch Zucker zu gewinnen, wird wohl immer wieder am Tag zwischendurch essen müssen, um den Blutzucker oben zu halten.
Da viele Lebensmittel von Natur aus Zucker enthalten, ist es nicht notwendig extra Zucker zu essen. Daher könnte man diese Essenkategorie auch weglassen und sich an die oberen vier Kategorien halten.
Ich spüre, dass es mir gut tut, nicht zu viel Zucker zu mir zu nehmen und empfinde oft ein süchtig machendes Gefühl, wenn ich zu viel Schokolade, Kuchen oder ähnliches esse. Es ist nicht so stark, wenn ich auf hochwertige Produkte setze.
Im Wildnisjahr galt Zucker als spontane Energie am Morgen, quasi zum Aufwachen und wir wurden ermutigt, am Abend keine Früchte mehr zu essen. Meine alten Gewohnheiten wollten das in den ersten Wochen jedoch nicht wahr haben! In der Beerenzeit entsagten wir dann auch den Früchten im Fooddrop und sammelten erst kleine Wilderdbeeren, dann leckere Himbeeren und später noch leckerere Brombeeren.
Auch bei den Früchten wurde so wenig wie möglich kompostiert. Das Innere einer Bananenschale kann man einfach herauskratzen und mitessen, wer die Bananenschale vorher röstet erhält sogar einen süßen Geschmack! Wer eine Orange mit dem Messer abschält, kann die weiße Haut erhalten und mitessen. Äpfel bzw. Birnen kann man sowieso ganz, mit Kerngehäuse essen! Alles eine Sache der Gewohnheit!

UNSERE ESSKULTUR

Neben den physischen und der sozialen Hürde, die es im Familienjahr zu nehmen gab, war Essen, und was damit verbunden ist, wahrscheinlich eines der schwierigsten Themen da draußen!
Als das Wildnisjahr im Frühling begann, hatte jeder von uns drei Früchte, zwei Eier und zwei Hände voll Nüsse zum Frühstück. Das sieht dann ungefähr so aus, dass zweiundvierzig Wilde ihre Eier an

verschiedenen Feuern rösten und ein Konzert des Nüsseknackens begann. Alle Nüsse waren mit Schale, als wir sie bekamen. Allein das Eierrösten am Feuer ist eine Philosophie für sich, die Geschicklichkeit und Aufmerksamkeit erfordert. Immer schön gleichmäßig drehen. Ist das Ei schon durch? Ist es von allen Seiten durch? Steht es zu weit vom Feuer entfernt, kocht es nicht, ist es zu lange zu nah, explodiert es, puffff!!! Das führt zu interessanten Experimenten, wie Spiegelei in Orangenschale gegrillt, Rührei mit heißem Stein in der Schale zubereitet, gemischt mit Banane auf heißer Steinplatte gebacken oder eine äußerst schmackhafte Variante - Ei in ausgehöhltem Apfel gebacken; fast wie Kuchen! Viele rösteten ihre Nüsse auch oder legten sie den Vortag in Wasser ein, um sie verdaulicher zu machen. Auch hier gab es einige Philosophien, wie die Nuss wohl am gesündesten ist.

Das hört sich eigentlich alles ganz gut an, doch musste das Frühstück den ganzen Tag über bis zum Abendessen reichen. Da lief man schon mal einige Stunden hungrig durch die Gegend und konnte fast spüren wie bereits Körperreserven verbrannt wurden. Bald fingen Einige im Clan an, Wurzeln und Kürbis am Mittag zu essen, um den Hunger zu überbrücken. Nach ein paar Wochen legten wir dann das Abendessen auf den Nachmittag. Da wir in der grünen Jahreshälfte nicht oft in Fülle lebten, die Essensmengen variierten und meist nur so viel da war, um gerade so oder einfach satt zu werden, gab es natürlich verschiedenste Essensphilosophien im Clan, um das Beste aus der Nahrung herauszuholen und möglichst gut zu verdauen. Zur Essensphilosophie der Wildnisschule brachte jeder noch seine eigene Philosophie mit, was dann, wie man sich denken kann, für reichlich Gesprächsstoff sorgte. Letzten Endes aß zu Beginn jeder wie er es für richtig hielt. Ich probierte so ziemlich alle Essvarianten aus. Von Mond zu Mond pendelte sich mehr eine gemeinschaftliche Essgewohnheit ein.

Man darf auch nicht vergessen, dass sich einige Leute mit der Ernährungsumstellung nicht leicht taten und entsprechende Körperreaktionen nicht ausblieben. Die Guides sagten, es kann bis zu einem halben Jahr dauern, um sich an diese Ernährungsweise zu gewöhnen. Zum Glück ging es mir von Anfang an gut damit!

Wir lagerten die meisten Nahrungsmittel in selbstgegrabenen Vorratslöchern. Mit Birkenrinde bauten wir Deckel dafür. Das hielt jedoch Eichhörnchen, Mäuse und Streifenhörnchen nicht davon ab, unsere Nüsse zu stehlen. Also besorgten wir hohle Baumstammstücke und

gruben diese in die Erde ein. Eine schwere Stammscheibe drauf und Ruhe war. Zudem lohnte es sich dann, rund um die Nussvorratslager Fallen aufzustellen, um mit den Kleintieren unseren Speiseplan zu bereichern!
Fett, Fische und Fleisch lagerten wir im Moor unter nassem Torfmoos.

Das Essen wurde zu Beginn täglich für den jeweiligen Tag portioniert geliefert. Das nannte sich *Fooddrop*. Dazu liefen dann sechs bis acht Leute morgens zur Straße raus, schätzungsweise zwei Kilometer durch den Wald, und schleppten in Jacken, Schlafsäcken, Decken oder anderen improvisierten Tragemöglichkeiten das Essen ins Camp. Wie, kein Rucksack? Hatten wir nicht, wurde alles im Basecamp gelassen. Das macht erfinderisch, mit Schnüren lässt sich nämlich was Geeignetes kreieren!
Nach ca. zwei Monden bekamen wir den Fooddrop dann alle zwei Tage, was das rechnen, zählen und portionieren nicht gerade leichter machte. Weißt du, wenn man in Fülle lebt, ist das alles kein Thema. Doch kann sich wahrscheinlich keiner vorstellen, was ein Fooddrop hier manchmal an Emotionen auslöste! Jede Nuss war heilig! Die Essenslieferungen variierten leicht, ganz nach dem Motto *je nachdem wie uns Mutter Erde versorgt*. Wenn Natives rausgehen zum Sammeln und Jagen, gibts auch nicht jeden Tag gleich viel Gramm von Allem. Das bedeutete, dass meist eine mittlere Angst herrschte, nicht genügend zu haben. Wo Angst ist, ist auch Stress, wo Stress ist, gibt es Anspannung bzw. Konflikte. Puh, jeden Tag aufs Neue, spannend. Doch ließ diese Herausforderung uns ganz bestimmt als Gemeinschaft wachsen.
An einem Punkt in der *Essensaga*, wie wir es nannten, forderten wir dann auch mehr Fett und Kohlenhydrate, da wir teilweise ziemlich hungrig ins Bett gingen, das half zumindest, etwas gesättigter zu sein. Ja es war ein Unterschied, ob man ein Achtel oder ein Sechstel Kürbis bekam!
Nach drei Monden bekamen wir dann alle drei Tage Fooddrops und damit entsprechend viel Nahrungsmittel pro Lieferung. Fast der ganze Clan ging dann zum Essen transportieren, es war immer wieder ein Kunststück, auch unsere Kids dazu zu animieren! Wieder forderte uns dies heraus, das Essen gut zu lagern und einzuteilen.

Zur Abendessenstradition: Wir reihten die Töpfe und Köstlichkeiten aneinander und fanden Leute die sich bereit erklärten zu servieren. Dann hielten wir im Kreis Hände und sangen entweder ein kurzes Lied oder sprachen eine Danksagung. Am Ende folgten dann die Worte „Wir sind alle in einem Zustand, stets geliebt zu sein". Danksagungen wurden bewusst kurz gehalten, zum einen, da jeder sehr hungrig war und zum anderen hält die Tradition der hiesigen Ureinwohner solche Dinge eher einfach.

Dann gehen zuerst Älteste, nach ihnen kommen Gäste, dann Mütter mit Kleinkindern, Frauen, Männer, Kinder, Guardians und zu Letzt die Servierer. Ich servierte ca. alle zwei bis drei Tage und kann sagen, dass ich dadurch mitunter an meine größten Grenzen kam. Und nicht nur ich. Wenn du den ganzen Tag hungrig warst und einen Clan mit über vierzig Leuten an dir mit Essen vorbeispazieren siehst, bis du etwas bekommst, das fordert Geduld. Oft kamen dabei auch Emotionen auf! Warum? Hatte jeder gleich viel bekommen? Es waren fast achtzig Augen auf deine Servierportionen gerichtet und du konntest es eigentlich nur falsch machen! Ich übertreibe natürlich, doch hatte jeder hier schon die Erfahrung gemacht, das Gefühl zu haben weniger zu bekommen als andere. Da kamst du als Servierer unter Umständen schon mal in Stress, da du die Hungerenergie voll abbekamst. „Kann ich etwas mehr haben", würdest du gefragt und musstest dann abschätzen, ob du mehr geben konntest und dann immer noch jeder was abbekam. An manchen Tagen hatten wir auch genug, da war es dann weniger dramatisch.

Essensausgabe - Eine Prozedur für sich!

Natürlich ist Essen weitaus mehr als bloß Versorgung für den Körper. Wir hatten nicht so wenig, dass wir nur am Hungertuch nagten, doch auch nicht so viel wie in unserer Gesellschaft, wo man jederzeit zum Kühlschrank oder Supermarkt gehen kann. Das war absolut neu für mich und brachte gewisse psychologische Herausforderungen mit sich!

Welchen Sinn hat das überhaupt? Warum bekommen wir nicht einfach genug zu Essen und alle sind zufrieden? Soweit ich das überblicken kann, sehe ich folgende Gründe: Zum Einen ging es darum herauszufinden „Was brauche ich wirklich?“, im Vergleich zu „Was will ich haben?“. Erspüren, was der eigene Körper braucht. Wann esse ich, um etwas zu kompensieren? Eventuell aufkommende Emotionen lassen sich mit Essen - besonders mit Zucker - ganz gut überdecken, oder? Für mich ist eines der erstaunlichsten Dinge nach dieser Art Langzeitfastenerfahrung der grünen Jahreszeit, dass ich bei gleichem Essen an Tagen mit emotionaler Unausgeglichenheit wesentlich mehr zu essen wollte und auch weniger Energie zur Verfügung stand. Und an anderen Tagen, an denen ich morgens eine Hand voll Nüsse und zwei Früchte aß, die nächsten acht Stunden in schwierigem Gelände umherlief, schleppte und werkte. Wie war das möglich? Doch gab es auch Momente, wo ich ganz klar nach dem Essen spürte, wie wieder mehr Energie da war. Zum anderen sahen wir Hunger auch als Metapher für alle Arten von Hunger: Wissbegierde, Neugierde, körperliche Betätigung, Hunger als ständige Herausforderung, um Bequemlichkeit zu vermeiden. Praktisch *Hunger als Lehrer*!

Wie gesagt knüpft das Thema Essen direkt an die soziale Hürde an, da hier auch das Thema Vertrauen ins Spiel kommt. Wir sprachen viel über Kontrolle und Vertrauen. Anfangs hatte jeder abgezählt drei Früchte, zwei Eier und exakt zwei Hände voll Nüsse bekommen. In einem Kreis sprachen wir dann darüber, dass jeder verschiedene Bedürfnisse hat bzw. unterschiedlich viel braucht. So begannen wir also alle reinzuspüren, was wir wirklich brauchten und das dann auf Vertrauensbasis von den Tagesrationen zu nehmen. Wir haben es wirklich sehr versucht, doch immer wieder gingen einige Leute leer oder mit weniger aus. Es wurde schlimmer als zu Beginn, wo jeder noch seine genormte Portion bekam und letzten Endes sank das Vertrauen erst einmal. Kannst du dir vorstellen wie dein Ego dich reitet, wenn du hungrig bist, vor einem Haufen von Nüssen stehst, keiner zusieht und du sollst dir herausnehmen was du brauchst? Egal wie viel du nimmst, es wird dir zu wenig erscheinen oder egal wie wenig du nimmst es wird dein Gewissen zu dir sprechen,

ob du wohl genug für die Anderen übrig gelassen hast. Eine Grenzerfahrung, wirklich!
Bei all dem Essenswahn kam ich voll an eines meiner Muster dran. Da ich nicht mehr Nüsse oder Ähnliches vom Clan wegessen wollte, kam eine andere Strategie in meinen Sinn. Als ich eines Tages allein, weit entfernt vom Camp, in einem Brombeerenstrauch meinen Sack füllte, legte ich mich in der Mittagszeit in den Schatten, um etwas zu ruhen. Schon am Morgen hatte ich viele Gelüste und Gedanken bezüglich Essen von außen, wie wir es nannten. Ich vermisste nicht, was es in unserer Zivilisation gibt, vielmehr die Quantität, die ich nicht hatte. Dann hörte ich schon aus einiger Entfernung mehrere Pfadfindermädels mit riesigen Rucksäcken, viel Gekicher und Geklapper den Weg entlang laufen. „Das ist meine Chance“, dachte ich und fragte, ob sie irgendetwas Essbares gegen Brombeeren eintauschen würden? Die großzügigen, pubertierenden Mädchen gaben mir eine große, geräucherte Salamiwurst und zehn kleine Pitabrote. Ich tanzte innerlich bereits einen Freudentanz und ließ sie bei meinen kalorienarmen Beeren ruhig kräftig zugreifen. Wir verabschiedeten uns und ich aß mich ordentlich satt! Leider hat dieses Verhalten dazu geführt, dass ich immer wieder mal Camper ansprach, ob sie mir etwas geben würden und meist war ich damit auch erfolgreich. Ich hatte kein schlechtes Gewissen, da mein Ego alles mit meinem Hunger rechtfertigte.
Irgendwann im Sommer hatten wir dann einen Kreis, bei dem es genau um solches Verhalten ging. Der Hauptguide sprach direkt unser Clanproblem an. Es ging darum, dass oft Nüsse und Früchte fehlten bzw. Leute, die etwas später aßen, weniger oder nichts mehr bekamen. Zudem sprach er auch die *Camperangelegenheit* an. „Wer möchte sich dem Clan öffnen, damit wieder Vertrauen entstehen kann“, sagte er...............langes Schweigen. Da ich sowieso mit dem Gedanken spielte, meinem Clan zu erzählen wie ich an Zusatzessen kam - wir hatten eine klare Vereinbarung Kontakt zur *Außenwelt* möglichst zu meiden und schon gar nichts anzunehmen - war das meine Gelegenheit, „jetzt oder nie“, dachte ich und sprach als Erster. Das war befreiend! Nach mir brach eine Welle von Zugeständnissen aus und viele gaben zu, mehr genommen oder anderweitig Essen ergattert zu haben. Das war jedoch ein harter Brocken, da man dabei voll ans Schuldthema dran kam.
Dieser Abend war ein Meilenstein zum Thema Vertrauen und gleichzeitig nur ein Schritt auf der Vertrauensleiter und der Essensprozess ging damit in die nächste Runde.

DAS HASELNUSSCAMP

Lecker, gegrillte Heuschrecken am Spieß

Zum Abschluss noch ein Leckerbissen, das Haselnusscamp. Hier waren einige Leute zwischen zwei und zehn Tagen draußen im Wald, bewaffnet mit Messer, primitiver Angel - Stock, Schnur und Angelhaken - Plane und Schlafsack und lebten ohne Essensversorgung, nur vom Land. Im Vergleich mit diesem Camp wirkte unser eigentliches Wildniscamp höchst zivilisiert! Wilder gehts nicht mehr, oder? Es gab einen wundervollen See zum Fischen, Frösche zu fangen, jede Menge Beeren, Wildpflanzen, Wurzeln zum Ausgraben, Ameisenhaufen und wilde Haselnüsse. Kennt jemand wilde Haselnüsse? Die sind in einer grünen Schutzumhüllung am Baum und haben winzige kleine Stechhärchen. Das Schälen bereitete dann ein Brennen an den Fingern, was eher störend als schmerzhaft war. Doch gabs nen Trick! Wenn man seine Finger in die Haare steckte und darin herumwurschtelte, konnte man die Härchen entfernen.

Ich selbst war bloß zwei bis drei Tage in diesem besonderen Camp. Nicht alle nahmen daran teil. Zu diesem Zeitpunkt war ich so sehr in

meinem Schmerz, nicht genügend zu Essen (Komfort) zu haben, dass ich erst gar nicht ins Haselnusscamp wollte.
Der Tag dort war damit gefüllt, Essen zu beschaffen. Ob du Energie hattest oder nicht, spätestens am Abend wirst du Hunger haben! Also zieh los und bring was mit! Essentiell waren die wilden Haselnüsse, da sie neben den Fischköpfen die einzige Fettquelle boten. Mit dem Haselnussvorkommen stand und fiel das Camp. Ich kam die letzten beiden Tage doch noch ins Camp, wo die Nüsse der Umgebung bereits erschöpft waren und klar war, dass bald Schluss sein würde.

Hier ein Erfahrungsbericht aus meinem Tagebuch:
„Ein Clanfreund findet mich morgens auf der Wiese neben dem großen Brombeerfeld liegend. Ich bin am Abend zuvor angereist und genoss die erste moskitofreie Nacht seit langem unter dem Sternenhimmel. Nachdem der Bauch mit Beeren gefüllt ist, gehts zum magischen Wolfsee, Fischen steht an. In der Unterhose steht Einer von uns auf einem steinigen Vorsprung und der Andere auf einem umgefallenen Baumstamm der vom Seeufer ins Wasser ragt. Unsere Beine sind zur Hälfte im Wasser. Wir setzen Wurmstück für Wurmstück an unsere Haken und ziehen die kleinen Uferfische heraus, das sollte man gesehen haben - einfach wild! Zudem läuft es gut und viele beißen an. Auf dem Rückweg zum Camp sammeln wir leckere Breitwegerichsamen und Löwenzahn. Dann beim Abschälen einer Birke, entdecken wir ein Ameisennest unter der Rinde, welch ein Glückstag! Schnell saugen wir so viel fettige Ameiseneier und saure Ameisen auf wie nur möglich! Man muss wirklich schnell sein, da die kleinen Arbeiter bei Gefahr sofort beginnen ihre Brut fortzutragen. Zudem kämpfen sie, indem sie sich in meine Hände und Arme, sowie Zunge beißen, wenn ich nicht schnell genug kaue. Beißen oder gebissen werden, das ist hier die Frage?! Nach unserer spontanen Zwischenmahlzeit am Ufer, bemerken wir wie sich die Gräser am Rand bewegen, als wir vorbeilaufen. Nun steht Froschjagd auf dem Programm! Reaktionsschnell platschen unsere Hände immer wieder ins Wasser. Wir bereichern unseren Fang fürs Abendessen mit frischen Fröschen aller Größen. Der Körper dieser Tiere bewegt sich teilweise noch Stunden, nachdem man sie getötet hat. Das ist schon gruselig wenn man morgens einen Frosch fängt, den Kopf von der Wirbelsäule trennt, ihn am Abend auf die Glut legt, er auf die Hitze reagiert und ohne Kopf!!! von der Feuerstelle hüpft. Brutal oder ekelig? Ich merke hier wie viel leichter es ist Leben zu nehmen, wenn ich Hunger habe. Der Fang wird im Moor kühl gelagert und der Hunger treibt uns wieder ins Brombeerfeld. Wir essen unzählige Beeren und Wildpflanzen. Eine Stunde später spüre ich einen vollen Magen, doch signalisiert mein Körper immer noch Hunger!? Er will Kalorien! Warten bis zum Abend, wenn wir dann alle gemeinsam grillen....

Nach einer Ruhepause versuchen wir erfolglos, eine Eichhörnchenfalle zu stellen. Zu wenig Erfahrung an diesem Punkt verwehrt uns den Erfolg. Doch haben wir auf unseren Wegen eine tolle Pflanze entdeckt - die große Klette! Grabestöcke suchen und los gehts. Die Wurzel kann man am Feuer grillen und ergänzt unser Mahl vorzüglich als stärkehaltiger Baustein. Das Graben ist echte Knochenarbeit und am Ende hält man eine Wurzel in der Hand, die in etwa der Menge einer größeren Kartoffel entspricht. Doch zum Jammern bleibt keine Zeit, wenigstens etwas! Den ganzen Tag überfülle ich meinen Magen mit Beeren und Grünzeug, doch nun ist es endlich so weit, wir zünden ein Feuer irgendwo mitten auf einer Waldlichtung, entfernt von Mensch und Zivilisation, halten Hände ums Funkenfeuer und sprechen unsere Dankbarkeit für die Geschenke der Natur. Dann landet Alles entweder unter, über, neben oder im Feuer. Es kann sich keiner vorstellen wie relativ Essmanieren bzw. schmutzige Essbedingungen sind, wenn der Magen knurrt. Wir essen Alles, mit Haut und Haaren! Wow, tut das gut. Zufrieden genießen wir das Abendfeuer unterm Sternenhimmel.

Feuergegrillte Frösche - Appetit bekommen?

Zwei weitere Gedanken möchte ich zu diesem Tag teilen. Als ich hier des Mittags am Milchkrautfeld vorbeilief - die Pflanze, die wir hier in Massen als grünes Gemüse sammeln, man jedoch kochen muss, da sie sonst giftig ist! - kam mir, dass ich gerade in mitten einem Feld von Essen stehe, doch mir dieses gerade nicht zur Verfügung steht. Warum? Da wir keinen Topf haben! Es gibt zwar eine Methode das Milchkraut in große Blätter gewickelt, unter dem Feuer zu kochen, doch haben erfahrene Leute sich dabei schon vergiftet! Mir wird bewusst, dass sogar ein Topf ein großer Luxus ist, den ich seit Jahren sehr selbstverständlich genieße, danke!
Des Weiteren blicke ich am Abend auf meinen Körper und bemerke, dass ich den Tag an ihm ablesen kann. Mehrere kleine Wunden von den spitzen Flossen der zappelnden Fische, schwarze Fingernägel vom Graben, Ameisenbisse, ein, zwei Blasenansätze vom Herumlaufen und unzählige Kratzer von den Brombeersträuchern. Ein Tag, selbstversorgt in der Wildnis.........“

KÖRPER & KOMFORT

Mein Körper durfte so einiges mitmachen. Ich verlor in den ersten drei bis vier Monden neuneinhalb Kilogramm. Kam mit ca. einundsiebzig Kilogramm und hatte am Minimalpunkt somit einundsechzigeinhalb Kilogramm. Das hatte ich das letzte Mal mit zwölf Jahren, nur war ich damals damit eher ein wenig pummelig. Diesmal konnte ich problemlos auf meinen Rippen Klavier spielen! Nach ca. zwei Monden wunderte ich mich warum nachts meine Knie etwas wehtaten, wenn ich auf der Seite lag. Da lag eben Knochen auf Knochen und nicht viel dazwischen. Doch das tägliche Laufen, Springen, Bücken, Arbeiten, Anpacken usw. formte meinen Körper und nach drei Monden zeichnete sich ein Sixpack auf meinem Bauch ab wie ich es mir als Teenager sehnlichst gewünscht hatte! Ich war drahtig, aber was dran war, waren Muskeln. Draußen zu leben bedeutet gratis Fitnesstraining, jeden Tag!

Als ich in den ersten sechs Wochen Gewicht verlor, war dies mit einer enormen körperlichen Schwere begleitet. Als ob ich vergiftet gewesen wäre. Meine Beine waren schwer wie Blei, kraftlos, jeder Schritt mit Mühen. Viele Pausen. Nach dieser Zeit, die sich wie eine Art Entgiftung anfühlte, fühlte ich mich leicht und bekam wieder mehr Energie. Mein Gewichtsverlust ließ mich gewandter werden, was beim Jagen ein Vorteil sein kann!

Meine Haare wuchsen bereits weit über meine Schultern und zum ersten Mal in meinem Leben erfuhr ich einen volleren Bart. Im ruhigen Wasserspiegel sah ich dann ab und zu diesen wilden Kerl. Wie ein Wolf oder Schauspieler für einen Mittelalterfilm sah er aus, wild.

Der Komfort war weniger geworden, die Komfortzone hatte sich jedoch erweitert! Keine Essensauswahl, trotzdem jeden Tag Dankbarkeit für Nahrung. Ich erfuhr wie gut Essen schmeckt, wenn du wirklich hungrig bist.

Ein Jahr kein Bett. Schlafsack und Decken, kein Kopfkissen - dafür verwendete ich eine weiche Strickjacke. Mit frischen Tannenzweigen bildeten wir wohlriechende Matratzen an unseren Schlafplätzen. Erst legt man eine grüne Reisigdecke aus und dann steckt man weitere frische Reisigäste in die erste Lage. Sodass ein federnder Effekt entsteht. Das ganze wechselt man dann alle paar Wochen durch neue Zweige aus. Manchmal schmerzte mein Rücken etwas, doch hing das bestimmt auch mit innerer Anspannung zusammen. Wenn ich im Lot war, schlief ich

auch gut und es passte alles! „Wie fühlt sich gleich wieder ein weiches Bett mit Matratze an?“, fragte ich mich nach einer Weile.
Mittagsschläfchen machte ich entweder auf meinem Schlafsack oder legte mich dort, wo ich gerade war, ins Moos oder Laub.

Aus meinem Tagebuch:
„Wie ein Reh lag ich vor ein paar Tagen in einer Waldlichtung, ein Sonnenstrahl erwärmt mich etwas und ich lausche dem Wind und den Geräuschen des Waldes. Rieche die Erde und spüre wie sie mich trägt. Danke Mutter Erde.“

Es gab keine Isolation vom draußen sein. Unsere Hütten hatten keine Türen. Immer fühlte ich die aktuelle Temperatur, ob Sonne oder Regen. Das war mein Komfort gewöhnter Körper erst mal nicht gewohnt und mein Kopf erinnerte sich bei Regen immer an ein gemütliches Bett, ein gutes Buch und einen warmen Tee. Dies war mein Bild von großem Komfort!
Gebadet und gewaschen wurde im See. Statt Shampoo gabs Sand. Im Frühjahr war das Wasser kühl, über den Sommer angenehm warm und jeden Tag eine erfrischende Wohltat. Die Hände desinfizierten wir uns nach dem Waschen mit Tannennadeln. Diese enthalten ätherische Öle und beseitigen Bakterien. Die hier hiesige Balsamtanne ist neben der Birke und Thuja eine der drei Wunderalllzweckbäume dieser Region. Sobald jemand eine Wunde hatte, konnte man zu diesem Baum gehen und pikste mit dem Fingernagel oder Messer eine mit Harz gefüllte Blase an der Rinde des Baumes auf. Das zähflüssige Harz über die Wunde gestrichen desinfiziert und schützt vor Entzündungen. Wunde danach in Asche tauchen hilft, um nicht überall kleben zu bleiben. Man sieht halt aus wie ein Schmutzfink, wenn man mehrere Wunden an den Händen hat. Doch beim Leben im Wald konnte ich eh den ganzen Tag mit Hände waschen und Fingernägel reinigen verbringen und trotzdem mit schwarzen Händen ins Bett gehen. Wundermittel Bärenfett half, das Harz zu entfernen, wenn man wollte. Auch gut bei trockenen Händen und Lippen. Einreiben mit Thujennadeln half, einige Moskitos fern zu halten. Wer Bärenfett flüssig erhitzt und mit Thujennadeln mischt gewinnt eine tolle Salbe. Einmal hat mir eine Clanfreundin mit einer Eigelbbärenfettmischung die Haare gekämmt. Wow, wurden die wieder schön geschmeidig! Kannst du Dir vorstellen, dass ich fast ein Jahr meine Haare nicht mit Shampoo wusch? Ja es geht.

Hier ein Eintrag aus meinem Tagebuch zum Thema Kleidung waschen: *„..........vor zwei Tagen habe ich zum ersten Mal Kleidung in den See gelegt um sie zu waschen. Ich hoffe, der See hat den Wollwaschgang eingestellt. Jetzt hängen die Sachen im Baum zum Trocknen.....“*

Das war genial, sogar meine von oben bis unten blutverschmierte Hose war nach einem Tag im See wieder tip top sauber. Wer es so richtig sauber haben wollte, musste die Kleidung kräftig reiben. Ich verzichtete und bewunderte die Verzierungen mehrerer schwarzer Punkte, sogenannte Flecken, auf meiner Hose ;-)

Der Toilettengang, normalerweise nur ein Geschäft, hier etwas Besonderes: *„..........heute schreibe ich über den Toilettengang. Wir benutzen hier ein indianisches Wort, was so viel wie „ich gebe der Natur zurück und schließe mich somit an den Kreislauf der Dinge an“ bedeutet. Jeder hier hat sein eigenes Gebiet im Wald, zwischen fünfhundert Meter und einem Kilometer vom Camp entfernt, wo dann das größere Geschäft verrichtet wird. Kleines Loch graben, Moos oder Blätter zum Wischen, Loch wieder zu schütten und möglichst wenig Spuren hinterlassen. Nach ca. zehn bis fünfzehn Tagen bzw. Löchern kann man wieder das erste aufgraben, da dann der Kot in Erde umgesetzt ist! Hier wird der Toilettengang zu etwas Besonderem, allein der Gang dorthin in Stille, das Sitzen und Lauschen der Natur, die Moskitostiche am Hintern, was könnte inspirierender sein ;-) Zudem geht es darum ein Gespür für den eigenen Körper zu entwickeln und rechtzeitig loszulaufen. Das ist gar nicht so einfach. Ich habe hier den besten, konstant guten Stuhlgang seit Jahren. Perfekte Konsistenz. Wie die Chinesen analysiere ich hier jedes Mal meine Erzeugnisse was, wie sie sagen, ein Hinweis auf meinen momentanen Gesundheitszustand preisgibt. So was wie Blähungen kenne ich gar nicht mehr und interessant ist, dass ich durchgehend nur jeden zweiten Tag einen Gang in mein Gebiet mache.“*

Was ich besonders genoss war das nackt sein. Es lief jeder nackt herum, wie er/sie wollte und baden ohne Badehose, eh klar! Auch Frauen konnten frei, einfach oben ohne sein und mein Verhältnis zu nackten Körpern änderte sich bald bzw. wurde natürlicher. Für mich gab es weniger sexuelle Reize, als vielmehr das Gefühl mit einem Bruder oder Schwester zu sein. Ich bin es von zu Hause her gewohnt, dass wir voreinander nackt umherlaufen und keine Scham dabei empfinden. So fühlte es sich auch im Wildniscamp an, wie Familie. Viel mehr gewann ich einen Blick für die Schönheit eines jeden individuellen Körpers. Nackt-sein-dürfen, bestimmt ein Komfortgewinn!

Durch starke Körpergewichtsabnahmen, verloren fast alle Frauen ihre

Mondzeit über die grüne Jahreszeit. Bei mir, und bestimmt auch bei einigen Anderen, lösten die sinkenden Kilos einen Rückgang meines Sexualtriebes aus. Ich fühlte mich diesbezüglich ähnlich wie in meiner Kindheit, frei von jeglichem Trieb!

Je mehr ich außerhalb meiner Komfortzone war, desto schwieriger war es auch, meine Emotionen in Balance zu halten und freundlich zu bleiben. Doch ich spürte, wie mein Empfinden für komfortabel sein sich schleichend änderte. Als ich eines Morgens zum Basecamp ging, regnete es etwa eine Stunde ganz gut vom Himmel. Als mich dann später jemand fragte, ob es geregnet hat, antwortete ich doch glatt mit „kaum".
Als Spiegel dienten dir hauptsächlich die anderen Clanmitglieder. „Hey du hast da Kürbis im Bart.....", hieß es da schon mal. Das ist gewiss auch ein Bild dafür, wie die Anderen als Spiegel meiner Persönlichkeit dienten. Denn, so glaube ich, spiegelt ein jeder, den ich treffe, irgendeinen Anteil, den ich in mir trage, wider. Auch wenn das manchmal gar nicht so angenehm ist. Dabei habe ich folgende Beobachtung gemacht. Die einen Menschen spiegeln uns eigene Eigenschaften bzw. Macken stärker, als wir sie selbst haben. Das regt dann schon mal auf, wenn man das so überzogen präsentiert bekommt. Doch glaube ich ist genau hier das Geschenk, durch die überzogene, karikaturhafte Weise, die sich mir hier bietet, kann ich klar und deutlich erkennen, wo ich an mir noch arbeiten kann. Wie oft hat dich schon etwas an jemandem aufgeregt, das du eigentlich von Dir selbst kennst? Vielleicht bist du halt nicht so extrem, trägst aber die, dich aufregende Eigenschaft sehr wohl in dir! Dann gibts da noch die anderen Spiegel, wenn Leute sich genau gegensätzlich wie ich verhalten. Ich sage z.B. „Nur Wildnis ist gut" und der Andere sagt „Nur Stadtleben ist gut", so wirken unsere Meinungen erst einmal ziemlich konträr. Doch wenn ich genauer hinblicke, sehe ich wie der Andere mir meine extreme Haltung widerspiegelt und mir zeigt wie unangenehm es ist, wenn jemand seine Meinung als einzige Wahrheit präsentiert.
In diesem Sinne: Spieglein, Spieglein in unsrem Clan.............wer hat hier den größten Wahn ;-)

Mein Körpergeruch dürfte irgendwo zwischen Eber und Moschusochse gelegen haben. Doch da draußen am Feuer rochen wir uns nicht. Und um ehrlich zu sein, empfinde ich diesen Geruch mittlerweile auch als natürlich gut riechend. Hat der, von der Gesellschaft abgestempelte, sogenannte Gestank nicht auch einen Sinn für unser Dasein?

Hygienemaßnahmen: Wir vermieden das Berühren der Essensschale eines Anderen. Beim Essen schöpfen berührten wir nicht mit dem Servierlöffel die Essensschale usw. Nicht über Essensschalen drüber laufen, mindestens fünfzig Körperlängen vom Camp entfernt pinkeln, Kot bloß in deinem dafür vorgesehenen Gebiet oder in die gegrabenen Notfalllöcher, fünf bis zehn Mal am Tag Hände waschen bzw. mit Tannennadeln desinfizieren, regelmäßig baden, Koch- und Essplätze mit grünem Reisig auslegen, zum Essen schneiden benutzte Birkenrinde verbrennen bzw. lernen in der Hand Essen zu schneiden, Wunden mit Harz bedecken, nicht Nase bohren, Fuß- und Fingernägel kurz und sauber halten und und und.....
Die Philosophie war *Vorbeugung*. Die oben genannten Dinge waren nur ein Teil unserer Hygieneguidelines, am Anfang war das schon ziemlich nervig für Viele, inklusive mir, da wir in unserer sauberen Welt nicht unbedingt auf so viel achten müssen. Doch es sollte schließlich eine möglichst reale Wildniserfahrung simuliert werden, das heißt, was wäre, wenn es keine Ärzte um dich herum gäbe und eine schwere Entzündung ohne Antibiotika den Verlust deines Fingers bedeuten würde? Wahrscheinlich würde jeder die Wunde hegen und pflegen! Ich hatte eine Entzündung am Zeh, doch die war wieder gut verheilt.

Die Anfangszeit war auch von Würmern geprägt. Wir hatten Würmer - englisch *Pinworms*, Würmer im Darm - im Clan kursierend. Auch mich hats in einer Nacht mal am After gejuckt und am nächsten Tag fand ich dann ein Wurm in meinem Kot, dann kam ich, wie fast die Hälfte des Clans, in Quarantäne. Kein Abendessen servieren und kein Hände halten bzw. nur visuelles Hände halten im Kreis und noch viel öfter Hände waschen. Doch die Würmer blieben hartnäckig trotz aller natürlicher Mittel - Bärenfett am After hat immerhin das Jucken beendet! - die wir versuchten. Wir einigten uns dann im Kreis darauf, eine Darmwurmmedizin zu nehmen. Insgesamt drei Mal. Dies hat nicht jedem im Clan einfach so gepasst. „Medizin, wie unnatürlich“, raunte es. Hier waren Leute, wie ich, die seit Jahren Medizin bis aufs letzte mieden. Doch wenns einer nicht nimmt, dann bringt halt alles nichts! Dies war auch ein Teil vom kreisbewusst leben, einer für alle und alle für einen. Auch bei unangenehmen Dingen! Unsere Kids hatten erst noch Spaß die extrem süße Bananengeschmackmedizin einzunehmen!

Des Weiteren hatte ich einen Besuch beim Zahnarzt, da mir ein Teil eines Zahns abgebrochen war und eine Füllung erneuert werden musste. Es war komisch, da auf diesem Stuhl zu sitzen, im Hintergrund Radiomusik und all die Technologie um mich herum zu erleben. Ich kam mir vor wie der riechende, schmutzige Mogli aus dem Wald, ein Tier in der Zivilisation. Gleichzeitig bemerkte ich, wie gewohnt all das zivilisierte Getue für mich war.
Im Sommer gabs natürlich auch Zecken und diese Region hat zwei verschiedene Arten zu bieten. Große Zecken, die leicht mit den Fingernägeln herauszuziehen waren, wenig gefährlich für Menschen und winzige Zecken die eher Krankheiten mit sich bringen. Zum Glück stehen die ersten im Verhältnis zu den zweiten ca. tausend zu eins. Ich hatte über den Sommer erstaunlich wenige Zecken und habe beobachtet, dass die Leute mit der meisten Angst vor den kleinen Tierchen, auch die meisten davon auf ihrem Körper hatten. An jedem Tag fragt man dann am Ende beim Baden „Kannst du mich bitte auf Zecken checken?“, und so sieht man dann mit der Zeit auch den After eines jeden Clanmitgliedes. Das ist Familie!
Ein kleines persönliches Highlight war, dass ich erst in die Nordwälder reisen musste, um eine professionelle Thaimassage zu bekommen! Es war erstaunlich wie viel Clanwissen wir in unserer Gruppe bezüglich Massagen und Körperarbeit hatten. Ein wahres Geschenk, da das Leben im Wald nahezu auf dem Tragen von Dingen basierte! Weniger waren ansteckende Krankheiten ein Thema, als viel mehr Rückenbeschwerden oder andere körperliche Wehwehchen. Immer wieder wurden Massagen ausgetauscht oder energetische Heilungen gegeben.

TÄTIGKEITEN

Der Begriff Arbeit hat sich mir im Wildnisjahr neu definiert. Seit meiner Teenagerzeit habe ich Arbeit oft als unangenehm empfunden, keinen Sinn in der Tätigkeit gesehen oder war schlichtweg faul. Wo war bloß meine Motivation? Oft war ich träge und habe versucht, mein Leben möglichst arbeitsfrei zu gestalten. Diese Einstellung bzw. Verhalten macht sich dann natürlich auch im Ergebnis bemerkbar, so können ehemalige Arbeitskollegen bestimmt belegen, dass ich beispielsweise nicht der passionierteste Elektroniker war. Oft fand ich beim Arbeiten Wege, minimalistisch und effektiv zu sein, um dann meinen eigentlichen Bedürfnissen nachgehen zu können.

Diese Trägheit trug ich im Mai, als das Programm begann, natürlich mit mir und traf hier auf alles andere als Urlaub. Es gab praktisch immer was zu tun. Doch nach einer gewissen Zeit hatte sich in mir was verändert! Dann machte ich mir schon vor dem Schlafengehen Gedanken, was es am nächsten Tag zu tun gab bzw. was ich machen wollte. Stand freiwillig in der Morgendämmerung auf und begann den Tag. „Was ist hier für mich anders?“, fragte ich mich. Zum einen sah ich direkten Sinn in unseren Tätigkeiten, das heißt ich sammelte Feuerholz, damit uns warm war und wir kochen konnten. Gerbte eine Hirschhaut, um den Prozess zu erlernen und vielleicht eines Tages Kleidung daraus zu machen, baute eine Winterbehausung, damit ich Unterschlupf für den Winter haben würde und ging fischen oder Wildkräuter sammeln, damit ich zu Essen hatte. Ich stand voll und ganz hinter jeder meiner Tätigkeiten und wusste um Sinn und Zweck dabei. Ich empfand mich dabei als einen Teil der Natur um mich und klinkte mich in einen natürlichen Rhythmus ein, in dem ich das nahm, was ich zum Überleben brauchte, sowie ein bisschen mehr für etwas Komfort, doch nicht mehr! Vor allem kam mir Geld während der Zeit in der Wildnis sehr abstrakt vor. Viel sinnvoller und vielleicht herzlicher würde es mir erscheinen, wenn ich mein gegerbtes Leder gegen Essen tauschen könnte bzw. in einem Clan/Gemeinschaft lebend, wo jeder beiträgt, was er kann und im Gegenzug jeder einzelne vom Clan getragen wird. Hier möchte ich den Begriff fair aus unserer Gesellschaft hinterfragen. So kommt es vor, dass zwei Leute die gleiche Zeit am Tag mit Arbeit verbringen und der eine mehr als der Andere dafür bekommt. Macht das wirklich Sinn? Hier draußen würde das bedeuten, dass z.B. die Leute, die den halben Tag am Feuer sitzen, um zu kochen, verglichen mit denen, die eine Hütte bauen,

am Abend eine kleinere Portion zu essen bekommen würden.
Neben dem Sinn meiner Tätigkeiten genoss ich, dass ich meine Energie fast beliebig einteilen konnte. Wenn mein Körper Pause signalisierte, dann ging ich darauf ein. Wenn ich an einem Tag mehr Energie hatte, werkte ich lange. Hatte ich wenig Energie, tat ich weniger. Ich vergleiche dies mit alten Arbeitszeiten von 7:30 - 16:41Uhr - auf die Minute genau! - und vorbestimmten Pausenzeiten bzw. Pausenlängen. Was machen die meisten von uns in unserer Arbeitswelt, wenn mal weniger Energie da ist? Richtig, so tun als ob man arbeitet! Sieht schon keiner. Ist das nicht eher traurig? Da ist stets eine Art Druck vorhanden, schließlich wird man ja bezahlt. Wieder andere gehen schlichtweg über ihre Grenzen, was auf Dauer ungesunde Folgen haben kann.
Mir offenbarte sich in dieser Zeit, wie schön es ist aus eigener Inspiration heraus ans Werk zu gehen und Hingabe für das, was ich tue, zu empfinden. Ich glaube, Arbeit existiert nicht nur, damit uns nicht langweilig wird und wir überleben können. Eine Tätigkeit, die ich aus dem Herzen heraus mache, verbindet mich viel mehr mit der Freude fürs Leben. In meinen Augen ist es eine Kunst diese Freude am Leben bei allem, was man tut, in sich zu tragen. Auch wenn mal unangenehme Arbeit ansteht. Dann könnte ich doch auch problemlos wieder als Elektroniker glücklich werden, was soll das Ganze eigentlich? Ja, heute würde ich auch hier bestimmt mit anderer Einstellung ans Werk gehen, doch Freude am Tun ist Training und warum nicht gleich etwas tun, was mir am Herzen liegt statt aus Geldangst oder Sicherheitsgründen mich wo reinzupressen!? Man kann wohl bei jeder Tätigkeit glücklich sein und zur gleichen Zeit glaube ich, dass jeder Mensch ein Geschenk in sich trägt, welches sich in dessen Tätigkeiten verwirklichen kann. So sprach einst ein Indianer, der die alten Traditionen noch in sich trägt zu mir „..........bist du ein Jäger, dann jage. Bist du ein Pfeilspitzenhersteller, dann handwerke. Bist du Krieger, dann beschütze.....“. Ich glaube, dass es wichtig ist, seine persönlichen Geschenke zu finden und damit seiner Gemeinschaft und sich selbst einen Gefallen zu tun. Dann ist Arbeit nämlich viel mehr Freude am Tun bzw. Leben. Auch wenn ich hier vielleicht idealisiere, bin ich davon überzeugt, dass dies ein Teil des Sinnes in diesem Erdenleben ist!

Ein paar Worte zu meinen Tätigkeiten in der grünen Jahreszeit. Im Sommer stand viel Sammeln an: Feuerholz, Tannenzweige, Wildkräuter, Beeren. Gegend erkunden und neue Sammelplätze ausfindig machen.

Ich war selten als Scout unterwegs, um das Land zu erkunden. Jedoch erinnere ich mich gut als ein paar aus unserem Clan, so auch ich, im Frühjahr auf eine ca. sechs bis acht stündige Wanderung gingen, um Bärlauch zu sammeln. Das war zwar anstrengend, doch zahlten uns die wohl schmeckenden Blätter später alles zurück!

Spielen mit den Kindern bzw. sie in ihren Tätigkeiten zu unterstützen war natürlich auch eine wichtige Tätigkeit des Clans. Genauso wie Bauarbeiten im Camp wie z.B. Holzlager bauen, Essensgrube graben, schmale Brücken im Moor legen, Kanustellplatz bauen, Sommerhütten bauen, Winterhütten reparieren und einiges mehr.
Zudem fand ich endlich Interesse fürs Handwerken! Ohne Vater bzw. jemanden, der mir was in dieser Richtung gezeigt hat, aufgewachsen, bekam ich eher Haushaltstätigkeiten mit. Das kann ich dafür gut ;-) Ein weiter Teil meines Lebens hat mich ein Handwerkskomplex begleitet und ich hatte bei vielen Dingen entweder zwei linke Hände, keine Ahnung oder war einfach sehr langsam. Viel konnte ich diesbezüglich im Wildnisjahr lernen und spürte endlich das Feuer und die Freude ein Handwerk zu beginnen, darüber zu grübeln bzw. zu tun und am Abend zufrieden das Werkstück in Händen zu halten. Was war ich nicht stolz, als ich meine erste Hirschhaut gerbte! Wie ein Kind an Weihnachten hielt ich sie jedem, der mir begegnete, zum Fühlen an die Backe. So schön.....

Der Gerbeprozess lief hier mit einfachsten Mitteln, ohne Chemie und mit viel körperlicher Arbeit ab. Es ist schön, dieses Handwerk nun im grundlegenden zu beherrschen und ein Stück mehr zu verstehen, dass Kleidung nicht im Laden wächst! Dies machte mich neugierig wie Kleidung aus Baumwolle hergestellt wird......

Gerben einer Hirschhaut

Des Weiteren brannte ich drei Essensschalen und mit einem sogenannten gekrümmten Messer, schabte ich diese aus, bis sie meinen Ansprüchen genügten. Es wurden von Clanleuten einige Körbe aus Weide hergestellt bzw. Tannenrindenkörbe geflochten. Dies zog mich nicht so sehr, war jedoch schön zu sehen. Außerdem entdeckte ich das Nähen für mich. Ab dann flickte ich selbständig meine Löcher und eine Wolldecke nähte ich zu einer Umhängetasche, einem Beutel und einem Poncho um. Auch versuchte ich mir eine weiche Matratze zu machen, indem ich eine weitere Wolldecke einmal faltete und die Seiten zusammen nähte. Später füllte ich das Ganze mit Laub. Die Naturmatratze war zwei bis drei Tage weich und wurde dann vom Draufliegen eher hart und bereitete Rückenschmerzen, wenn man sie nicht immer wieder neu

auffüllte. Dann baute auch ich mir ein Tannenzweigbett, um es stets weich unter mir zu haben.
Ich lernte im Wildnisjahr einiges übers Handwerken, das fehlte mir bisher und war auch mit ein Grund, warum ich in die Wälder ging. Danke.

ORIENTIERUNGSLOS

Das Sammeln unserer Nahrung oder von Materialien forderte, dass wir uns frei in den Wäldern bewegten. Als ich eines Tages mit einer Clanfreundin ein bestimmtes Milchkrautfeld suchte, von dem uns einer unserer Scouts erzählt hatte, zogen wir in ein Gebiet, dass wir noch nicht kannten. Es war bewölkt und warm und wir waren gut drauf, also zogen wir das meiste unserer Kleidung aus, legten unsere Taschen nieder und rannten los. Es lagen noch Regentropfen auf den Blättern der Büsche und jedes Mal, wenn ich einen streifte, wurde es etwas kühl auf meiner Haut. Nach einiger Zeit hatten wir immer noch kein Feld gefunden und suchten vergeblich weiter. Dann, als wir uns entschieden zurückzukehren, wurde auf einmal auch das zum Problem, wo kamen wir gleich wieder her? Wir sagten uns, dass wir nur so zurückgehen müssten, wie wir gekommen waren und tatsächlich............wir hatten uns noch tiefer verlaufen. Nun kannten wir bald gar nichts mehr in der Landschaft, keinen Anhaltspunkt oder irgendeine Idee, wie es weiter gehen könnte. Das war mein erstes Mal, dass ich mich verlaufen hatte und anfangs blieb ich noch ganz locker und dachte „naja, dann müssen wir uns im schlimmsten Fall eben einen Unterschlupf bauen und die Nacht Körper an Körper liegen, um warm zu bleiben; die Anderen würden uns schon suchen und spätestens am nächsten Tag finden“: Die Wolkendecke gab kaum Hinweise über die Himmelsrichtungen bzw. waren wir relativ unerfahren und zudem uneinig. Dies wurde dann mit zur größten Herausforderung, da unsere Herangehensweisen ans Heimfinden verschieden waren und unsere Uneinigkeit schlechte Stimmung und mehr Verwirrung schaffte. Nach einer Zeit kippte in mir meine emotionale Lage und ich fühlte Angst. Und je mehr Freude sie plötzlich am Umherstreifen hatte - wir fanden kleine Wilderdbeeren, die sie genüsslich verspeiste - desto panischer wurde ich. Was passierte da in mir? Diese Situation überforderte mich und ich kam in tiefe Komplexe, warum ich nicht fähig war, einen Weg nach Hause zu finden.

Wir entschieden uns dann, einen Menschen aus der Zivilisation zu fragen und nachdem der uns die Route erklärte, joggten wir einen Waldweg entlang und kamen in ein Gebiet, in dem wir uns wieder auskannten. Glücklich, doch auch irgendwie gekränkt saß ich später beim Abendessen. An diesem Tag kam ich stark mit meiner Opferrolle in Berührung und hatte großen Respekt vorm Verlorengehen.

Ein anderes Mal war ich allein unterwegs und hatte mich verlaufen. Eigentlich wollte ich doch nur geradeaus zurück, so wie ich gekommen war. Nix da, ich lief einen großen Linksbogen, wie ich später feststellte und ging in Richtung tiefstes Moorgebiet. Bald wurde es so unwegsam, dass ich teils sogar krabbeln musste, um voran zu kommen. So viele Pflanzen und Baumstämme waren mir nun im Weg und mit der Wolkendecke konnte ich zu diesem Zeitpunkt noch nichts anfangen. Wie sollte ich mich bloß ohne Sonne orientieren? Wieder kam dieses Gefühl der Hilflosigkeit. Doch diesmal konnte ich besser damit umgehen, vielleicht weil ich die Erfahrung des ersten Mal Verlorengehens hatte, als wir letztendlich auch wieder heim fanden. Also setzte ich mich erst einmal auf einen Stein, ruhte mich gemeinsam mit einer Hand voll Moskitos auf Armen und Gesicht aus und sagte mir, dass ich einfach ruhig bleiben müsste. Am Abend würde ich bestimmt wieder mit den Anderen beim Essen sitzen, hoffentlich…..

Zudem bat ich die geistige Welt um Hilfe. Eine Weile später spürte ich plötzlich Wärme auf meiner Brust und als ich die Augen öffnete, erblickte ich einen Sonnenstrahl. Wie vom Blitz getroffen sprang ich auf und nutzte die paar Minuten, in denen die Sonne ihren Kopf durch die Wolken streckte. Nun wusste ich wieder die Himmelsrichtungen und lief energetisch in Richtung Camp. Ich kam an einem sehr schönen See vorbei und lief barfuß im seichten Seeufer, um Rohrkolben als Zundermaterial zu sammeln. Als ich wieder an Land ging, wunderte ich mich über Blut, das von meinen Beinen herunterlief. Ich hatte mich doch nirgends verletzt, oder? Dann bemerkte ich die zwei schwarzen Tierchen auf meiner Haut und hatte es das erste Mal in meinem Leben mit Blutegeln zu tun! Ich war so begeistert und freute mich regelrecht, wieder ein Erlebnis, das ich bloß aus Filmen oder Abenteuergeschichten kannte. Langsam entfernte ich sie und sah noch länger, wie das Blut aus den kleinen Wunden lief.

Dankbar und froh kam ich wieder im Wildniscamp an und machte mir Gedanken über das Thema Verlorengehen. Viel konnte ich lernen von

diesen beiden orientierungslosen Erlebnissen und bezogen auf das Leben im Allgemeinen schloss ich folgendes:
„Wenn ich im Leben die Orientierung verliere, ist es wohl das Beste, mich erst einmal zu beruhigen, nicht in Panik zu verfallen und darauf zu vertrauen, dass sich eine Lösung bzw. der Weg wieder findet.“

GEMEINSCHAFT

In unserem gemeinschaftlichen Leben, wie ich es in diesem Jahr erlebte, ging es unter anderem darum, folgendes zu erfahren und lernen: Die Kontrolle des eigenen Egos, alles allein bewältigen zu wollen und nur für sich selbst zu sorgen, zurückzustellen. Darauf zu vertrauen, dass ich meine Energie in die Gemeinschaft geben kann und die Gemeinschaft gut für mich sorgen wird.

Ich weiß, diesen Satz muss man erst einmal verdauen. Es war in der Tat leichter gesagt als getan, da die meisten von uns es gewohnt waren, für sich und ihre Kleinfamilie zu sorgen. Dies ist ein Modell unserer Gesellschaft und es fordert einige Hürden zu nehmen, um sich dem nötigen Vertrauen zu öffnen. Wir wuchsen mehr und mehr zusammen, doch brauchte es sichtlich Zeit, um diese Gemeinschaftsphilosophie zu verinnerlichen. Ich möchte nicht enthalten, dass ich gewiss oft mit meinem Ego konfrontiert wurde und alte Muster mich einholten. Doch spürte ich auch, was es heißt, sich zu öffnen und die Unterstützung des Clans hinter sich zu haben! Wenn jemand Hilfe brauchte, musste er/sie den Mut aufbringen, das Anliegen im Kreis zu äußern und schwups wurden Zelte mit mehreren Leuten aufgestellt, Massagen wurden ausgetauscht und körperliche Leiden gelindert, sowie Gespräche, die für emotionalen Ausgleich sorgten geführt. Wie Unterstützung auch immer aussehen mochte, wenn der Clan helfen konnte, wurde Energie mobilisiert.

Warum ist es eigentlich so schwer, sich einer Gemeinschaft von Menschen zu öffnen? Zum einen bestimmt deshalb, da es auch immer ein bis zwei Leute gibt, die viel bei einem auslösen, wir sagten dazu *An-Triggern*. Auf gut Deutsch, auf den Wecker gehen. Jetzt leb mal mit denen zusammen und begegne ihnen jeden Tag! Hier konnte man nicht so einfach in sein Häuschen und die Türe hinter sich verschließen. Ein weiterer und wahrscheinlich der noch größere Grund war, dass wir es aus unserer Gesellschaft nicht gewohnt sind, ehrlich und direkt unsere Gefühle auszudrücken. Dies ist oft nicht erwünscht in unserer Zivilisation, lieber nett lächeln und weitergehen. Die Herausforderung hierbei liegt wohl darin, die inneren Empfindungen möglichst respektvoll vorzutragen. Immer wieder setzte ich mich mit jemandem zusammen und besprach emotionale Situationen aus unserem Alltag. Schnell sind unterschwellige Aggressionen und Missverständnisse im Spiel. Das schöne war, dass die allgemeine Offenheit der Leute unseres Clans

bezüglich gemeinsamem aneinander Wachsen, groß war. Das kann jedoch manchmal auch anstrengend sein.....
Mein Fazit: Gemeinschaft braucht unter anderem VERTRAUEN, EHRLICHKEIT und GEDULD.

Hier ein paar Geschehnisse, die unsere Gemeinschaft kurzfristig oder dauerhaft beeinflussten:

SCHWANGER INS FAMILIENJAHR GEKOMMEN

....war die Überschrift meines Tagebuches zu folgendem Text:
„Ein Paar das mit ihrem dreijährigen Sohn hier ist, stellte fest, dass Sie im zweiten Monat schwanger sind. WOW! Die Erfahrung des Kreises und vor allem der Mütter im Kreis kommt den beiden zu Gute. Gehen sie? Bleiben sie hier und bringen das Kind in der Wildnis zur Welt? Wir hätten sogar eine Hebamme im Clan! Abtreibung? Es steht noch alles offen, sie haben noch keine Entscheidung gefällt.“
Acht Tage später: *„Nach dem Frühstück erzählt das schwangere Paar im Kreis ihren Prozess der letzten Tage und gibt die Entscheidung preis, das Kind abzutreiben und weiterhin hier zu bleiben. Dies ruft gemischte Gefühle bei allen Anwesenden hervor, wird jedoch akzeptiert und die beiden werden so gut es geht unterstützt.“*

Doch dies sollte noch Folgen haben. Für den Abend wurde kurzer Hand eine Redestabrunde einberufen. Bereits über den Tag hinweg waren starke Emotionen speziell bei einer unserer Familien zu spüren. Am Abend dann drückte eines ihrer Familienmitglieder mit einer powervollen Rede ihre Gefühle über die Entscheidung der Abtreibung und über die akzeptierende Haltung des Clans aus. In ihren Augen sei das Mord und nicht zu verantworten mit dem Titel eines Familienjahrs. Zudem erklärte sich die Familie dazu bereit, das Kind zu adoptieren! Der Stab machte die Runde und wenn ich überhaupt irgendwie niederschreiben kann, was gesagt wurde, dann nenne ich hier nun den Gegenpol zur Abtreibung-ist-Mord-Meinung und lasse meine Meinung dabei außen vor.
Abtreibung ist kein Phänomen der modernen Zeit. Dieses Wissen existiert, solange es Menschen gibt. Ob nun mit speziellen Kräutern oder chemisch-mechanisch. Der Kreislauf der Natur enthält Leben und Sterben. Manchmal muss etwas sterben, damit etwas Anderes leben kann. Ob nun wie bei den Tieren bzw. den nativen Völkern manchmal

nur das stärkere Kind in Notzeiten am Leben gehalten werden kann oder wie heute, wo ein Kind aus emotionalen, psychischen, finanziellen oder vielen anderen Gründen nicht geboren wird. Eine Freundin hat mich gelehrt, dass eine Abtreibung auch die Geburt einer persönlichen Veränderung des eigenen Lebens bedeuten kann. Was ist nun richtig, was falsch? Hat nicht jeder seine eigene Wahrheit? Warum ist die Wahrheit Anderer manchmal unerträglich für uns? An diesem Abend ging ein Ruck durch den Kreis; die Familie, welche sich gegen die Abtreibung aussprach, hielt nicht mit dem Rest des Kreises Hände und sprach laut aus, dass sie sich momentan nicht mit dem Kreis verbunden fühlten. Der Kreis stand dem mit einer Mischung aus Respekt und Sprachlosigkeit gegenüber.

DIE AUSWANDERER

Die größte Familie, welche zum Familienjahr kam, war vegetarisch und aß dementsprechend keine tierischen Produkte. Das war bei unserem Lebensstil natürlich sehr fraglich, da Fleisch und Tierfett einen großen Teil unserer Ernährung ausmachten. Wie lange würde das gut gehen?

Dazu ein Abschnitt aus meinem Tagebuch:
„*....die Diskussion wurde gegen Ende des Kreises spannender, da wir hier immer noch eine Familie haben, die Vegetarier sind und bis jetzt kein Fleisch, Fisch und Fett gegessen haben. Ich persönlich kenne nur eine Handvoll Menschen, die von zwei Eiern, drei Früchten, etwas Weißkohl oder Brokkoli und ein paar Nüssen am Tag auf lange Sicht ohne Mängel leben können. Besonders einige Eltern im Clan sind über den Gesundheitszustand der vegetarisch ernährten Kinder besorgt. Es ist noch keine Lösung gefunden und obwohl sie schon einiges an Gewicht verloren, scheint es ihnen noch gut zu gehen, doch der Winter naht.....*“
Das war nach zweiundzwanzig Tagen, dann zehn Tage später:
„*Vor ein paar Tagen hat eine Mutter der vegetarischen Familie, einen aus Holz geschnitzten, symbolischen Schlüssel angefertigt und in den Kreis mitgebracht. Sie warf ihn in der Runde ins Feuer, mit den Worten, dass sie lieber Fleisch essen würde als das Familienjahr abzubrechen. Alle waren sehr berührt von dieser Geste. Doch solange sie und ihre Familie ohne Fleisch und Fett auskommen, sieht sie keine Notwendigkeit dazu.*“

In der darauffolgenden Zeit hatte es ihre Familie anscheinend nicht einfach. Ihre jüngsten Kinder forderten entsprechende Aufmerksamkeit und genau solch einen Anspruch hatte auch unser Clan bzw. forderte dies unser Lebensstil mit all seinen Guidelines, morgens früh aufstehen und jeder Menge Kreise in denen viel geredet wurde. Für Kleinfamilienleben war kaum noch Platz und dazu kamen alle anderen Herausforderungen bezüglich Komfort. Es mag sein, dass ich mir nicht über alle Details der damaligen Lebensphase dieser Familie bewusst bin, doch sah es nach außen hin nach Überforderung aus. Ein Zustand, in dem sich wohl die meisten im Clan zu diesem Zeitpunkt befanden! Doch neben all den aufgeführten Gründen war die Abtreibung wahrscheinlich einer der ausschlaggebenden Punkte für folgende Entscheidung.
Sie fragten die Programmguides, ob es noch einen anderen Platz im Wald gebe, an dem sie fern vom Clan für sich leben könnten!? Die Guides schickten sie daraufhin zum Clan, sie sollten einen Redekreis berufen und die Stimmen des Clans dazu anhören. Und das taten sie. Die Stimmen dieses emotionalen Kreises waren, soweit ich mich erinnere, zwiegespalten. Auf der einen Seite die *Jeder soll das tun, was er für richtig hält-Einstellung* und auf der anderen Seite Trauer, Unverständnis, Vorwürfe, Wut und konstruktive Kritik wie, dies sei Flucht vor inneren, aufkommenden Hürden. *Möge Hochwasser oder die Hölle kommen, wir geben nicht auf* - war unser Leitsatz wenn es ums aufgeben ging! Es war einer dieser Kreise, bei dem zwar viele Worte fielen, doch kein konkretes Ergebnis oder eine Lösung daraus hervorgingen. Also fragten sie erneut die Guides, ob es einen Platz gebe, diese nickten mit dem Kopf und einen Tag später zog die Familie auf die andere Seite des Sees. Wow, das war erst einmal ein Schock für diesen noch so jungen Familienjahrclan. Einige von uns, darunter ich, fuhren mit Kanus ihre Sachen über den See und halfen beim Einrichten des neuen Platzes und dem Zeltaufbau. Ich erinnere mich, zu diesem Zeitpunkt keine wirkliche Meinung dazu gehabt zu haben und wünschte ihnen einfach alles Gute.
Hin und wieder besuchten manche aus dem Clan die Auswanderer, welche sich erst einmal erholten. Doch am meisten vermisste der Clan deren Kinder, überwiegend Mädchen, da deren Energie in unserer Jungenbande etwas abging. Wenigsten kamen diese ab und zu zum Rest des Clans.
Zudem stand es um die Ernährungslage eines Elternteils und einem ihrer Kinder grenzwertig. Das hieß bedenkliches Untergewicht. Empfehlungen des Hauses waren Fleisch, Fisch und Fett..........doch schien es

für sie noch nicht der Zeitpunkt dazu gewesen zu sein, wenn er denn je kommen sollte. Stattdessen bekam deren Familie nun mehr Kohlenhydrate – Kürbis, Wurzelgemüse und Wildreis - und Nüsse, was zwar etwas half, doch hier und da auch Durchfall und gesundheitliche Beschwerden mit sich brachte.

„Sie kommen wieder ins Camp zurück!“, hieß es nach zwei Monden übersee. Jedoch unfreiwillig, da die Wildnisschule keine Dauerseparation unterstützte. Mit der Anmeldung fürs Wildnisjahr entschied man sich automatisch dafür, den Weg des Kreises zu leben - also Gemeinschaftsleben zu erfahren und mitzugestalten. Die Wahl an diesem Punkt war, entweder abbrechen oder zum Clan zurück. Die Hoffnung, dass die Großfamilie von selbst wieder ins Camp kommen würde ward geschwunden, im Gegenteil sie waren trotz so mancher Herausforderungen ganz zufrieden auf der anderen Seite des Sees. Doch wenn sie noch länger weggeblieben wären, dann wäre wohl auch die Entwicklungslücke zwischen Clan und ihnen zu groß geworden, um später wieder zu fusionieren.
Sie waren dementsprechend nicht so begeistert und kamen halt wieder, abbrechen kam nicht in Frage! Der Clan war im Großen und Ganzen wieder offen für sie, hatte jedoch Bedenken über unfreiwillige Rückkehrer. Werden sie sich integrieren, war die Frage? Im Laufe des nächsten halben Mondes lebten sie sich wieder einigermaßen ein, nahmen dann Stück für Stück wieder am gemeinsamen Essen teil, dann am gemeinsamen Fooddrop und teilten auch wieder ihre Worte in Gemeinschaftskreisen. Ich empfand es als angenehm sie wieder im Clan zu spüren und war froh, dass dadurch mehr Gleichgewicht in der Kinderkultur herrschte.

DER VERMEINTLICHE AUSSTEIGER

Ein junger Mann aus unserem Clan packte eines Mittags seine Sachen und verließ auf schnellstem Wege das Camp. Soweit ich mich erinnere, wusste keiner in der Gemeinschaft darüber Bescheid. Für Notfälle stand über das ganze Jahr ein Notfallwagen in der Nähe des Wildniscamps parat. Er nahm sich die Schlüssel und fuhr kurzer Hand zum Basecamp. Wildnisjahr beendet! Die innerlich aufkommenden Prozesse schienen ihn überwältigt zu haben. Aus meiner Perspektive fiel es ihm schwer

sich der Gruppe zu öffnen, seine Maske ganz fallen zu lassen und Schwäche zu zeigen. Wie ich darauf kam? Wahrscheinlich, weil ich mich selbst in ihm gespiegelt sah und es mir ähnlich ging! Der immer gut gelaunte, hilfsbereite und nie nein sagende Held, den alle lieben. Ich kannte das nur zu gut. Und wie sah es hinter den Kulissen aus?
Zwei Tage später, nach zwei Nächten irgendwo auf zivilisierten Straßen, kam er am Tag seines Geburtstages wieder zurück. Mit Tränen in den Augen öffnete er sich dem Kreis, erzählte von seinem inneren Prozess und alle hießen ihn wieder herzlich willkommen.

DER ERSTE FLÜCHTLING

Nach zwei Monden entschied sich ein dreizehnjähriger Junge zu gehen. Er wollte nicht mehr dabei sein und war nun immer öfter mit Teilnahmslosigkeit in den Tag getrottet. Seine Mutter war mit ihm und seinem fünfjährigen Bruder hier. Als dann der Vater zu Besuch war und den Zustand des Jungen sah, war dieser natürlich nicht begeistert. Der Vater stand dem Familienjahr ohnehin kritisch gegenüber. Was eventuell auch Einfluss auf die Einstellung bzw. Entscheidung des Jungen hatte.
Jedoch sollte man auch erwähnen, dass in der Stadt, in der er eigentlich wohnte, bald die Straßenfeste beginnen sollten, alte Freunde und süße Schleckereien lockten bestimmt! Wir verabschiedeten ihn mit einem Fest und gaben ihm Glückwünsche mit auf seinen weiteren Weg. Ein emotionales Abschiedslied durfte da nicht fehlen!

GEPLANTER ABSCHIED

Unsere Älteste - sechsundsiebzig Jahre - war nach drei Monden von uns gegangen..........nein keine Sorge, sie hatte von Anfang an mit der Wildnisschule ausgemacht, nur für diesen Zeitraum zu bleiben. Das war eine Ausnahme aufgrund ihres Alters und war bisher einmalig in der Geschichte der Wildnisjahre. Auch ihr zu Ehren feierten wir ein Abschiedsfest mit genug zu essen, einer Kreisrunde, in der ihr jeder ein paar gute Worte mit auf den Weg gab und vor allem sangen wir freudig. Da floss doch die ein oder andere Träne! Ciao.....

ABSTURZ

Eines Tages, zur Zeit des Haselnusscamps, als ich gerade dabei war, mir ein paar Nüsse zu knacken, kam unser Hauptguide ins Camp und versammelte so schnell wie möglich alle, die gerade da waren. Es schien um etwas Ernsteres zu gehen.
Einer aus unserem Clan hatte sich morgens in Richtung Basecamp aufgemacht. Der Marsch dauerte normalerweise nicht mehr als drei Stunden und als er nach fünf oder sechs Stunden immer noch nicht auftauchte, mussten wir Maßnahmen ergreifen. Also durchstreiften Suchtrupps die Wälder zwischen Wildniscamp und Basecamp und jeder von uns hoffte, ihn irgendwo unbeschadet zu finden! Die Suche dauerte nicht allzu lange an, da kam schon ein Ruf durch die Wälder und alle folgten in diese Richtung. Er kam im Basecamp an!
Als er durch die Wälder streifte, kletterte er, wie wir es gelernt hatten, auf einen Baum, um sich einen Überblick zu beschaffen. Dabei war er vom Baum gefallen und auf dem Boden aufgeschlagen. Bei solchen Abstürzen kann so einiges passieren und bestimmt waren Schutzengel an seiner Seite, denn neben einem Schock, ein paar Prellungen und einer Gehirnerschütterung ging es ihm relativ gut! Die nächsten Tage verbrachte er im Basecamp, wurde dort versorgt und kurierte sich aus. Dann kam er wieder zurück.
Alles Gute kommt von Oben, schön, dass er wieder da war!

SCHWITZHÜTTE

Eine Schwitzhütte ist eine Art Natursauna, die Indianer und andere Naturvölker neben der körperlichen Reinigung auch zur spirituellen Reinigung nutzten. Basierend auf der Tradition der einheimischen Indianer der Region, in der wir lebten, hielt die Wildnisschule es so, dass alle an den Vorbereitungen für die Schwitzhüttenzeremonie teilnahmen. Das heilige Feuer brannte hoch und enthielt große Steine, um diese zu erhitzen. Währenddessen standen alle Teilnehmer um das Feuer, hatten in Stille Zeit zur Kontemplation und wurden mit Thujennadeln geräuchert. Doch wer hier das erste Mal an der Zeremonie teilnimmt, geht nicht in die Hütte, sondern bleibt draußen im heiligen Raum des Feuers oder bereitet das Festmahl vor. Beim nächsten Mal kann man dann mit

rein. Der gesamte Clan, mit Ausnahme der Kleinkinder, fastete bis nach dem Ritual. Danach speisten wir dann vom Feinsten. Für diesen Anlass bekamen wir extra Essen von den Guides und alle genossen die seltene Überfülle an diesem Tag!
Der Sommer brachte noch eine zweite Schwitzhüttenzeremonie mit sich. Diesmal konnte jeder der beim letzten Mal nur von außen dabei war, mit rein. Eigentlich hatte ich das auch vor, doch ging es mir an diesem Tag nicht gut, da ich in der Nacht zuvor die Milchkrautvergiftung hatte. Sollte wohl nicht sein, vielleicht beim nächsten Mal, wann auch immer das sein würde..........

EHRENVOLLER BESUCH

Außerdem hatten wir Besuch einer Ältesten der einheimischen Indianer dieser Region, hier mein Eintrag dazu:
„Heute ist ein besonderer Tag! Wir bekommen Besuch einer Indianerältesten die noch die alten Traditionen kennt. Da die Indianer nicht ihre Geburtstage zählen, weiß man bloß, dass sie ungefähr neunzig Jahre alt ist. Alles und jeder ist in Bewegung um das Camp schön zu machen. Eine Trage wird für den Ehrengast gebaut und jede Menge Essen zubereitet. Heute vom Besten mit Fleisch, Fisch, Gemüse und sogar Wildreis, den gabs bisher noch nicht. Der Anlass der Feier ist eigentlich der Namenstag von einem unserer Kinder. Ihm wurde vor zehn Jahren bei seiner Geburt von der Indianerfrau ein Name gegeben. Er bekam den Namen eines hier einheimischen Vogels. Das Fest wird mit einer Zeremonie eröffnet, bei welcher der Junge geehrt wird. Sie erzählt die Geschichte seiner Namensfindung und alle werden geräuchert. Tabak wird ins Feuer geworfen und jeder kann bei seinem Wurf einen Wunsch mit hineingeben. Zum ersten Mal empfinde ich die Tabakpflanze als wirklich angenehm. Es wird im Wildnisjahr nicht geraucht und somit hat der Tabak hier seine ursprüngliche Bedeutung als heilige Pflanze für Rituale. Anschließend wird gegessen und die ältere Frau spricht weise Worte. Als Quintessenz ihrer Geschichte würde ich folgendes zitieren: Es gibt grob gesagt zwei Wege, einen bei dem das Leben vergeudet wird - sie nannte Alkohol, Drogen und andere Dinge - und einen anderen Weg bei dem man mit dem Bewusstsein durchs Leben geht, zu lernen und sich zu entwickeln – „denk darüber nach“, sagte sie zum Schluss.“

NAMENSFEST

Wir feierten auch ein Namensfest für zwei aus unserem Clan. Sie kannten bereits vor dem Familienjahr ihre neuen Namen und nutzten in diesem Umfeld die Chance, diese rituell zu festigen. Eine unserer Guides erfragte bei Indianerältesten die Übersetzung der Namen auf die indianische Sprache und teilte die neuen Namen dann im Kreis mit.
Wieder hatten wir ein großes Fest und die beiden *Neugenamten* erzählten wie die Namen zu ihnen kamen und wir feierten diesen Tag zu deren Ehren. Ansonsten bot die Gemeinschaft hier und da auch unterhaltsame Kultur wie Singkreise, Geschichtenerzählen und Talentshow. Auch wenn dies neben den emotionalen Staus eher noch spärlich war. Wer die grüne Jahreszeit miterlebte, brauchte bestimmt kein GZSZ mehr ;-)

Folgendes schrieb ich über unsere Gemeinschaft zwischen dem zweiten und dritten Mond:
„Der Clan steht gerade an einem schwierigen Punkt. Die Anfangseuphorie ist dahin. Die meisten kommen gerade sehr an die soziale Hürde, fühlen sich nicht mit dem Clan verbunden, gehen allein in die Wälder und wollen teils auch ungern wieder ins Camp zurück. Auch ich habe das an manchen Tagen hier schon durchgemacht. Das Engagement ist gesunken und der Wille, was anzupacken, eher träge. Zudem ist in Gesprächen und Kreisen oft angespannte Energie spürbar. Starke Reaktivität aufeinander, Diskussion statt Zuhören, Aggression, Flucht bzw. Nichtteilnahme.... Auch ich spüre die soziale Hürde und muss bewusst Energie mobilisieren, um mein Clanbewusstsein aufrecht zu halten. Zu leicht ist es gerade, den ganzen lieben Tag in die Wälder zu fliehen und Himbeeren zu essen!
Im Großen und Ganzen gelingt es mir doch ganz gut, mein Ich-Bewusstsein und mein Gemeinschaftsbewusstsein in Einklang zu bringen."

Zu diesem Zeitpunkt machten wir einen offenbar üblichen Gemeinschaftsprozess durch, bei dem das anfängliche Abtasten nach ca. ein bis zwei Monden zu Ende ging und auch alle sorgfältig verborgenen Schattenseiten zu Tage traten! Bestimmt eine der intensivsten Zeiten des Familienjahres und zur gleichen Zeit ein überaus wichtiger Prozess, wie sich später noch zeigen sollte. Steck zweiundvierzig Halbwilde in den Wald, mach die Kiste zu und rüttle mal kräftig, so fühlte es sich zeitweise an. Uns fehlte Orientierung und Halt. Wo waren die Werkzeuge um zu lernen wie es miteinander gehen kann?

KOMMUNIKATION UND GEMEINSCHAFTSKREISE

Ein typisches Clantreffen

Ziemlich zu Beginn, ca. nach einer Woche, war Schluss mit Ausschlafen und wir beschlossen uns morgens früh zu treffen, um den Tag zu besprechen. Wir trafen uns, sobald die ersten Sonnenstrahlen die Spitze des höchsten Baumes in unserem Camp berührten - so läuft das, wenn man keine Uhr hat! Die Zusammenkünfte waren erst einmal etwas chaotisch, da viel durcheinander geredet wurde und das Treffen dadurch nicht sonderlich effektiv und angenehm, eher zeitraubend war.
Dann brachten wir Ordnung rein in Form von zwei Runden: In der ersten Runde wurde im Brainstormingprinzip in den Kreis geworfen, was es zu tun gab und in der zweiten Runde sagte jeder nacheinander, wo er/sie sich einbringen wollte. Nach ein paar Morgentreffen wurde bemängelt, dass wir zwar über Erledigungen sprachen, jedoch gar nicht wussten wo der Einzelne gerade stand bzw. wie es jedem ging. Also kam

eine dritte Gefühlsrunde hinzu, in der jeder nacheinander die Möglichkeit hatte, auszudrücken, was gerade da war.
Nach ca. einem Mond bemerkten wir, wie viel Zeit diese drei Runden jeden Tag von der aktiven Morgenenergie nahmen. Also sollte es schneller gehen, damit man bald loslegen konnte. Da die üblichen Erledigungen nun im Großen und Ganzen jedem bekannt waren, gab es nur noch eine Runde, in der jeder sagte, was er an diesem Tag tun würde und wie es ihr/ihm gerade ging.
Nach einem weiteren Mond fiel uns auf, dass dies nun irgendwie eher *zack zack* war und die Gefühle teils untergingen bzw. mit den Erledigungen durcheinander gerieten. Also musste die zwei-Runden-Lösung wieder her. Ich sags euch, wir probierten alles! Erste Runde sagen, wo man dabei ist, mit kurzer offener Nachbesprechung, ob alle Arbeiten und Projekte abgedeckt waren bzw. ob eventuelle Redekreise und Workshops mit eingeplant wurden. Danach dann die Gefühle. Nun waren wir auf einem guten Stand und die Struktur des Morgenkreises war zufriedenstellend. Doch wären wir nicht im Wildnisjahr wenn dies so geblieben wäre! Das frühe Aufstehen und morgendliche Zusammensitzen gefiel nicht jedem so gut. Mit den Wochen wurde die Besucherzahl der Morgenrunde weniger und dadurch eigentlich fast sinnlos, da nicht alle auf einem Stand waren. In der Zeit, wo der Clanzusammenhalt sehr dünn war - ca. zweiter bis dritter Mond - und die Leute eher ihre eigenen Wege gingen, wurde das Morgenmeeting gestürzt und in einer Art rebellischen Diskussion abgeschafft. Das war sinnbildlich für den derzeitigen Stand unserer Gruppe!
Kurz darauf kam jemand auf die Idee, während des Abendessens eine Runde zu machen, bei der jeder sagt, was sie/er am nächsten Tag machen würde und wie der vergangene Tag war - Erlebnisse, Gefühle, usw. Es musste etwas Zeit vergehen, denn nach den Abenteuern der Reis- und Graserntezeit, im dritten und vierten Mond, entstand fast von selbst wieder ein Morgenkreis. Dieser war auch nicht mit vollem Clan besetzt und so langsam kristallisierte sich heraus, wer das gemeinsame Tun ernst nahm und wer weniger, da meist die gleichen Morgengesichter anzutreffen waren. Ich war dabei und zu dieser Jahreszeit waren die Nächte bereits länger und das Aufstehen somit leichter!
Folgendes war dann der unausgesprochene Morgenkreiskonsensus bis zum Ende des Wildnisjahres: Morgens *was ich heute tue bzw. was es zu tun gibt* besprechen und abends dann *wie der Tag war bzw. Gefühle oder innere Prozesse teilen.*

CLANTREFFEN

Hier kamen wir zusammen, um Entscheidungen für unseren Clan bzw. unser gemeinsames Leben zu treffen. Die Themen konnten sehr unterschiedlich sein: Ordnung im Camp, Hygiene, individuelle Bedürfnisse, und viiiiiiieles mehr! Das war gut, da man sich dann einig war, was wir tun und was wir lassen. Konnte aber auch sehr kleinlich sein; sobald sich zwei Personen über Irgendetwas uneinig waren, wurde dies zu einem Thema für ein Clantreffen. Beispielsweise ob der höhere Topf eher für das Grünzeug oder für das Wurzelgemüse verwendet werden sollte - Uneinigkeit, also musste der ganze Clan zusammen kommen und über die Töpfe reden. Ich weiß, wie absurd sich das anhören mag.............war es auch irgendwie! Und zur gleichen Zeit notwendig! Die Themen wurden von zwei Personen gesammelt. Jeder, der im Kreis über etwas sprechen wollte, ging zu einem von beiden und erklärte sein Thema. Der Themensammler überlegte sich dann, ob das Anliegen ein Thema für ein Clantreffen war, vielleicht bloß eine Ansage beim Abendessen oder eventuell sogar ein Redekreisthema.

Wenn dann nach dem Abendessen Zeit blieb, ratterten wir die Themenliste so weit wie möglich durch. Der Ablauf war entweder so, dass jeder nacheinander sprach, wer nichts sagen wollte gab lediglich ein *Aho* von sich. *Aho* sagt man, um anzuzeigen, dass man zu Ende gesprochen hat, alle Anderen im Clan antworten dann mit einem Echo aus vielen *Ahos* - das ist quasi ein „wir haben dich gehört". Oder wir machten einen offenen Kreis bei sehr einfachen, schnellen Themen, bei dem jeder spontan seinen Senf in die Runde gab. Wie gesagt, das klappte wirklich nur bei einfachen Themen!

Vor allem die ersten drei Monde waren einige Clantreffen eher Folter als angenehm. Ewiges Reden und Zerreden von Themen, etliche Bedenken, Wiederholungen von bereits Gesagtem, emotionale Reaktionen gegeneinander, Diskussionen und einfach oft nicht zielführend. Doch auch dies gehörte zum Programm, diese uneinige Energie zu erfahren. Irgendwann bekamen wir dann Unterstützung von den Guides, sozusagen Kommunikationshilfen, um besser zusammen zu finden. Und der Unterschied wurde deutlich, wenn auch langsam spürbar.... (mehr dazu später bei *Wahrheit sprechen*)

Die Entscheidungsfindung war darauf ausgerichtet, was am besten für den Clan war. Ähnlich wie in der Demokratie, wenn die meisten Etwas als gut und richtig empfanden, wurde es aller Wahrscheinlichkeit so umgesetzt. Jedoch anders als Demokratie, da versucht wurde, auf einzelne Bedürfnisse, die von der Mehrheit abwichen, einzugehen und nach Möglichkeiten gesucht wurde, so dass alle irgendwie mit dem Ergebnis zufrieden sein konnten. Es kam, soweit ich mich erinnere, ein einziges Mal vor, dass sich Leute total gegen eine Entscheidung quer stellten. Diese wurde dann auch tatsächlich nicht entschieden! Dieser Abend war sehr lehrreich, da jeder sehen konnte, was passiert, wenn die Bereitschaft fehlt auf einen Nenner zu kommen und Leute auf beiden Fronten eher im Ego stecken und ihr Ding durchsetzen wollen, statt nach dem Bestmöglichen für den Clan zu suchen. Alles in allem machten wir gute Fortschritte und wuchsen bis zum Ende dieser Erfahrung, so dass unser Kommunikationsniveau, neben ein paar Rückfällen, stets anstieg.

REDEKREIS

Dieser ist nochmal eine ganz andere Nummer als ein einfaches Clantreffen! Der Redekreis, wie wir ihn lebten, baute auf der Tradition der hier einheimischen Indianer auf und wurde auf unsere Clanbedürfnisse angepasst. Grundsätzlich galt der Redekreis als etwas Heiliges! Das heißt, im Vergleich zum normalen Clantreffen, musste jeder Erwachsene im Clan da sein, damit ein Redekreis stattfinden konnte. Wenn auch nur einer fehlte, mussten alle warten bzw. konnte nicht gekreist werden! Mit der Ausnahme, wenn ein wichtiges Thema dringend besprochen werden musste und ein Clanmitglied für mehrere Tage nicht da war. Ein Redekreis wurde für besonders wichtige Themen berufen und erforderte, dass alle Stimmen des Clans gehört wurden. Ein Redekreis diente nicht unbedingt der Findung einer Lösung. Viel mehr entstand beim Lauschen aller Stimmen ein großes Gesamtbild, was allein schon dadurch Wirkung zeigte, dass alles ausgesprochen wurde, was es zu sagen gab. Dabei wurde im Clan Bewusst-sein für bestimmte Anliegen geschaffen und manchmal passierte Magie und Dinge änderten sich daraufhin zum Positiven.

Wenn es zum Beispiel um Vertrauen im Clan, Essen bzw. Essensdiebstahl oder persönliche Gefühlsthemen ging, wurde dazu jeweils von jemandem ein Redekreis einberufen und dieser bestimmte dann auch, wann der Kreis stattfinden sollte. Aufgrund der Wichtigkeit und Tradition wurde dann versucht, den Redekreis so zu ehren, dass alles andere darum herumgebaut wurde und manchmal, in akuten Fällen, die momentanen Tätigkeiten abgebrochen wurden, um über das Anliegen zu sprechen. Was in der Praxis nicht immer einfach war, da die Tage teils vollgepackt waren, die Leute vielleicht gerade essen wollten oder Zeit brauchten, um sich auszuruhen. Doch der Redekreis forderte die Anwesenheit eines Jeden..........

Hierbei wurde mit einem Redestab nacheinander gesprochen. Redestab bedeutet, denjenigen zu respektieren und sprechen zu lassen der den Stab hält und sich aufs Zuhören zu konzentrieren. Sobald du den Stab bekommst, haben deine Worte ihren Raum im Kreis.

Jede Stimme wurde angehört bzw. jeder ermutigt - jedoch nicht gezwungen - seine Meinung abzugeben, je mehr Stimmen, desto größer und vollständiger das Bild! Am Anfang und Ende des Kreises hielten wir Hände, um den Kreis zu öffnen bzw. zu schließen und ein paar Momente der absoluten Ruhe zu genießen. Nach dem ersten Durchgang wurde dann gefragt, ob noch jemand etwas zum Thema sagen mochte, falls ja, ging der Stab wieder die Runde und jeder konnte noch einmal sprechen. Falls nein, sprach die Person, die den Kreis einberief, letzte Worte und sagte am Schluss Etwas wie „Es gibt nichts mehr zu sagen“ oder „Wir haben beschlossen"

FRAUEN- UND MÄNNERKREISE

Diese wurden wie Redekreise angesehen - heilig und zu ehren. In der grünen Jahreszeit gab es einige Frauenkreise. Dazu trafen sich die Frauen an der Mondhütte, wo jede Frau auch ihre Mondzeit zelebrieren konnte, und setzten sich dort im Kreis zusammen. Hier und da hörte man dann ein schönes Lied erklingen, wenn man gerade im Wald in der Nähe Holz sammeln war ;-)
Frauen die in bzw. bei der Mondhütte ihre Mondzeit feierten, wurden meist durch andere Frauen *gehalten*. Das heißt, es wurde ihnen Essen gebracht, Massagen gegeben, Gefühls- und Gedankenaustausch fand statt und die Frau in ihrer Mondzeit wurde von jeglicher Arbeit befreit. Auch dies sehe ich in unserer Kultur als verloren gegangen und wünsche mir, dass die Mondzeit wieder von etwas lästigem/schmerzhaftem zu etwas Besonderem/Heiligen wird. Eine wichtige Zeit zur Innenschau und Reflektion.

Die beiden Männerkreise der grünen Jahreszeit, wurden von mir einberufen. Daher erhielt ich nach dem zweiten Kreis den Männerkreisredestab und bewahrte diesen in allen Ehren auf. Es handelte sich dabei um einen Redestab, der an der Wildnisschule schon seit vielen Jahren für Männerkreise verwendet wurde.
Beim ersten Kreis ging es um *männliche Initiation*, bei dem wir über unsere Jungs sprachen, ob und wann bei ihnen ein Initiationsritual passend wäre. Erfahrungen bzw. Wünsche bezüglich einer eigenen Initiation wurden ausgetauscht. Am Ende des Kreises stimmte ich das Lied *Hey Angowa* an, welches die Energie des Adlers einlud und kraftvoll im Kreis tönte. Ich lernte das Lied von meinem Wildnislehrer in Deutschland und Gänsehaut lief mir über den Rücken als diese Energie nun hier in den Nordwäldern erklang.....wow!
Den zweiten Kreis habe ich aufgrund, eines für mich sehr tiefen Prozesses bzw. einer persönlicher Entdeckung, einberufen. *Männliche*

Mondzeit..........ja genau, richtig gehört! Immer wieder in meinem Leben hatte ich kurze Phasen einer Art kleinen Depression erlebt. Ein paar Tage Weltuntergangsstimmung. So auch als ich hier Anfang Mai ankam, dann ziemlich genau einen Mond später und auch den darauffolgenden Mond wieder. Immer zu Monatsanfang, leicht verschoben. Da wurde ich stutzig! Durchblätterte schnell mein Tagebuch und bemerkte, dass diese Phase jeweils um Vollmond herum auftrat! Also reflektierte ich genauer, was da jedes Mal ablief und kam zu folgendem Ergebnis: Am ersten Tag macht sich meine Mondzeit mit allgemeiner Motivationslosigkeit, wenig Energie und der starken Unlust etwas zu Arbeiten bemerkbar, vor allem körperliche Arbeiten sind besonders anstrengend. Auf die Frage „Wie geht es Dir", antworte ich dann meist mit „Ich weiß nicht genau", kann mich nämlich nicht richtig spüren! Diese Stimmung bringt einen inneren Ruf mit sich, da will Etwas in mir angesehen werden! Aber wie das halt so ist, alles muss weiter laufen, ich überhöre die Stimme und fahre fort. Am nächsten Tag wird die innere Stimme dann lauter und die Stimmung ist noch die gleiche. Mein Verstand versucht dann manchmal, die Stimmung wegzurationalisieren - das Wetter, der Regen, die Anderen oder sonst was passt nicht. Wenn ich am dritten Tag dann immer noch taub für meine innere Stimme bin, wird die Stimmung intensiver und ich werde übersensibel, kritisiere Andere verstärkt - meist im Kopf - und habe das starke Bedürfnis allein zu sein! Bin dann bereits unausstehlich für Andere! Am vierten Tag des nicht Hinhörens wirds dann meist heftig und ein depressionsartiger Zustand stellt sich ein. Kennst du diese innere Leere, bei der dir alles auf dieser Welt auf einmal sinnlos vorkommt? Spätestens jetzt suche ich einen stillen Ort auf, an dem ich dann mehrere Stunden sitze, trauere und gar nicht genau weiß, warum? Gefühle und Gedanken überwältigen mich dann einfach. Nach dieser Auszeit, ein paar Tränen und dem Neuausrichten meiner Innenwelt gehts mir dann meist wieder besser und ich kann mit neuer Motivation starten.

Doch warum dieser fast schon leidvolle Prozess über mehrere Tage? Der nächste Vollmond kam und ich spürte diese Energie in mir, Motivationslosigkeit usw., also befreite ich mich bewusst für einen Tag von allem, setzte mich an ein einsames Ende am See und starrte mehrere Stunden einfach nur auf die kleinen Wellen, fühlte den Wind, genoss die Sonne und ließ einfach alle Gefühle und Gedanken in mir kommen und wieder gehen.

Dem Clan teilte ich meine Auszeit am Vorabend mit. Sag erst mal als

Mann, dass du morgen deine *Mondzeit* zelebrieren wirst! Die Toleranz und das Verständnis in solch einem Umfeld waren wohl weitaus größer, als ich es in unserer Gesellschaft erleben würde, doch reichte mein sensitives Gespür dafür aus, um auch hier Verwunderung wahrzunehmen. Letzten Endes war es jedoch die beste Entscheidung überhaupt! Denn die Geschenke, die diese Innenschau mit sich brachte, waren unbezahlbar. Ich fühlte mich dann wieder nach oben angebunden, spürte mich wieder, Freude, Dankbarkeit, Zusammensein wollen mit meinen Mitmenschen, Inspiration für die nächste Zeit, Vertrauen ins Leben..........einfach schön! Ein Geschenk, wenn es bewusst durchlebt wird, ein Fluch wenn das Unterbewusstsein es im Schatten halten muss. Für mich fühlt es sich so an, als ob das Universum/Gott/das Leben Kontakt zu mir aufnimmt und mich neu programmiert. Das witzige war, dass ich mich meist zu Vollmond schnitt oder irgendwo Anstieß, sodass ich eine kleine, symbolische, blutende Wunde hatte. Punktgenau am Tag des ersten inneren Rufes..........Zufall?
Seit dieser wertvollen Beobachtung hatte ich weniger Bedenken, wenn diese Stimmung aufkam. Ich beobachtete den Mond in seinem Lauf und stellte mich darauf ein. Das Erstaunliche: Als ich diese Beobachtung im Männerkreis teilte, war ich nicht der Einzige, der diesen Zustand mehr oder weniger kannte und wir waren uns ziemlich einig, dass auch wir Männer mit dem Mond verbunden sind! Was heißt schon Mann sein oder Frau sein? Körperlich ist das klar. In unserer Gesellschaft gibts da auch genauere, in Form pressende Vorstellungen. Ich bin Mann und Frau zur gleichen Zeit! Hier durchlief ich einen Prozess, der mich befreite von dem, was ich als Mann zu sein, tun und zu denken habe. Die Fesseln des Geschlechts. Klar habe ich einen Männerkörper, doch möchte ich frei entscheiden und noch viel mehr frei fühlen, was ich bin, was ich tue, wie ich mich bewege, welche Vorlieben und Qualitäten ich habe. Die Freiheit des Geschlechts ist für mich ein Teil dieser neuen Zeit! Zur gleichen Zeit glaube ich auch, dass es einen Sinn hat warum man gerade in einem weiblichen oder männlichen Körper geboren wurde! In dem Körper eines Mannes, ist es wohl an der Zeit männliche Energie zu leben und erforschen. Im Körper einer Frau, gilt es diese Qualitäten und Energien zu entdecken.
In den Wäldern lernte ich, mehr auf meinen inneren Rhythmus von Arbeit im Außen und Arbeit im Inneren zu achten, es ist schön die Mondin in ihrem Lauf zu sehen und mit ihr zu gehen. Dieses Geschenk nahm ich mit mir, auch wenn es im Haus wohnend manchmal verloren

geht, wo der Mond gerade steht! Weißt du, wie die Mondin letzte Nacht aussah?

WAHRHEIT SPRECHEN

Wahrheit sprechen gehörte zur Philosophie der Wildnisschule. Unser Hauptguide schrieb ein ganzes Buch darüber, welches jeder von uns, im Laufe des Familienjahres las. Wir versuchten dann, die neuen Erkenntnisse in unsere Kreise miteinzubringen. Ich werde es mit eigenen Worten und durch die Sicht meiner Erkenntnisse wiedergeben:
Wahrheit sprechen oder auch *von Herzen sprechen* - (m)eine Definition: *„Die eigene Wahrheit (Gedanken und Gefühle) auf eine Art und Weise wieder zu geben, so dass die andere Person mit größt möglichem Respekt behandelt wird, jedoch nichts von der eigenen Wahrheit geleugnet werden muss"*

Das hört sich erst einmal einfacher an, als es war! Wie schnell ist man nicht beim „Du bist.....", „Du hast....." gelandet. Die einfachste Lösung ist doch meist die Beschuldigung des Anderen, oder? Auch folgendes sehe ich als gesellschaftstypisch an. Richtig oder falsch, Einer ist schuldig und der Andere unschuldig.....
Hier ein anderer Ansatz: Wo haben beide Parteien dazu beigetragen. Die Schwierigkeit liegt wohl darin, sich als erstes zu öffnen, nachzugeben, den eigenen Anteil an der Misere zu betrachten und mit dem Gegenüber zu teilen. Dies macht sehr verletzlich und ist oft schwer in der ohnehin schon verletzten, vielleicht verärgerten oder traurigen Stimmung zu wagen. Doch dieses Leben ist paradox, so sage ich und wer vertraut, kann Wunder erleben. Es kann nämlich auch sein, dass, auf diesen Mut hin, sich auch die andere Person öffnet und plötzlich ein Raum entsteht, in dem man zusammenfindet. Gegen wen kann ich denn kämpfen, wenn ich allein auf dem Schlachtfeld stehe?

Ein weiterer Aspekt des *Wahrheit sprechens* ist das *Wahrheit hören.* Wie oft werden angestaute Emotionen bei Kleinigkeiten herausgelassen? Kennt eigentlich jeder, der Familie oder Partnerschaft erlebt hat. Ich mache etwas, das die andere Person stört, vielleicht ohne es zu bemerken. Dies häuft sich an und irgendwann werde ich angemault, warum ich dies oder das tue. Jedoch ist die Emotion dann meist für die jeweilige Situation völlig übertrieben. Da liegt es dann an mir zu erkennen, dass eventuell was Anderes dahinter steckt! Vielleicht alte Verletzungen - oft aus der Kindheit vom Verhältnis mit den Eltern - die durch mein Verhalten dann wieder angetriggert werden oder das gehäufte nicht-Ausdrücken von Gefühlen, die durch mein Verhalten bei der anderen Person aufkommen. Wer Wahrheit hört, geht nicht auf die emotionale Reaktion des Anderen ein, sondern versucht, mit Mitgefühl zu hören bzw. zu fragen, was diese starke Reaktion hervorrief. Auch dies kann anfangs ungemein schwer sein, da man sich durch eine Überreaktion des Anderen wahrscheinlich angegriffen fühlt und wir es eher gewohnt sind, uns zu verteidigen! Krieg! Eines wurde mir klar..........Kampf erzeugt noch mehr Kampf und jeder rüstet immer nur mehr auf, bis es zur Explosion kommt. Empathie gibt dem Anderen die Chance, sich zu öffnen, um gemeinsam an die Wurzel der Emotion zu kommen.

Eine Sache in unserer Kreiskultur war für mich besonders interessant! Zu Beginn war die Tendenz zu sprechen stark Lösungsorientiert und eher aus dem Kopf heraus. Vor allem wenn persönliche Ängste im Spiel waren, fiel es den Leuten schwer eine konträre Meinung eines Anderen zu akzeptieren. Naja, so sind wir das auch zumeist aus unserer Gesellschaft gewohnt. Es gibt entweder richtig oder falsch und bei zwei Parteien muss halt Einer Recht haben und der Andere falsch liegen.
Mehr und mehr kamen wir im Clan zu dem Punkt, wo jeder einfach *seine Wahrheit* ausdrückte und diese nicht über oder unter, sondern neben all den anderen Wahrheiten stand. Weg von der Angst eine falsche Entscheidung zu treffen, hin zum Vertrauen, dass das, was der Andere mit seiner gegensätzlichen Meinung ausdrückt, auch ein wichtiger Aspekt für die letztendliche Gesamtentscheidung sein könnte!
Ich interpretiere das als das ODER durch ein UND austauschen. Statt du ODER ich, du UND ich.

Es war wahrscheinlich sehr lehrreich für unsere Gruppe, zu Beginn des Wildnisjahres aufeinander losgelassen zu werden und so ziemlich jegliche friedvolle Kommunikation zu missachten. Ich verglich das eines Tages mit einer Gladiatorenarena, in der jeder das Schwert seiner eigenen Wahrheit schwingt. Dieser zermürbende Prozess zeigte uns die Wichtigkeit von Kommunikationswerkzeugen und bald schon waren Veränderungen in unseren Kreisen spürbar. Wir kamen schneller und häufiger zu Lösungsfindungen, sparten uns jede Menge Zeit und hatten immer öfter ein Gefühl von Klarheit, statt allgemeiner Großverwirrung.

Dann kamen auch immer mal wieder Rückschläge und wir fielen in alte Muster. Denn eine Kreisgemeinschaft ist nichts anderes als ein eigener Organismus mit allen Beteiligten als seine Organe. Jedes Organ hat eigene Qualitäten und ist gleich wichtig. Zudem hat jeder Kreis auch einen eigenen Geist. Ähnlich wie bei einer Meditation wurde unser Gruppengeist über die Monde ruhiger und war zunehmend in der Lage, seine Emotionen zu handhaben. Gegen Ende des Familienjahres war es erstaunlich für mich, zu betrachten, wie stark und entschlossen dieser Geist geworden war.
Nach all unseren Erfahrungen und Gemeinschaftsprozessen gewann ich jede Menge Hoffnung, da ich nun einmal erlebte, wie direkte Kommunikation eine funktionierende Kreisgemeinschaft hervorbringen kann. Es existiert!

Hier unsere ausgearbeiteten Kommunikationsmethoden, welche sowohl im Gespräch zwischen zwei Leuten, als auch im größeren Kreis funktionierten. Dabei kann es wichtig sein, einen Redestab zu verwenden!

KOMMUNIKATIONSMETHODEN IM KREIS

- Es reicht wenn ich etwas einmal erwähne, damit ist es gesagt und wurde vom Kreis gehört. Ich muss nicht kämpfen, damit es durchgesetzt wird. Dies ist meist ein manipulatives Verhalten aus der Kindheit, welches, aus der Angst heraus nicht gehört zu werden, benutzt wird. **KEINE EIGENE WIEDERHOLUNG**

- Ich versuche so präzise wie möglich, mit kurzen Worten direkt das auszudrücken, um was es mir geht, ohne mit vielen Worten hin und her zu rudern. Das hält die Konzentration der Anderen und hat auch mit Respekt zu tun, da ein Zuhörer mir mit seinem Zuhören Aufmerksamkeit schenkt. Viele Worte machen nicht zwingend viel Sinn!
AUF DEN PUNKT BRINGEN

- Ich versuche von mir zu sprechen und auszudrücken, was in mir vorgeht. Auch wenn meine Emotionen mit etwas oder jemandem zu tun haben, projiziere ich meine Gefühle nicht nach außen. Da dies in der Regel bloß zu Beschuldigungen und Verurteilungen führt.

VON MIR SPRECHEN

- Ich lasse eine gegensätzliche Wahrheit stehen und respektiere diese, indem ich nicht direkt gegenspreche. Konstruktive Kritik oder Aussprechen der eigenen Wahrheit funktionieren. Wenn zum Beispiel jemand sagt „blau ist gut", macht es wenig Sinn darauf zu sagen, dass blau schlecht ist.
Eher versuche ich zu erklären, warum in meinen Augen rot mehr Sinn machen würde.

NICHT GEGENSPRECHEN

- Wenn über ein bestimmtes Thema gesprochen wird, bleibe ich bei diesem Thema und schweife nicht in andere oder Nebenthemen. Diese kann man sich merken und später besprechen. Das hilft, den Fokus zu bewahren und sich nicht zu verirren. So kommt man auf einen Punkt!

BEIM THEMA BLEIBEN

- Ich spreche laut und deutlich. Es ist wichtig, dass jeder im Kreis versteht, was ich sage. Sprich sofort direkt an wenn jemand zu leise spricht, schließlich hast du Interesse, worum es geht, oder?

KLAR UND DEUTLICH SPRECHEN

- Wenn ich etwas aus Linguistischen- oder Verständnisgründen nicht verstehe, liegt es in meiner Verantwortung, mich sofort über die entsprechende Bedeutung zu informieren.

UNKLARHEITEN BESEITIGEN

- Ich beende mein Sprechen mit *Aho* und warte bei der Rede eines Anderen, bis dieser seine Gedanken mit *Aho* beendet hat.

AHO BEIBEHALTEN

- Wer ein Thema in den Kreis trägt, sollte darauf acht, klar und präzise zu vermitteln, worum es geht. Es liegt in der Verantwortung eines jeden, dass das Thema verstanden wurde.

KLARES THEMA

- Es ist wichtig die eigenen Emotionen von der inneren, sachlichen Wahrheit zu trennen. Über aufkommende Emotionen während des Kreises, kann im Nachhinein gesprochen werden. Dies ist hilfreich, da Emotionen als Manipulation verwendet werden können, um die eigene Meinung hervorzuheben oder zu verstärken.
WAHRHEIT VON EMOTIONEN TRENNEN

- Wenn deine Wahrheit bzw. Meinung bereits von jemand anderem im Kreis ausgesprochen wurde, brauchst du sie nicht noch einmal erwähnen. Es geht hier nicht um eine demokratische Abstimmung, bei der die meisten Stimmen zählen. Viel mehr darum, was das Beste für den Kreis und seine Individuen ist. Erwähne einfach, dass deine Wahrheit bereits gesprochen wurde.
KEINE WIEDERHOLUNG ANDERER

- Ich höre so gut ich kann zu und unterbreche die andere Person nicht mit etwas, das ich sagen möchte. Auch wenn Emotionen hoch kochen, ist es wichtig zu warten, bis der Redestab bei mir ist.
NICHT UNTERBRECHEN

- Ausnahmen für Unterbrechungen sind alle oben fett aufgeführten Punkte. Es ist wichtig, dass ich andere an diese Regeln erinnere und mich daran halte, wenn mich jemand erinnert.
AN BESCHLOSSENE KOMMUNIKATION ERINNERN

Eigentlich alles ganz einfach, oder? Die alten Muster sind oft stark und somit trainierten wir *Wahrheit sprechen* so gut es ging, auch das war ein geduldiger Prozess, der sich ganz langsam aber gut entwickelte.
Wenn jedoch alles nicht mehr hilft, rate ich zum südländischen Ansatz: Alle reden auf einmal und der Lauteste Gewinnt. Das nennt sich dann Wahrheit schreien ;-)

KINDER

Zwei unserer Dreijährigen

Ohne Kinder wäre es nicht das erste Familienjahr in diesem Wildnisprogramm gewesen. Es kamen siebzehn Kinder mit in den Wald, davon vier Kleinkinder im Alter von drei, welche die Altersuntergrenze bildeten und einem Jugendlichen mit fünfzehn Jahren als Altersobergrenze. Zu Beginn waren Kinder und Erwachsene im gleichen Fooddrop. Irgendwann nach ca. drei Wochen fehlten komischerweise immer wieder Früchte, Eier und wer zu Letzt seine Nüsse nahm, bekam weniger oder keine mehr. Dann beklagten wir uns bei der Wildnisschule, dass wir weniger bekommen würden als zu Beginn. Diese gaben an, mengenmäßig nichts geändert zu haben. Drei Früchte und zwei Eier pro Kopf. Damit begann das Abzählen des Fooddrops. Doch trotz passender Abzählung fehlte immer wieder Essen. Also gab es einen Redekreis zum Thema Vertrauen, bezüglich Essen. Schließlich nahm jeder aus der gleichen Grube. Verdacht war, dass manche mehr herausnahmen, vor allem da der Hunger zu Beginn ziemlich groß war und der Tag bis zum Abendessen lang. Zudem hatten Früchte, als einzige Zucker-

quelle, einen Suchtcharakter.
Im Kreis kam heraus, dass ein oder zwei Leute mal ´ne Frucht mehr nahmen, es fehlten jedoch täglich bis zu acht Früchte + Eier + Nüsse! Wo gingen die hin???
Dann entdeckte man das ein oder andere Kind beim Stehlen! Was nun tun? Natürlich wurde ein weiterer Redekreis einberufen! Die Philosophie war, dass Bloßstellen und Bestrafen nur oberflächlich helfen würden, jedoch nicht an die Wurzel des Stehlens gingen und zudem dem Kind auf eine Art schadeten. Schuld würde aufgeladen werden, die der junge Mensch dann vielleicht bis ins Erwachsenenalter mit sich trägt. Nicht nur die Erwachsenen waren hungrig und überfordert zu Beginn dieser Ausnahmeerfahrung. Das Stehlen deckte wohl drei Bedürfnisse ab. Hunger etwas stillen, etwas gegen die Langeweile tun und emotionale Befriedigung. Ja die Kinder waren nach den ersten zwei Wochen freudigem Herumhopsen gelangweilt und hingen herum. Dies spiegelte wohl auch den Zustand der Erwachsenen wieder, bloß zeigen Kinder die Dinge oft schamloser und direkter! Wenn ein Erwachsener traurig ist, verzieht er eventuell erst einmal eine ganze Weile das Gesicht, bevor die Trauer dann richtig zum Ausdruck kommt..........wenn überhaupt. Ist ein Kind traurig hört man das im Normalfall sofort! Wuuuuuääääähhhh! Zusammen mit den Guides beschlossen wir dann, die Kinder zu beobachten um herauszufinden wer stahl und wann es passierte. Damit wurde der sogenannte *Holy-Man* geboren! Wir lagerten unser Essen in Gruben, englisch *hole*, daher Loch-Mann und da es sich gleich anhört und die Doppelbedeutung passte, sagten wir *Holy-Man*. Tags waren stets Erwachsene in der Nähe der Essensgruben, also musste es wohl nachts passieren! Ich war der erste Holy-Man. Abends dann, nach dem Abendessen, als die meisten schon in ihren Zelten waren, blieb ich noch etwas in der Dämmerung am Feuer. Da traf ich einen *zufällig* herumlaufenden Jungen, der sich extrem auffällig in der Nähe der Essensgruben aufhielt und mir untypisch unwichtige Fragen stellte. Dann verabschiedete ich mich und schlich hinters Gebüsch, wo ich bereits eine Decke bereit gelegt hatte, um mich vor den abendlichen Moskitoschwärmen zu schützen. Ungefähr drei Meter vom Essensloch entfernt lag ich da und hatte gute Sicht auf unsere Vorratslager. Es dauerte keine fünf Minuten, da war der Junge auch schon am Werk und öffnete den Deckel der ersten Grube! Ganz spontan begann ich heftig zu fauchen wie ein wildes Tier! Der Junge schreckte auf, ich fauchte noch stärker und warf einen handgroßen Stock in seiner Nähe ins Gebüsch, da kam

der Krieger in ihm auf und er warf sein Schwert - alle unsere Jungs hatten Holzschwerter - in die Richtung, von wo er das Monster hörte und als ich wieder fauchte, rannte er mit Vollgas davon und schrie „.........Maaaaaaamaaaaaa, da ist ein Berglöwe im Gebüsch". Es gibt Berglöwen in dieser Region, welche sogar größer als Luchse sind! Ich hatte mir schon ins Fäustchen gelacht, da sah ich nach kurzer Zeit im letzten Licht ihn und drei weitere Halbstarke mit ihren magischen Schwertern vorm Gebüsch stehen. „Wo ist er?", fragten die Neulinge ständig und der Junge erklärte aufgeregt, wie der Berglöwe vom Baum sprang - so hatte er meinen Stock interpretiert - und er sein Schwert nach ihm schmiss. Dann kamen zwei Mütter und fragten auch schon was los sei und warum die Kids immer noch hier waren? Natürlich um gegen die Raubkatze zu kämpfen, antworteten diese! „Ab ins Bett mit euch......"

Diese Geschichte machte bei den Kindern dann die Runde und die Gerüchteküche brodelte! Amüsiert erzählte ich beim nächsten Morgenkreis die Geschichte, einfach grandios! Damit war das Stehlen dann eine Weile zu Ende und begann langsam wieder, als die Kinder ahnten, dass ich wohl der Berglöwe war. Bei Fragen ließ ich sie jedoch im Dunkeln stehen. „Ich war in meinem Zelt und schlief", sagte ich mit halbunauffälliger Stimme ;-) Letzten Endes war das jedoch nicht Sinn und Zweck des Holy-Man! Und so hielt jede Nacht jemand anderes im Gebüsch Wache und wenn ein Kid kam, wurde einfach beobachtet, wer es war und wie viel genommen wurde. Dies war hart für einige von uns Erwachsenen, da es wehtat, tagsüber hungrig zu sein und abends mitanzusehen, wie das Essen verschwand! Zwischenzeitlich stahlen drei Kids auch mal Süßes von Campern am See, sowie süße Bärenköder, die im Wald von Jägern aufgestellt wurden. Die brachten jedoch eher ein ungutes Gefühl im Magen hatte ich mir eines Tages von einem der Kids sagen lassen.

Nun war ein Mond vergangen, es wurde noch nicht gehandelt und manche Erwachsene wurden so langsam unruhig bzw. ungeduldig! „Immer nur zusehen bringt auch nichts!", waren die Worte im Kreis. Wir sprachen erneut mit den Guides und kamen zu folgender Vorgehensweise: Wenn man ein Kind beim Stehlen sah, ging am nächsten Tag ein Erwachsener zum Kinderfeuer, wo auch das Essen aller Kids gelagert wurde - zwischenzeitlich bekamen die nun ihren eigenen Fooddrop, dies war Teil der Kinderkultur, die entstehen sollte - und der Erwachsene sagte dann, dass Essen bei den Erwachsenen fehle und nun von

dem entsprechenden Kind, welches man stehlen sah, genommen wurde. Was dann auch geschah. Der Unterschied zum direkten, auf frischer Tat Ertappen bestand dann darin, dass die Folgen nicht durch eine, eventuell emotional handelnde, Einzelperson ausgeübt wurde, sondern ein Erwachsener mit objektiver Haltung im Namen des Clans agierte. Somit spürte der Junge dann die Folgen seines Handelns, jedoch ohne ein schamhaftes Muster aufzubauen.......... hoffentlich! Ich denke, jeder weiß, wie blöd man sich fühlt, bei frischer Tat ertappt zu werden. Ich selbst erinnere mich an dieses komische Gefühl aus früheren Zeiten, als die Münchner U-Bahn mein *Schwarzfahrticket* nicht akzeptieren wollte ;-)
Die Maßnahme half soweit zumindest dem Essen der Erwachsenen, doch stahlen die Kids nun untereinander, was das Zeug hielt! Als wir dann den Zwei-Tages-Fooddrop bekamen, hatte jeder sechs Früchte pro Kopf, pro zwei Tage und dies führte dann dazu, dass die Kids, sobald der Fooddrop kam, sich jeder sechs Früchte und all ihre Nüsse hineinstopften, natürlich aus der Angst heraus, dass es morgen nicht mehr da sein könnte! So war das alles nicht geplant, katastrophal..........
Als die Kinderkultur geschaffen wurde - man gab ihnen eine eigene Plane mit Feuerstelle - bekamen sie ihren eigenen Fooddrop, den sie dann auch selbst durch den Wald zurück ins Camp tragen, selbständig Feuerholz sammeln und Teile ihres Abendessens selbst kochen sollten. Auch das war alles nichts, keine Lust und Motivation. Die meisten Erwachsenen waren zu Beginn des Programms so erschlagen vom wenig Essen, wenig schlafen, der ganzen Umstellung und den langen tatkräftigen Tagen, dass kaum mehr Energie da war, um mit den Kindern zu sein, zu spielen oder sie zu unterstützen! So auch ich, ich erkannte mich selbst nicht mehr in dieser Zeit! Bevor ich hier her kam war ich es gewohnt mit Kids von Freunden herumzuhüpfen und passte, wie gesagt, ein paar Monate auf den kleinen Jungen auf. Doch in meiner anfänglichen Verfassung wollte ich erst mal nichts von den Kids wissen, war viel zu energielos und wurde schon müde wenn ich ihnen nur beim Spielen zusah!
Dann sollten sie bewusst unterstützt werden und somit kristallisierte sich ein Erwachsener heraus, der in die Kinderkultur dauerhaft einstieg und ab und zu quasi ein oder zwei weitere Erwachsene für ´ne Woche miteintauchten. Jetzt klappte es schon wesentlich besser mit dem Essen und es wurde unter der Kinderplane auch das Essen für die Kinder separat gekocht. Warum eigentlich getrennt von den Erwachsenen? Dies sollte die Eigenverantwortung der Kids wecken..........sagen wir, es

hat ab und zu teilweise geklappt, doch letzten Endes verschwand hier und da immer noch mal eine Frucht und der Feuerholzspeicher der Kids war eigentlich ständig leer. Für was sie am meisten zu begeistern waren, war das Beerenpflücken gehen. Man, konnten die auf einmal aktiv sein! Auch Kanufahren gehörte eine Weile zu ihren Lieblingsbeschäftigungen und zudem waren einige unter ihnen gute Fischer! Dann bekam jedes Kind einen eigenen *Buddy*, eine weitere Bezugsperson neben den leiblichen Eltern. Diese Aufgabe übernahmen dann Singles und auch ich baute in dieser Rolle eine gute Verbindung zu einem unserer Jungs auf.

Nach einer trägen Anfangszeit, in der vor allem die Jungs ihren von zu Hause gewohnten Komfort und Computerspiele vermissten, bildeten sich Freundschaften zwischen verschiedenen Kindern und sie spielten viel miteinander. Die Erwachsenen hatten bald auch mehr Energie und spielten ab und zu mal ein gemeinsames Spiel wie z. B. *Capture the Flag* bei dem es zwei Mannschaften gibt in zwei abgegrenzten Waldteilen und man die Fahne der gegenüberliegenden Gruppe stehlen muss, ohne erwischt zu werden. Und abends gabs dann öfter mal Geschichten erzählen, auf das alle ganz scharf waren. Ihre eigenen Spiele bestanden jedoch hauptsächlich aus Fantasiespielen. Die Kids spielten viel D&D - Dungeons & Dragons, ein Fantasiespiel in einer Welt die der, von Herr der Ringe gleicht, bei dem einer eine Welt erfindet, eine Gruppe sich darin dann als Abenteurer bewegt und gegen Monster kämpft. Sie waren oft ziemlich fern von jeglicher Realität. Da einige junge Erwachsene mit dabei waren, welche das D&D Spiel kannten, so wie ich, fand sich auch einer, der für die Kids Spielleiter machte. Ich persönlich nahm vorerst an keinem Fantasieabenteuer teil, doch erlebte ich meine eigenen realen Abenteuer!
Im Sommer war natürlich viel Baden und Plantschen dran, da kam es dann zum Wasserwrestling und zu wilden Wasserschlachten! Das meiste, wovon ich gerade berichtete galt für unsere Jungs! Die älteren Mädels halfen bei einigen Camptätigkeiten mit, sangen oft, stahlen, soweit ich es einschätzen kann, nicht und waren eher kreativ und bereits ziemlich verantwortungsbewusst.
Mit den Kleinkindern machte ich über die grüne Jahreszeit beim sogenannten *Co-Parenting* mit. Das bedeutete, auch als Single die Elternrolle zu übernehmen. So machte ich zusammen mit einem Vater einige Ausflüge mit bis zu siebzehn Kilogramm Kleinkind auf meinem Rücken. Wir spazierten mit den kleinen Rackern viele Kilometer durch die

Wälder, machten Pausen, gingen mit ihnen fischen und grillten auf einer Halbinsel spontan gefangene Fische. Auch Beeren pflücken und baden, sowie *poopen* - beim großen Geschäft halten - durfte nicht fehlen. Dies waren schöne Tage, gutes Oberkörpertraining sowie Teil meiner Ausbildung zum Vollzeitvater.

ROLLENVERTEILUNG

Nach ca. einem Mond dieser Erfahrung erzählte uns der Wildnisschulgründer anhand eines Wolfsrudels von einer sozialen Rollenverteilung, die auch wir Menschen anscheinend in unserer Natur haben. Dabei gibt es im Groben drei Typen in einem Clan, von denen jeder gleich wichtig ist, seine besonderen Qualitäten hat und letzten Endes jeder Mensch, Anteile von allen dreien in sich trägt. Dabei gibt es normalerweise einen Typ der dir natürlich zukommt. Das ist dann wahrscheinlich die Qualität, die du deinem Clan beiträgst. Hier die drei Typen:

VERSORGER: Diesem Typ kommen besonders Campaufgaben wie Kochen, Gefühl für Kinder, Ordnung halten, kreativ Gestalten oder Schmücken, Sammeln, Campinstandhaltung und ähnliches zu. Die Versorgerqualitäten sind eher weiblich, passiv.

INITIATOR: Dieser Typ hat einen guten Überblick über die Dinge im Camp. Was muss noch getan werden, wie viele Leute werden dafür benötigt, was ist schon getan, über was muss noch gesprochen werden, aufmerksam machen auf Guidelines, Erkennen der Qualitäten einzelner Individuen und Einsetzen am richtigen Ort. Die Initiatorqualitäten sind eher neutral, objektiv

GUARDIAN (Beschützer, Scout, Krieger): Diesen Typ könnte man als die Sinne des Clans bezeichnen. Stets aufmerksam, Lauschen, Beobachten, Verstecken, Jagen, Kämpfen, Verteidigen, Schützen, Sinne, Dienen/Service, Erkunden, Abenteuer, sich stets am Limit bewegend, Grenzgänger, Alles oder Nichts. Die Scoutqualitäten sind eher männlich, aktiv.

Ich möchte ein paar mehr Worte über die Rolle der Guardians verlieren, da dies anscheinend ein Platz ist, der in unserer Gesellschaft kaum oder nicht mehr existiert. Guardiankinder werden in unserer Gesellschaft häufig als hyperaktiv oder als ADHS-Kinder abgetan, können sich nur schwer konzentrieren bzw. ruhig halten; was natürlich in Institutionen wie Schule eher von Nachteil ist. Unordentlich und chaotisch, sogenannte Problemkinder, die nicht richtig funktionieren, wild sind und sich nicht anpassen an das allgemeine Geschehen. Daher eher rebellisch durchs Leben gehen und meist über große Mengen an Energie verfügen.

Wenn diese Energie in der Gesellschaft kein Ventil, in Form von Aufgaben für deren Qualitäten findet, dann suchen sie sich eben Ventile! Dies endet dann oft in Rebellieren, gegen etwas Ankämpfen, Alkohol-, Rauchen-, Drogen-, Sex- oder Essensmissbrauch und viele andere Ventile.
Oft wird dann versucht, diese Menschen zu verbiegen und ein ruhigeres, weniger energiegeladenes Verhalten erwartet. Wo hat dieses Fünftel der Menschheit einen Platz in unserer modernen Welt? Überwiegend gibt es ein paar wenige, die regieren (Initiator) und viele, die ausführen (Versorger)........
In Jäger/Sammler-Kulturen haben Guardians eine wichtige Rolle und werden für ihre energievollen Qualitäten sehr geschätzt! Oft als Scouts waren sie Meister des Tarnens, leise Bewegens, Beobachter und gute Jäger. Krieger, die Gefahren erkannten und wenn möglich entschärften, bevor sie den Clan erreichten. Nicht nur Indianer hatten diese Spezialkrieger. Zum Beispiel gibt es auch die Ninja, Samurai, afrikanische Buschkrieger, Wikingerkrieger, Guerillakrieger und nicht zu vergessen wilde Autofahrkrieger sowie einige mehr.....
Im ursprünglichen Sinne ist ein Krieger viel mehr ein Beschützer als jemand der tatsächlich Krieg führt! Der Weg des Kriegers war ehrenvoll, hing vielmehr mit innerem Kampf gegen das eigene Ego zusammen, Leute die ihrem Clan dienen und bis in den Tod beschützen würden. Jeder, der solch einen typischen Guardiantypen kennt, weiß was diese Leute für eine Energie haben und in ihrem Umfeld bewegen können! Ein Guardian, der sein Leben nicht als Abenteurer führt, wird wahrscheinlich erst rebellisch werden und dann in angepasster Form träge und mit wenig Motivation durchs Leben gehen und unzufrieden dem System folgen. Diese verbogenen Krieger, wie ich sie nenne, sind dann alles andere als energiegeladen und ihr energetisches Dasein wird immer wieder ein Ventil finden und unkontrolliert herausplatzen. Ein Krieger, der nicht lernt sich zu kontrollieren und seine Energie bewusst einzusetzen kann lange nichts sagen, dann plötzlich einen Wutausbruch bekommen.
Im unbewussten Guardiandasein ist er/sie ganz bestimmt ein Grenzgänger, schwarz oder weiß denkend und handelnd. Im bewussten Guardiandasein immer noch ein Grenzgänger, doch mit der Fähigkeit die Vielfalt aller Farben des Regenbogens zu erkennen und eine wahre Bereicherung für sein Umfeld und sich selbst!
Ca. 20% der Menschen sind Guardians, dabei stehen die Geschlechter

ungefähr im Verhältnis von vier Guardianmännern zu einer Guardianfrau. Wenn ich von weiblichen und männlichen Qualitäten spreche, meine ich eher Prinzipien wie aktiv/passiv als die tatsächlichen Geschlechter. Somit gibt es natürlich auch Guardianfrauen und Versorgermänner! Da, wo die Gesellschaft von typisch Mann und typisch Frau spricht, ist vielleicht eher typisch Guardian und typisch Versorger gemeint! Also gibt es auch genügend gute Hausmänner und passionierte Autofahrerinnen ;-) Die Tendenz jedoch ist wohl umgekehrt...

Hier noch ein Witz, den wir im Camp über die Rollen machten: Initiatoren schaffen Arbeit an, Versorger führen die Arbeit, die getan werden muss aus und Guardians ziehen los und erledigen die Arbeit, die nicht getan werden muss :-)

Bald hatten die meisten in unserem Clan ihren Platz gefunden. Neben unserem regulären Camp, gab es ein weiteres kleines Guardiancamp, ca. ein Kilometer Waldweg entfernt. Zu Beginn wurden sieben Teilnehmer als Guardians angesehen. Davon zwei Frauen. Dies wurde von den Guides festgelegt. Sie orientierten sich dabei an dem, was alle Teilnehmer bei ihrer Anmeldung als Grund angaben für ein Jahr im Wald zu leben. Von ihnen waren nicht alle zwingend natürliche Guardians, doch bot das Wildnisjahr eine gute Möglichkeit, um sich mit dieser Energie zu verbinden! Ich war nicht dabei, kein Guardian. Im Laufe des Programms wurden allmählich fast alle Männer und eine weitere Frau zu Guardians, da sie entweder diese Energie in sich spürten oder mal leben wollten. Ein Guardian merkte, dass er diese Energie nicht so stark in sich spürte. Ein weiterer Versorgermann wollte den Weg des Guardians hier erfahren und machte deshalb mit. Ich war eine Zeit lang der einzige Mann in der Essenausgabe - Männer gehen nach den Frauen und Guardians zuletzt. Meine Rolle als Versorgermann wurde im Clan respektvoll angesehen und für drei Monde schlief ich mit den Kids zusammen in einer Strohhütte. Diese Rolle fühlte sich zu diesem Zeitpunkt gut für mich an, wenn ich bedenke wie ich in meiner Jugend versucht habe mich in das übliche, klischeehafte Bild eines Mannes hineinzupressen.

Es ist wohl klar, dass jeder Mensch von allem in verschiedener Ausprägung in sich trägt. Ich würde mich als natürlichen Versorger einschätzen. Wie viel Prozent ich von welchem Aspekt habe, ändert sich ständig, da ich bemüht bin, alle Energien zu entwickeln. Wobei ich

meine Initiatorenergie, je älter ich werde, langsam entwickle und meine Guardianenergie am stärksten in Jugendzeiten zu Tage kam. Um ehrlich zu sein, ich war ein schlechter Macho ;-)
Im Wildnisjahr bekamen Guardians bei speziellen Guardiankreisen durch unseren Hauptguide, der selbst ein natürlicher Guardian ist, Führung und machten Guardiantraining: *Guardianrunning* - durch den Wald rennen und dabei jedem Ast ausweichen und über sämtliche Hindernisse springen oder darunter durch kriechen, sowie balancieren und blind Laufen. *Shadowing* - dabei ahmt man eine Person, Tier oder Pflanze in ihren Gesten und Bewegungen nach, es wurde bei uns nicht übel genommen, wenn dich einer nachäffte. Zum Schatten werden ist eine besondere Qualität, die Kinder oft von sich aus tun. Das Ziel vom *Shadowing* ist es, zum nachgeahmten Wesen zu werden. Wenn du eine Person nachahmst, dann versetze dich in diese Person, fühle, was sie fühlt, werde zu diesem Menschen und lerne dadurch die Handlungen der Person besser zu verstehen! Des Weiteren wurden kleine Aufmerksamkeitsspiele trainiert, hier und da zu fasten wurde empfohlen und so manch anderes war Teil des Trainings. Das Guardiantraining verfolgte das Ziel, den unkonzentrierten, verträumten Guardian ins Hier und Jetzt zu bringen, um seine Energie bewusst einsetzen zu können. Diese Haltung orientiert sich an einem asiatischen Sprichwort „Wenn du zwei Wege vor dir hast, wähle den Schwereren!“ oder auch „Trainiere wie eine Katze - nehme jedes schwere Hindernis im Training - und trete auf wie ein Bär - nehme den sichersten Weg im Ernstfall.“
Die Leute unseres Clans waren unterschiedlich stark motiviert, Guardiantraining zu machen, mal mehr mal weniger. Nicht alle Guardians waren so sehr Guardian wie ich oben im klassischen Fall beschrieb.
Zwei unserer Kinder - beide elf Jahre - galten bereits als Guardians im Clan und wurden frühzeitig in ihre natürliche Kraft gebracht. Immer wenn sie am Training teilnehmen mochten, konnten sie mit, fasteten an zwei Tagen und wrestlten am liebsten den ganzen Tag - doch welches Kind tut das nicht.....
Eine der ultimativen Aufgaben der Guadians im Camp war es, Feuer zu machen. Gegen Ende des Sommers gaben wir alle Streichhölzer im Basecamp ab und starteten jedes Feuer mit einem *Feuerbogen*. Das ist ein primitives-hightech-Werkzeug mit dem man eine kleine Glut erzeugen kann. Ähnlich dem Reiben eines Stöckchens auf einem Holzstück. Nur dass ein gebogener Stock mit Schnur für die Reibebewegung des Stöckchens genommen wird. Das ist einfacher, jedoch immer noch

anspruchsvoll! Die kleine Glut wird dann in Zundermaterial gelegt und durch Pusten wird ein Feuer entfacht. Als Zunder diente getrockneter Lindenbast, glutlose Kohlestücke vom Vortag und viele andere Dinge sind möglich.
Als die Leute besser wurden im Feuer machen, fehlte bald die Herausforderung und in einem Guardiankreis wurde beschlossen, dass jeden Morgen die Hälfte der Guardians ein Bogenfeuer entfachen muss, bevor diese Guardianhälfte etwas essen durfte. Auf diese Art wurden dann die Morgenfeuer entzündet, egal ob es noch Glut vom Vorabend gab oder nicht! Die andere Guardianhälfte war für weitere Feuer, die irgendwann im Laufe des Tages irgendwo gestartet werden mussten, zuständig. Die Gruppen wechselten alle drei Tage. Neben physischen Herausforderungen wie Kälte, Nässe und schlechtem Material forderten auch psychische Aspekte die Teilnehmer. Zum einen war Beharrlichkeit gefragt, da ein Feuer mal nach einer Minute und mal erst nach zwei Stunden zu dir kommen möchte. Außerdem müssen ja die Anderen mit dem Essen warten, bis du dein Feuer gemacht hast, was Druck ins Spiel brachte, entweder von außen oder inneren Druck, den du dir selbst machst.

Verschiedene Feuerbohrer - Sets

Ich war nicht bei diesem Training dabei, lernte jedoch auch die Fähigkeit, mit dem Feuerbogen umzugehen und wurde bald gut darin. Ich weiß noch, wie ich mich vor dem Wildnisjahr damit herumquälte! Nun nehme ich ein Feuerbogenset in die Hand und weiß meist, was ich verändern muss, damit es funktioniert. Ich machte hier und da mal ein Feuer im Camp und probierte verschiedene Hölzer aus. Feuer machen galt bei uns auch als Sinnbild für das innere Feuer. Und genau so war es bei mir zu dieser Zeit, denn ich war froh nicht an der täglichen Herausforderung teilzunehmen und wollte auch nicht mit einsteigen. Mir fehlte das Feuer dafür und dies spiegelte auch meine Person wieder. Geht es mir gut bzw. bin ich in meiner Komfortzone, entfache ich liebend gerne Feuer. Geht es mir nicht gut oder bin ich außerhalb meiner Komfortzone, höre ich auf Feuer zu entfachen. Diese Erkenntnis traf mich zwar und konnte ich auch in meinem bisherigen Leben sehen, doch war es gut damit konfrontiert zu werden, denn „Bewusst-sein ist der erste Schritt zur Heilung!“, sagten wir stets.
Nun hatte ich wieder mehr Feuer und entfachte dieses Buch, ich hoffe es entzündet deine Inspiration ;-)

REIS- UND GRASERNTE - ABENTEUER

REISERNTECAMP AM MÜHLTEICHSEE
„Im Schatten der kreisenden Adler“

Der Mühlteichsee und seine unzähligen Wildreispflanzen

Die Guides kamen ins Camp und sagten der Reis sei reif für die Ernte bzw. fast schon überreif! Ein Unwetter und sogenannte Reiswürmer könnten die Ernte zunichtemachen, also galt es noch an diesem Tage los zu ziehen! Ein Guardiancamp am Scottsee - ohne Kinder und mit sechs Erwachsenen - bei dem es weniger Reis zu ernten gab, vielleicht eine Woche Zeitaufwand. Und ein Familiencamp am Mühlteichsee, mit Kindern und viel Reis auf dem See, ungefähr ein halber Mond Zeitaufwand.
Mit dieser Nachricht war die Morgenruhe gekillt! Dies rief bei den Einen die Abenteuerlust wach und bei den Anderen Stress. Ich war Feuer und Flamme und spürte einen starken inneren Ruf, unbedingt Reis ernten zu gehen. Wegen dem Reis ernten? Nicht unbedingt, vielleicht ein bisschen, eher wegen dem Abenteuer! Unser Hauptguide zeichnete uns eine

Wegbeschreibung in den Boden, wie wir den See finden könnten. Dazu sagte er „Einfach nur die Forststraße bis zur Kreuzung geradeaus, dann achthundert Schritte in den Wald und dann gen Norden durch die Wildnis bis ihr auf ein Moor stoßt; hinter dem Moor ist der See. Ihr könnt heute noch dort ankommen, werdet vielleicht aber eine Nacht irgendwo Zwischenrast machen, je nachdem". Das machte Hoffnung und hörte sich eigentlich ganz einfach an......

Wir zogen bei Sonnenschein los, der Tag war bereits vorangeschritten und zwei Scouts eilten voraus, um einen geeigneten Weg für unsere Familiengruppe zu erkunden. Ich blieb bei Kind und Kegel, wir machten einige Pausen und die Kids waren eigentlich mehr am Nüsse knacken interessiert als am Abenteuerausflug. Als wir die beschriebene Kreuzung erreichten, warteten wir lange auf unsere Scouts, es wurde dunkel und wir suchten uns im Wald einen Platz für die Nacht. Mit letztem Licht kamen sie dann ans Feuer. Der Eine mit dickem Auge und dicker Hand hatte zwei heftige Bienenstiche erlitten. Das unwegsame Moor wurde gefunden, doch der See konnte bis dahin nur erahnt werden. Doch alles nicht so einfach?

Mit Morgentau auf dem Schlafsack erwachte ich, die Fischreste vom Vorabend waren auch heute noch fein und weiter gings. Nach der Beschreibung der Scouts sollten wir etwas weiter als eigentlich geplant auf der Forststraße gehen, da das einfacher war und die Familienenergie aufgrund von Ungewissheit und körperlicher Belastung bereits etwas gereizt war. Wahrscheinlich mit die größte Herausforderung für uns nicht-Eltern auf dieser Reise! Wir verließen weiter nördlich die Straße und gingen wieder wild, nur um nach etwa drei Stunden laufen und durch weitere Scouttrupps festzustellen, dass wir falsch waren bzw. nicht wussten, in welcher Richtung der See anzutreffen war. Da wir nie Wasser mit uns trugen und auf die Quellen und Flüsschen auf dem Weg angewiesen waren, wurden unsere Münder bereits trockener, der *wir gehen mal eben schnell zum Reissee-Trip* immer anstrengender und die Stimmung immer genervter. Man muss dazu sagen, dass wir die drei Personen aus unserem Clan auf dieser Reise im Gepäck hatten, die so ziemlich jede Emotion oder Beschwerde sofort ausdrückten, diskutierten und argumentierten. Der Vorteil daran ist die stets ausgesprochene Ehrlichkeit, andererseits war es für uns Singles nicht leicht zu nehmen. Bald lag in der Luft, dass wir Singles am liebsten allein losziehen würden. Doch darum ging es hier nicht, genau das war eine große Chance zu wachsen und lernen, gemeinsam mit allen Bedürfnissen auf einen

Nenner zu kommen!
Für die Weiterreise hatten wir keinen Proviant mehr und mussten hoffen, dass die Guides mit dem Fooddrop zufällig an uns vorbei kamen. Die suchen bestimmt doch auch schon nach uns, oder? Ganz in der Nähe, ca. eine Stunde zu Fuß, war das Bärlauchgebiet, in dem wir im Frühling kräftig sammelten. Spontan entschieden wir uns, ein Bärlauchcamp für eine Nacht miteinzubauen. Das hieß zu diesem Zeitpunkt Bärlauchzwiebeln sammeln - köstlich! Wieder zogen Scouts los, um den See zu finden und ich ging die Forststraße zurück zu einem Punkt, an dem es wahrscheinlicher war, die Guides anzutreffen. Die Trennung in alle Himmelsrichtungen war wohl erst mal besser für die Gemüter und beim Bärlauch gabs auch Wasser. An einen Baum gelehnt hüllte ich mich bis auf die Nasenspitze in meine Kleidung und erlebte ein summendes Moskitokonzert um mich herum. Da lag ich und sollte mich für die nächsten vier Stunden nicht rühren, total in mein Inneres gekehrt reflektierte ich meine Zeit hier in den Wäldern, was mir in diesem Moment so richtig gut tat. Später kam eine Scoutfrau dazu und kurz vor Dunkelheit trafen die tatsächlich nach uns suchenden Guides ein, yeah nicht hungrig in Schlafsack! Mit Begeisterung fürs Nachtmahl grillten wir mitten im Wald unsere Fische, Kürbisse, Süßkartoffeln, Weißkohl und Bärenfett. Das tat gut. Am nächsten Tag ging ich in der Früh gleich mit einer Gefährtin Wasser holen. Als wir zurückkamen riefen die Anderen bereits „Ihr glaubt nicht was gerade passiert ist!!!". „Was denn, was denn???", erwiderten wir..........als die meisten noch schliefen oder gerade aufwachten, standen auf einmal Männer mit Maschinengewehren in der Waldlichtung, wow, was war jetzt los? Schnell reagierte eine der Mütter und erwähnte, dass wir von der Wildnisschule seien..........die Spezialeinheit suchte nach mexikanischen Marihuanahändlern! Da lagen jedoch nur Familien mit Kindern in den Schlafsäcken, sie scherzten noch welch gute Tarnung das sei und mit einem Lachen hatte man sich dann verabschiedet. Passt, alle noch am Leben, doch wo war der See? Wieder hatten wir eine Beschreibung der Guides bekommen, diesmal von unserem Standpunkt aus ganz einfach zu finden ;-) Also sammelten wir Bärlauchzwiebeln, die uns die nächste Woche das Essen bereicherten und zogen weiter. Mittlerweile war der dritte Tag und noch kein Reiskorn ward geerntet.
Wir kamen an einen schönen, lichten Ahornwald und warteten auf die Scouts. Dann, endlich wurde der See gefunden doch war der Weg dorthin nicht ganz einfach! Er führte durch Wald, später durch un-

wegsamen, dicht bewachsenen Wald und zu guter Letzt durch Grasmoorlandschaft mit nicht sichtbaren, fußgroßen Schlammlöchern. Nun standen wir am Seeufer, doch wo war der See? Man muss sich das folgendermaßen vorstellen: Der See war ungefähr so breit wie ein Fußballfeld und so lang wie zehn davon! Doch führte nur ein ca. acht Körperlängen breiter Fluss in der Seemitte fließend Wasser, dazwischen zwei breitere Stellen an denen man so etwas wie einen See erkennen konnte. Drumherum war eine Moor-Schlamm-Reisfeld Landschaft mit unzähligen Ästen und Baumstämmen im Wasser. Reispflanzen soweit das Auge reichte und hier und da auch ein schöner Biberbau dazwischen. Als wir auf die Guides wie abgemacht warteten - wir erwarteten sie mit Kanus auf dem Seeweg - sahen wir Adler fliegen, wow die ersten in meinem Leben, kannte ich bisher nur ausgestopft von meinem Forststudium und vom Papier. Es waren Weißkopfseeadler! Dann ein Ruf und wir erblickten zwei Kanus in der Ferne, die Guides! Doch fanden sie keinen Weg ans Seeufer, alles zu seicht, sie blieben überall im Schlamm stecken. Da wir mit ihnen zur Südseite des Sees fahren sollten, um weitere fünf Kanus zu holen, mussten wir also zu ihnen laufen. Wie laufen? An diesem Punkt wird die Reise zum richtigen Abenteuer und folgendes werde ich noch meinen Urenkeln erzählen: Kleidung ausgezogen, stapften vier nackte Erwachsene und zwei Kinder durch knie- bis hüfthohen Schlammsee. Keine Sicht durchs Wasser, jede Menge Kleingetier und ein Meter hohe Reispflanzen zierten unseren Weg! Die Sonne mochte sich bald verabschieden, also los. Dort angekommen besetzten wir beide Kanus mit je vier Leuten. Wir ruderten nahezu im Gleichtakt und es muss ein Bild für Götter gewesen sein, als zwei halbnacktbesetzte Kanus durch den im Westen liegenden Sonnenuntergang zogen, der so aussah, als würde man ein Karamellbonbon in violetter Farbe auflösen, einfach unglaublich! Im Osten stand zur gleichen Zeit hoch oben die Vollmondin über dem satten, grünen Ahornnadelmischwald. Ich spürte in diesem Augenblick jeden Muskel meines Körpers, pures Leben floss durch mich und die Einzigartigkeit dieses Erlebnisses bereitete mir große Freude. Wir lachten und sangen auf der Fahrt, machten ein Kanurennen und einer fiel sogar noch ins Schlammbad. Super!

Einer der bewegensten Momente meines bisherigen Lebens!

Verzaubernder Sonnenuntergang mit Adlerwolke

An der Bootanlegestelle angekommen dämmerte es bereits und wir stellten fest, dass wir diese Tour im Dunkeln nicht zurück machen wollten. Unsere Kleingruppe entschied sich, auf die nahegelegene Halbinsel zu gehen, wir packten neue Essensrationen ein und zogen unsere Ersatzkleidung an, welche noch im Auto der Guides transportiert wurde, bis wir endlich ein Reiscamp haben sollten. Mit sieben Kanus und unseren Schlafsäcken strandeten wir am drei Körperlängen langen Sandstrand im Vollmondlicht. Doch wie sollten wir Feuer machen, wir hatten nur einen Feuerbogen an dem eigentlich noch gefeilt werden musste. Zu diesem Zeitpunkt waren unsere Feuerfähigkeiten noch ziemlich beschränkt! Der Hunger brachte Tatkraft und die Kids - beide elf Jahre alt - waren über das Abenteuer begeistert! Endlich was los! Nach ein paar vergeblichen Drillversuchen, fand einer plötzlich, ganz unerwartet Streichhölzer in seiner Tasche und wir sprangen alle jubelnd in die Luft und tanzten unser Glück. Die Wildnisidealisten unter euch werden wohl nun bemerken „wie, nicht mit dem Feuerbogen?", weißt du, nach einem anstrengenden Tag mit einigen emotionalen Gemütslagen, großem Hunger und kalten Füßen, wollten wir nur noch am Feuer unser Fest starten! So saßen wir und aßen, während die Vollmondin am Sternenhimmel entlang zog, bis tief in die Nacht, frei von komplizierter Energie, in aller primitiver Einfachheit.
Ein Tag zuvor bat ich meine Geisthelfer um ein Zeichen ob ich auf dem richtigen Weg sei. Seit Jahren waren Vogelfedern, die ich fand gute Zeichen für meinen Weg. Doch hier in Amerika war ich bislang irgendwie von meiner Spiritualität wie abgetrennt, wenig nach oben verbunden und dafür sehr erdige Erfahrungen machend - wie ich es auch wollte! Da sah ich im Mondlicht was liegen..........ich traute meinen Augen nicht als ich die Unterarm lange Adlerfeder in meinen Händen hielt!!! Ein Zeichen, und wie ich schlagartig wieder verbunden war! Wow, an diesem Tag, in dieser Nacht veränderte sich etwas Grundlegendes in mir, was ich zu diesem Zeitpunkt bloß erahnen konnte und noch Zeit brauchte, um darüber zu reflektieren. Am nächsten Tag fanden wir noch viele Adlerfedern, als wir den Spuren bis tiefer in den Wald hinein folgten. Das Frühstück bestand dann aus zehn Fröschen, einer Süßkartoffel und zwei Süßwassermuscheln.......... für die ganze Gruppe. Doch waren wir alle innerlich so genährt und glücklich frei, dass wir irgendwie nur zögernd zum Familiencamp zurück wollten. Unter uns war alles so im Fluss, einfach und sogar die Kids waren nicht scharf darauf zu gehen. Auf dem Rückweg scoutete ich dann einen geeigneten

Weg vom Seefluss durch den Reis-Schlamm bis ans Ufer, yeah endlich! Doch die Suche nach einem Platz, der uns schnellen Zugang zum Ufer, genug Platz zum Reis Trocknen und geeignete Bade- und Trinkstellen bot, ging weiter. Dann fand ein Scout einen super Platz mit den gewünschten Kriterien in einem magischen Thujennadelnwald, der mit menschengroßen Felsbrocken bestückt war. Ein wahrer Kraftplatz! Besser gings einfach nicht. Zurück im Camp stürzten sich die Leute mit vielen Fragen und Sorgen auf die Heimkehrer, diese waren teilweise genervt und wollten erst mal regenerieren.
Da entdecke ich plötzlich folgendes, mir bereits gut bekanntes Muster. Mal sehen ob auch du das kennst, wenn ja, welche Rolle hast du?
Die Einen (Versorger) wollen Kontakt, Gemeinschaft, Anerkennung, Unterstützung, wenn es um die Kinder und Camperledigungen geht. Kontakt im Sinne von Familienleben, Austausch, Reibung, usw......
Teilhaben an dem, was da Draußen passierte, ohne jedoch selbst oft raus zu gehen.
Die Anderen (Scouts) sind eher unabhängig, Freiheit, Ruhe, wenig Stress oder Aufwand, Heim kommen, entspannen und regenerieren, abschalten.
Die Dynamik, welche hier zwischen Versorger und Scout durch deren konträr wirkende Bedürfnisse entstand, kennen bestimmt einige aus unserer Gesellschaft von der klassischen Alltagspaarbeziehung. Die einen wollen aufgrund von so viel Nähe und Kontakt einfach nur fliehen und die Anderen rücken in ihrer Angst allein zu sein, immer näher. Eben das klassische *Eiswürfel-Schlingpflanze-Prinzip.*
Ich stelle immer mehr fest, wie wichtig es ist, als Empfangender, dem Ankommenden Raum und Zeit zum Ankommen zu geben. Genauso ist es wichtig sich als Ankommender, dem Empfangenden mitzuteilen.
Was denkst du darüber?

Am Abend schliefen vier Scouts bereits am neuen Superplatz, um vorzutesten. Es war ziemlich warm in dieser Nacht und die Moskitos waren zurückgekehrt nach ihrer eher kühlen, nächtlichen Abfuhr der letzten Woche. Wer Schwitzhütte oder Sauna kennt, der kann sich ein Bild von unserer Schlafkomfortzone in dieser Nacht machen. Mir liefen die Schweißperlen als ich durch meine zehn Zentimeter Durchmesser Moskitonetzöffnung des Schlafsacks atmete und das Summkonzert in meinen Ohren immer lauter zu werden schien. Raus ging nicht, die fressen dich! Es dauerte wohl gute zwei Stunden, bis wir alle unruhig

einschliefen. So ist halt ein Scoutleben, die Familien im Gegenzug hatten ganze, große Schlafmoskitonetze im Wald aufgebaut!
Am nächsten Tag dann die Abfuhr der Guides, der Superplatz war zu nah an der Zivilisation und das könnte mit den Kids problematisch werden! Shit!!! Tag fünf und noch kein Reiskorn ward gefallen....
Dann erkundete ich zusammen mit einer Gefährtin das Ostufer, von dem uns eigentlich abgeraten wurde. Fast schon ein Verzweiflungsakt. Das Ostufer des Sees bzw. Flussstroms durch den See, bildete eine riesige Moos-Gestrüpplandschaft mit fabelhaften, stehenden Totbäumen hier und da. Das Moos ließ unsere Füße einsinken und der Weg wurde beschwerlich, vergleichbar mit Tiefschneelaufen. Ca. einhundert Körperlängen weiter erreichten wir den Waldrand und befanden uns an einem tollen Laubnadelwald mit einer gigantischen Weißkiefer. Ihr Umfang würde bestimmt vier bis fünf Leute benötigen, um sie zu umkreisen! Wir legten uns dort nieder und rasteten. Sie schlief bald und als ich all meine Nüsse geknackt hatte, folgte ich einem inneren Ruf an den Waldrand zurück. Kletterte eine Birke hinauf, um einen Überblick über dieses Ödland zu gewinnen. Der Platz wäre an sich gut gewesen, doch fehlte der einfache Trinkwasserzugang! Ich lief wie ein Verirrter in der Mittagssonne, mit schweren Beinen über das Land und betrachtete einige mystisch wirkende, stehende Tothölzer, einsam in der Landschaft verteilt. Da bemerkte ich am Boden Schatten. Ich stand mitten im freien Feld, wo kamen die Schatten her? Ich blickte in den mich blendenden Himmel und stand tatsächlich im Schatten von drei, über mir kreisenden Adlern, wow wow und nochmals wow! Vor Begeisterung gelähmt betrachtete ich sie eine Weile. „Was wollt ihr mir sagen?", fragte ich schließlich im Inneren! Wieder spürte ich in meiner Brust dieses Gefühl von Veränderung, das mein Verstand noch nicht begreifen konnte!? Sie flogen davon und ich trotte zurück in Richtung Wald. An der großen Weißkiefer angekommen sahen wir dann noch wie ein bildschöner Weißkopfseeadler in der Kiefer landete, auch hier fand ich eine Adlerfeder! Diesmal eine wunderschöne, unzerrupft und ideal zum Räuchern, kam mir in den Sinn! „Was wollt ihr mir sagen?", hallte es erneut in mir. Meine Gefährtin, welche sich sehr mit dem Adler verbunden fühlt und Vogelfedern bereits ihr Haar schmückten, sprach plötzlich blitzartig aus, ich sei *Sunchild*.......... „wer bin ich?", sagte ich verdutzt. Ich erzählte, daraufhin wie mich meine Mutter stets als Sonnenkind bezeichnete, da ich schon als kleiner Mops morgens früh freudestrahlend in meinem Gitterbettchen zur Abholung bereit stand! Doch irgendwie sträubte ich

mich in diesem Moment noch gegen diesen Namen. Als ich bei einem weiteren Besuch im Basecamp mit meiner Mutter telefonierte und ihr meine Adlergeschichte erzählte, sprach sie mich mit *Sun Eagle* an. Dieser Name ging voll und ganz mit mir in Resonanz und mein Weg mit diesem neuen Namen begann.

Äußere und innere Reise gingen weiter. Draußen im Kanu beim Scouten kam ich an körperliche Limits und ließ meine Emotionen ruhen und im Familiencamp trainierte ich meine emotionalen Limits und konnte meinen Körper ausruhen. Bei einem heftigen, jedoch wichtigen Kreis im Camp sprachen alle mal so richtig aus, was ihnen nicht passte, alte Verletzungen, Verurteilungen, einfach alles, was gerade da war. Das war irgendwie gut, es flossen Tränen und es passierte Ent-spannung. Trotz alledem spürte ein jeder, wie wir auf paradoxe Weise zusammenwuchsen! Ich sprach laut im Kreis aus, dass ich zwei Stimmen in mir trug, die Eine, die stets fragte „würdest du mit diesen Leuten fest in Gemeinschaft leben wollen?“, und die Antwort war NEIN. Das machte mich eigentlich schon seit Beginn des Familienjahres traurig. Auf der anderen Seite war ich mir darüber bewusst, dass ich ohne diese Leute allein im Wald gesessen wäre! Plötzlich spürte ich auch Dankbarkeit für jeden Einzelnen! „Doch sind DIE so anstrengend..........doch erleben wir so wundervolles!“ Immer wieder raffte ich mich auf und half bei allen Tätigkeiten mit, dann empfand ich erneut Widerstand, hier was zu tun. Dann engagiere ich mich wieder, da ich meine Lebensinspiration nicht von Anderen abhängig machen wollte, dann war ich wieder enttäuscht und so kämpfte es manchmal in mir hin und her! Ich spürte emotionale Wachstumsschmerzen..........
Nach dem Kreis war mein Herz wieder offener. Entdeckte am Abend mit einem unserer Kids zauberhafte Leuchtpilze auf einem alten Baumstumpf, sie bildeten sogar einen Kreis und waren des Tags unsichtbar! Coooool!
Alles in allem fanden wir rund um den See keinen besseren, wilden Platz und entschlossen uns von unserem Ahornwaldplatz aus zu agieren. Der Weg zu den Kanus war ca. so lange, wie es dauerte zwei Äpfel zu essen. Wir machten ihn begehbarer und fanden zudem einen alten Flusslauf mit kleinen Wasserpfützen zum Baden und Trinken, das passte nun gut! Nach einer Woche dann fielen endlich die ersten Reiskörner in unsere Kanus! Yucheeeee!!! Dabei stand Einer an einem Ende des Bootes und hielt einen eine Körperlänge langen Holzstab, um das Blechkanu durch

die Reispflanzen zu schieben. Die Erntekanus waren größer und stabiler als unsere hölzernen Wasserautos, die wir im Wildniscamp benutzten. Die andere Person beugte mit einem einen Arm langen Holzstock die Reispflanzen über den Kanurand und drosch dann die schwarzen, grünumhüllten Reiskörner mit einem zweiten Stock ins Boot. Eher meditative Arbeit, das Abenteuer war nun wohl zu Ende und wir würden endlich ernten können..........das glaubst du doch nicht wirklich? Am zweiten Reiserntetag zog ich mit einer Gefährtin los, die Sonne schien, doch waren in der Ferne bereits dunkle Wolken zu sehen. Wir waren an einer guten Stelle und das Boot füllte sich bereits mit feinem Wildreis und delikaten Reiswürmern, die eine gute Eiweißquelle für zwischendurch boten! Da fielen auch schon die ersten Tropfen, schnell und unerwartet früh! Wir waren ohnehin schon halbnackt, die Kleidung unter den Sitzen verstaut. Dann regnete es stärker und ein heftiger Platzregen überkam uns. Ich liebe das und stand freuderufend im Boot während ihr nicht mehr ganz wohl war..........zu Recht, denn dann wurde der Regen härter und wir realisierten, dass fingernagelgroße Hagelkörner auf uns einprasselten! Eine Mischung aus Schmerz und Abenteuerrage machte sich in mir breit, doch dann wurds zu heavy und wir sprangen ins Wasser, um uns mit dem Boot zu schützen. Später sollten wir noch rote Aufschlagflecken auf unseren Rücken bemerken. Kurz darauf stiegen wir wieder ein und fuhren im strömenden Regen zum nahegelegenen mystischen Superplatz. Es wurde bereits kälter und wir zogen unsere nasse Kleidung an, doch hatten wir gar nicht genug dabei um uns beide vollständig zu bedecken! Dann stellten wir uns unter einen Thujenbaum und umschlangen uns, sodass wir unsere Körperwärme teilten. Zeitlos versunken blickte ich durch meine nassen, mir ins Gesicht hängenden Haare, durch das Kronendach der Bäume, in den Himmel und sah wie die Sonne für ein paar Momente ihre Strahlen auf uns legte. Es fühlte sich an, als würde Gott persönlich seine schützende Hand auf uns legen! „Wie im Hollywoodfilm“, dachte ich bei mir, welch magische Situation. Ich atmete tief ein und aus und stellte mir vor wie sich ein Feuer in meinem Bauch bildete, um uns warm zu halten. Sie zitterte bereits und ich schwebte so an der Grenze von zu kalt und Magie des Augenblicks. Wir ließen uns dadurch nicht unterkriegen und genossen die Situation, indem wir gegrillte Pastinaken, die wir bei uns hatten, jeweils hinter dem Rücken des Anderen aßen. Schließlich überwanden wir auch unsere Steifheit und fuhren heimwärts, bevor der Regen wieder stärker werden würde und unsere Körper noch kälter. Danke für dieses grandiose Erlebnis, aho!

Am nächsten Tag paddelten wir auf den See hinaus und erblickten den Reis wie nach einem Krieg! Niedergeschlagen und geknickt - futsch! Wir starteten noch glücklose Ernteversuche, bis die letzte Hoffnung wich und sich der Zeitaufwand mit dem Ertrag bei weitem nicht mehr messen ließ. Diese Nachricht brachten wir ins Camp. Und was nun? Erstmal gabs zum Abendessen gesammelte Seeschnecken mit Bärlauchwurzeln, sehr lecker! Als wir am nächsten Tag mit den Guides unsere Lage besprachen, gab es dann gegrillte Schlange und ein halber Hirsch wurde uns gegeben, das tat gut, an diesem Abend grillten und aßen wir so viel Fleisch, wie jeder nur konnte. Kurzum trennten sich nun die Wege. Die Familien zogen mit den Kids und einem Guardian weiter zum Bärlauch und machten dort ein mehrtägiges Bärlauchzwiebelsammelcamp und wir anderen fünf Scouts hatten den Auftrag so schnell wie möglich zum Adlerfluss zu reisen, um dort Reis zu ernten. An diesem Abschiedstag saßen wir ein letztes Mal in dieser Runde im Kreis. Unser zehntägiges Abenteuer ging dem Ende zu und wir waren uns, wie verwandelt, auf einmal alle einig, was unsere weiteren Entscheidungen anging. Die Emotionen kreisten in Richtung miteinander! Wir sprachen hier von *Einstimmigkeit*. Und ein neues Abenteuer begann..........

SUMPFGRASERNTE AM ADLERFLUSS
„Der Prozess ist genauso wichtig wie das Produkt“

Die wunderschöne Farbenvielfalt des Herbstes!

Wir brachten die Kanus ein letztes Mal über den Mühlteichsee und schliefen dann die erste Nacht am Ostufer bei der großen Weißkiefer. Es war etwas regnerisch und drei von uns schliefen unter einer Plane. Zusammen mit einem Clanfreund legte ich mich in dieser Nacht unter eine große Tanne mit langen, ausladenden bzw. in diesem Fall einladenden Ästen. Bis auf ein paar Tropfen blieben wir erstaunlich trocken. Rettet zur Not - tolle Erfahrung! Trotz unseres guten Gemeinschaftsprozesses in der größeren Gruppe, genossen wir nun die Ruhe einer überschaubaren Fünfergruppe. Der nächste Tag brachte einen Marsch durch den Moorsumpf, unter und über Baumstämme, durch Gestrüpp, über und in Schlammlöcher, sowie unwegsames Gelände mit sich. Keine Sonne! Wie orientieren? Wir kannten die Himmelsrichtungen am See und merkten uns, dass der Wind dort aus Richtung Westen bzw. Südwesten kam. Daran orientierten wir uns auf der Reise, immer wieder blickten zehn Augen in die Lüfte, dann kurze Stille und nachdem jeder eine Himmelrichtung angab, marschierte unser Gruppengeist den Mittelweg der Richtungen. An diesem Tag erhielten wir alle eine Orientierungslehrstunde, wie man sie wohl in keinem Workshop bekommen würde. Genial wie wir untereinander und mit der Natur agierten und nach ungefähr drei Stunden glücklich an einer Forststraße ankamen. Wir hatten getrocknetes Hirschfleisch mit uns, das am Vortag noch in kleinen Streifen an einem Tannenbaum hing. Für einen kurzen Moment dachte ich daran, nächstes Weihnachten den Christbaum meiner Großmutter auf diese Art zu schmücken ;-) Wir liefen weitere Stunden auf der Forstrasse bis zu unserem vorläufigen Ziel, dem Juliasee. Dort erhielten wir dann den neuen Fooddrop und Kanus. Die Guides hatten zwei große Kanus auf ihrem Anhänger zur Übergabe. Dann kam unser Hauptguide auf die Idee, dass wir es doch auch mit nur einem Kanu schaffen könnten. Nach diesem Satz schauten wir fünf uns ungläubig in die Augen! Stell dir vor, Schlafsäcke, weiteres Gepäck und drei Tagesrationen Nahrung von insgesamt fünf Leuten in einem Kanu, das für zwei Leute mit einer Ladefläche in der Mitte gedacht ist. Natürlich wären all unsere Sachen allein ganz gut den Bach runter gegangen! Doch wir fünf dann noch *on Top* wäre wahrscheinlich eine einzigartige Zirkusnummer geworden. Halbleise flüsterte die Gefährtin des Hauptguides, auch sie war Guide, ihm zu, dass wir ja auch zwei Kanus zum Reis ernten bräuchten. Rationalem Verstand sei Dank und wir fuhren an diesem Abend mit beiden, schwerbeladenen Kanus. Fast hätte ich vergessen, dass der Hauptguide uns zusätzlich empfahl, noch in dieser Nacht, es war Neumond und damit dunkel, zu fahren. „Fordere dich heraus", hieß es schließlich im Wildnisjahr.

Müde vom Reisetag entschieden wir uns jedoch, einen Platz zum Nächtigen aufzusuchen. Doch rund um diesen See war alles Privatland! Nur die idyllische Insel in der Mitte des Sees hatte kein Schild, alles klar, wir Reisnomaden schlugen unser Lager dort auf und ich spürte das Bedürfnis, Fischen zu gehen. Während die Anderen schon Feuer machten, Schlafplatz aufbauten und zu kochen begannen, konnte ich unser Abendessen mit vier kleinen Fischen und neun Süßwassermuscheln bereichern. Wow, wieder eine Nacht an einem anderen Ort verbracht!

Ich humpelte etwas am nächsten Tag und mein Körper rieft definitiv nach Ruhe! Ich beruhigte ihn und sagte mir innerlich, dass heute nur gepaddelt und nicht gelaufen werden würde.

Mit dem Kanu durchquerten wir stark mäandrierende - sich natürlich schlängelnde - Flüsse in einer wunderschönen, wildbewachsenen Landschaft und kamen durch drei zivilisiert-bewohnte Seen. Komisch war es unter einem großen Steinweg mit schnellen Blechtieren, welche runde Füße hatten, durchzupaddeln. „Wohin gehen die so hektisch?", fragte ich mich verwundert. Meine erste längere Kanufahrt, ich werde die Seerosen und roten Wasserpflanzen bestimmt in Erinnerung behalten, wieder ein Geschenk! Im Adlerfluss angekommen, kurz vor unserem Ziel - wohin eigentlich genau? - erblickten wir reifen Reis! Dann kam blitzartig Regen, alle ans Ufer, Plane aufspannen und abwarten. Der Regen machte die Musik und wir waren alle in Stille getaucht. Ich blickte auf die im Fluss aufkommenden Tropfen und spürte eine angenehme Freude in mir. Sollte mich der Regen, der uns davon abhielt endlich anzukommen, nicht stören? Wieder dieses Gefühl, dass sich irgendetwas in mir verändert hatte. Ich merkte wie ich gar nicht mehr das Bedürfnis hatte anzukommen. Ich war die ganze Reise bereits da! Und das war großartig. Natürlich wollten wir Reis ernten und hätten allesamt uns von der Wildnisschule mit dem Auto zu den jeweiligen Seen fahren lassen können, um dann effektiv Reis zu ernten. Doch wo wäre da der Prozess gewesen, all die Auseinandersetzung, das Abenteuer, die Spannung..........das Leben! Nun verstand ich, was unser Hauptguide mit *Der Prozess ist genauso wichtig wie das Produkt* meinte. Jetzt war es tiefer gerutscht als es nur auf der Verstandesebene zu erfassen, ich konnte es in all meinen Zellen spüren. Wieder fühlte ich mich ein Stück mehr verbunden.

Plötzlich hörten wir in der Ferne Wolfsgeheul, wie wir es von unserem Clan kannten, wenn es Zeit war zu essen oder im Kreis zusammen zu kommen. Waren da noch Andere von unserem Stamm? Wir jaulten kräftig um uns bemerkbar zu machen. Als wir eine Antwort bekamen, wussten wir, wo sie sein mussten. Der Regen ließ nach, ab in die Kanus und weiter - welch glückliche Fügung! Wir wurden herzlich empfangen und warfen all unser Essen zusammen, heute gab es unter Anderem Hirschorgane - das war sehr nahrhaft, besonders bei diesem Wetter! Die Anderen waren genauso überrascht wie wir, wie ausgefuchst die Guides doch waren!

Am nächsten Tag erzählten wir unsere einzigartige Geschichte vom Mühlteichsee und hörten den Geschichten der Anderen zu. Diese waren bislang entweder an anderen Seen Reis ernten oder zum Hüttenbau im Wildniscamp geblieben. An diesem Tag spürte ich meinen ganzen Körper und fühlte mich wie Einer, der gerade aus dem Krieg kam.

Humpelnd, mit einer Entzündung am Zeh und einer schmerzenden Achillessehne, Muskelkater vom Rudern, Schnitte und Kratzer gleichmäßig über meine Arme verteilt, doch..........sehr zufrieden!
In den darauffolgenden zehn Tagen erlebten wir ein angenehmes Familiencamp mit gut funktionierenden Redekreisen und jeder spürte, dass wir gemeinsam wuchsen. Das Essen war gerade genug; wir gingen Reis ernten und eine Kleinfamilie mit einem Dreijährigen beschloss, das Familienjahr abzubrechen. Doch auch das trübte die Stimmung nicht wirklich, im Gegenteil, wir verabschiedeten die drei mit einer Wertschätzungsrunde, in der bewegende Worte fielen, sangen und die beiden Erwachsenen sagten dann am Schluss selbst, dass es komisch sei, jetzt zu gehen, wo das Schlimmste überstanden schien und der Clan langsam richtig zusammenwuchs. Doch ihre Entscheidung ward bereits gefällt.....
Dann kam mich auch noch eine Freundin aus Deutschland besuchen, sie war gerade auf einer Kanadareise und nutzte die Gunst der Stunde um mich in den Nordwäldern zu besuchen. Sie ist auch eine Wilde und ich freute mich sehr über ihren Besuch. Sie blieb eine ganze Woche, um unser naturnahes Dasein mitzuerleben. Während dem Wildnisjahr konnte man für wenige Tage Gäste, also Familie oder Freunde empfangen. Zum Glück war meine Besucherin auch eine wildnisgewohnte Frau. Als wir uns begegneten, bemerkte ich erst so richtig meine mittlerweile tierischen Aspekte bzw. Angepasstheit an unsere wilde Umgebung. „Wie wird das erst werden, wenn ich wieder nach Deutschland komme?“, fragte ich mich. Es war irgendwie nicht mehr komisch, meinen Vollbart wie ein Tier zum Trinken ins Wasser zu tauchen, mit kohlefarbenen Händen zu essen oder im Wald mein Geschäft zu verrichten. Mehr und mehr war auch ich zur Wildnis geworden.
Die ersten Blätter begannen sich gelb und orange und rot zu färben. Dazwischen gab es alle Farbnuancen und manche Bäume waren nahezu violett. Täglich konnte man das veränderte Schauspiel der Natur bewundern. Auch ich spürte die Verwandlung in mir, als ich eines Nachts aufwachte und im Halbwachzustand Adler über unseren Schlafsäcken kreisen sah. Doch nicht in materieller Form und ich hörte folgende Stimme zu mir sprechen „Verbinde dich mit deinem Herzen, verzeihe dir und deinen Mitmenschen. Vertraue Adlerkind, blicke nicht ins Nest zurück und fliege.....“
In dieser Nacht kam der Adler als Krafttier zu mir und ich begriff schlagartig seine Rolle in meinem Leben! Er verbindet mich nach oben

und steht somit für meinen Spirit! Ich saß kurz darauf mit weiteren drei Schlaflosen mitten in der Nacht am Feuer und wir redeten darüber, warum wir gerade nicht im Schlafsack lagen. Plötzlich machte alles einen Sinn! Am nächsten Tag erhielt ich einen Sammelbrief von wundervollen Menschen, die bei einem großen Wildnisfest in Österreich zusammen kamen. Beim Lesen der fast zwanzig Kleinbriefe hatte ich jeden Einzelnen von ihnen vor mir visualisiert, vergangene Begegnungen erinnert und gab jedem von Herzen eine Umarmung. Ich summte leise ein Herzenslied und Tränen kamen mir in die Augen, als mich der Gedanke an so viel Unterstützung und positive Energie einfach überwältigte. Ich spürte, dass ich nicht allein gereist war und tolle Menschen meinen Rücken stärkten. Ein Highlight war jedoch als meine Oma in einem schönen Brief anmerkte, dass wir im Wald bestimmt über die amerikanischen Wahlen diskutieren würden. Das erzählte ich im Kreis und wir mussten alle amüsiert lachen. Ich schrieb ihr zurück, dass wir noch nicht einmal die Uhrzeit oder das Datum wüssten!

Noch während unserer verlängerten Reiserntezeit am Adlerfluss passierte folgendes:
„Eines hungrigen Tages während der Reiserntezeit am Adlerfluss fuhr ich mit einer Clanfreundin im Kanu den See entlang. Wir waren an diesem Tag nicht sonderlich fürs Reis ernten motiviert und die trüben Wolken spiegelten unsere Stimmung. Die Reisfelder, die wir anfuhren, trugen meist nur noch leere Hülsen ohne Reis. Dann zeigte der Fluss an den Seiten immer mal wieder Privathäuser. Die meisten davon Ferienhäuser, ein Stück Zivilisation zeigte sich also zwischen all den Bäumen. In unserem emotionalen Hunger beschlossen wir an einem Steg mit prunkvollem Boot zu halten und betraten eines der Grundstücke. Nach einem kurzen Schock durch zwei Hunde, die zum Glück gleich durch Ihr Herrchen zurückgerufen wurden, sahen wir ein nettes älteres Paar. Wir erzählten Ihnen von unserem Hunger und dem Programm, dass wir gerade erlebten, sowie dass wir eigentlich keinen Kontakt zur Außenwelt haben sollten. Doch freundlich wie sie waren, boten sie uns sofort etwas aus ihrer Küche an. Mit schwachem Willen zögerten wir keine Sekunde und aßen Reis mit Gemüse und Fleisch. Später brachte die Frau uns noch selbstgebackenes Brot, Butter, Olivenöl und Erdnussbutter. Nie in meinem Leben bestrich ich eine Scheibe Brot mit einer drei Zentimeter Schicht, doch hier gab es kein Erbarmen, Kalorien mussten her! Wir erzählten den Leuten von unserer Wildniserfahrung und sie hörten mit Begeisterung zu. Zum Abschied bekamen wir noch frische Pfirsiche und kleine Tomaten. Wir tauschten E-Mailadressen und wurden eingeladen nach dem Familienjahr wieder zu Besuch zu kommen. Es war komisch am Abend dann wieder im Kreis mit dem Clan

zu sitzen, ein Geheimnis schweigend zu verbergen und mit wenig Hunger am gebratenen Fisch zu nagen. Wieder einer dieser inneren Konflikte zwischen meinen Bedürfnissen und Abmachungen in unserer Clangemeinschaft. Doch so war es.“

Dann war Reisernte vorbei, doch wir blieben im Gebiet, denn als nächstes stand die sogenannte Sumpfgras-Ernte an. Das ca. ein Arm lange Gras bzw. Segge wird für den Bau von primitiven Hütten, wie sie die hier einheimischen Indianer bauten, verwendet. Dazu waren bloß eine Hand voll Guardians nötig, der Rest des Clans wurde zu Hause im Wildniscamp zum Sommerhüttenbau benötigt. Ich blieb und mit mir waren vier weitere Abenteurer.

Immer mehr kam ich in meine Kraft und stand morgens meist voller Tatendrang und Inspiration auf. In den nächsten zehn Tagen gingen wir also Gras ernten. Mit kalten Füßen halb im Wasser, halb auf Gras stehend, seitlich des Adlerflusses, schnitten wir was ging. Das war definitiv eine Komfortzonenherausforderung für uns! Manche Tage waren auch noch verregnet und wir fanden kaum Gelegenheit das Gras zu trocknen. Außerdem hatten wir nur die ungenaue Angabe *eine Anhängerladung* zu ernten. Kannte jemand den Anhänger der Wildnisschule? Nein. Es ging etwas zäh von der Hand, doch wir banden letztendlich einige Grasbündel zusammen. Die Landschaft transformierte sich mittlerweile in einen Traum! Die Bäume schmückten mit Grün, Gelb, saftigem Blutrot, Violettrot, Orange, Grapefruitrosa und allem dazwischen ihre Blätter. Am Morgen fuhr ich im absolut stillen Fluss, lautlos durch das spiegelartige Wasser. In einer speziellen Kurve, wir nannten sie magische Biegung, sah man den Waldrand in seiner Farbenpracht besonders gut nach unten gespiegelt, bunte Blätter lagen auf der Wasseroberfläche und die Strahlen der ersten Sonne brachen den, in der Luft liegenden Nebel über dem Wasser. Ein Bild wie ich es nur von Postkarten oder Bildschirmschonern kannte.

Mit Entsetzen stellten wir nach zehn Tagen fest, dass wir zwar eine große Anhängerladung gesammelt hatten, doch wurden mindestens zwei davon gebraucht! Das schlug uns erst einmal nieder, da wir uns nach einigen Wochen Abenteuer, nach unserem Wildniscamp sehnten. Doch genau an diesem weinerlichen Punkt passierte dann wieder Magie! Wir rafften uns alle zusammen und planten nun richtig ans Werk zu gehen! Wir erfanden sogar ein Lied, um den Wettergott auf Grastrocknung einzustellen:

Sun, Sun, Sun oh come, come, come
bring us fun, fun, fun for Grasing!

Rain, rain, rain, brings just pain pain pain
stay away, way, way, for Grasing!

Lachend und jubelnd saßen wir im Kanu, während sich die Sonne am Horizont zum Abschied verneigte. Die folgenden drei Tage kamen wir als Kleingruppe so richtig zusammen. Eine Gefährtin beschrieb es so, wie wenn die Muskeln eines Organismus alle gemeinsam anspannten, um eine Leistung zu erbringen. Diesmal standen wir stets zu fünft im Feld, hatten tatsächlich drei Tage strahlenden Sonnenschein und saßen abends oft lange am Feuer. Wir reflektierten, sangen, lachten, tauschten uns aus, massierten uns, teilten, planten, sprachen offen und ehrlich über aufkommende Emotionen. „Das ist, wie es sein sollte!", würde ein guter Freund und Lehrer von mir nun sagen. Diesmal schnitten und bündelten wir weit mehr als eine Anhängerladung Sumpfgras, jedoch in drei Tagen!!!
In dieser Graserntezeit bekamen wir einmal einen sehr besonderen Fooddrop. Wir kochten also, und jetzt halte dich fest, zwei Bärenpfoten eines Jungtiers, den Kopf eines Stachelschweins und eine Schildkröte allesamt in einem Eintopf! Dazu gabs dann noch frisch gegrilltes Eichhörnchen mit Gemüse und fertig war der Hexenschmaus!
Nebenbei fing ich meine ersten vier Mäuse mit kleinen Totschlagfallen. Für ein Eichhörnchen oder Streifenhörnchen hatte es noch nicht gereicht, die fraßen mir bloß die Nüsse weg und waren mir gute Lehrer, was das Fallenstellen anging. Ein Freund scherzte stets, dass das Streifenhörnchen, welches ich beabsichtigte zu fangen, von Tag zu Tag fetter werden würde und ich es bald mit der Hand fangen könnte. Tja, mit Geduld und gewusst wie ;-)
Nach getaner Ernte reisten wir ab und beschlossen des Nachts bei Vollmond zu paddeln. Als wir gerade den Jungfrauensee erreichten, auf dessen Insel wir planten zu schlafen, entdeckte ich plötzlich am hellen Mondnachthimmel zwei grünliche Strahlen. Zivilisation, dachte ich mir und überlegte, ob das Strahler einer in der Nähe gelegenen Disco sein könnten, vielleicht war ja Wochenende? Doch die Strahlen am Nachthimmel wurden mal schwächer, mal stärker und bewegten sich wabernd wie geistartige Wesen! Auf einmal wurden es mehr und mehr und mehr..........bis ein Bogen aus grünlich-türkis wabernden Strahlen sich

über den gesamten Nordhimmel spannte und wir realisierten, dass wir gerade Zeugen eines unglaublichen Nordlichterereignisses wurden. Wow, wir trieben wie hypnotisiert auf dem See entlang und trauten unseren Augen nicht! Wieder ein Wunder dieser Reise! Das Wunder des Lebens.

Ein Tagebucheintrag am Ende der Sommerzeit:
„Ein Kapitel geht zu Ende! Vor ein paar Tagen blickte ich zur Mondin und bemerkte, dass nun in etwa ein Drittel dieser Erfahrung vorüber sein musste. Das Wetter schlägt langsam aber sicher um, erste Blätter fallen, die Nächte werden kühler. Auch die Stimmung im Clan ist wieder etwas angenehmer. Wir bekommen ab heute wieder Grünzeug und Eiweißhaltiges komplett vom Fooddrop und das zeigt auch an, dass das Thema Essensbeschaffung bzw. vom Land leben dem Ende zu geht. Wir werden bald dazu übergehen, mehr Handwerk wie das Bauen primitiver Hütten und Ledergerben, sowie Kommunikationsarbeit zu tun. Fast jeder hier sehnt sich danach, endlich wieder Gewicht aufzubauen, was anscheinend im Herbst durch die Versorgung mit mehr Essen geschehen soll. Ich bin gespannt und auch wieder inspiriert hier zu sein, bringe mich ein und genieße diese Erfahrung.“

ÜBERGANGSZEIT

„.............der Himmel ist bewölkt, grau der Horizont. Ich ziehe Stück für Stück meine mehrschichtige Kleidung aus und spüre wie der kühle Wind mir langsam die Wärme entzieht. Am anderen Ufer des Sees hat das Eis bereits begonnen den See zu decken. Ein Schritt über das Ufer und ich stehe mit den Füßen im eiskalten Wasser, gehe ein paar Schritte weiter und tauche kopfüber meine Haare ins Wasser. Schnell und bloß nicht zu lange drin bleiben sonst tuts weh, reiben und wieder den Kopf schnell eindippen und wieder reiben. Ein leichter Kälteschmerz fährt mir durch die Beine, nicht denken, sonst tuts mehr weh, bewegen! Meine Boxershort ist heute multifunktional und dient als Waschlappen. Reibe meinen ganzen Körper mit Sand und lasse es mir danach eiskalt den Rücken herunter laufen. Endlich draußen und angezogen, fühle die Frische und das angenehme Gefühl dieses Bades...............“

NATUR

Die Zeit der fallenden Blätter brachte auch Regenfälle und starke Winde mit sich. An solchen Tagen hieß es ganz besonders im Hier und Jetzt bleiben, einfach irgendwie beschäftigen, kochen, nähen oder sonst was machen. Doch auch diese Regenfälle gingen nicht über ein paar Tage hinaus, so dass wir bald wieder alles ins Trockene bringen konnten. Auch der erste Schnee kam in dieser Zeit; Nassschnee, der nicht länger als ein bis zwei Tage liegen blieb. Immer wieder hatten wir auch warme Perioden mit insgesamt wenig Niederschlag, welch Segen in dieser Region! Mittlerweile brauchte jeder eine Kleidungsschicht mehr, die durchschnittlichen Temperaturen waren gesunken und der See gab nun wesentlich kühleres Wasser. Die Nächte waren, wie ich später erfuhr, fast zwölf Stunden lang, was bei einem Lebensstil ohne Elektrizität viel ausmachte. Die effektive Tageszeit um zu werken wurde dadurch ziemlich verringert und bevor man sich umsah, war es wieder dunkel. Wir schliefen lange oder lagen des Nachts wach und folgten den intensiven Gedanken und Träumen, die dieser Tage bei Allen aufkamen. Die Reflektionen über die erlebte grüne Jahreszeit begannen!
Die Sommervögel mit ihren markanten Gesängen waren bereits weggeflogen. Meisen und andere, größere Vögel bevölkerten nun die Lüfte über unserem Camp und erfreuten sich an der Fülle des Essens die nun im Camp war. Sie flogen teils bis auf eine Beinlänge an uns heran, schnappten Fettstückchen aus nichtbeaufsichtigten Schalen und hauten

schneller ab, als unsere Aufmerksamkeit erlaubte!

Dann hatte ich ein tolles Erlebnis:
„Ich sitze an diesem Morgen allein am Feuer und esse Walnüsse mit Banane. Da kommt lautstark ein Meiserich herangeflogen und pickt in den Walnussschalen auf der anderen Seite der Feuerstelle herum. Einem Impuls folgend strecke ich ihm langsam eine offene Walnuss entgegen und spreche innerlich, ohne etwas laut auszusprechen, „Hier nimm, ich gebe sie dir.....“, da fliegt er plötzlich auf meinen Finger, pickt die Nuss in seinen Schnabel, blickt mich mit einer schnellen Kopfbewegung an und fliegt wieder davon, wow!!! Ich bin so berührt von dieser Situation. Hat er mich tatsächlich verstanden?“

Der See beherbergte für ca. einen Mond kleine Enten. Über den See verteilt sah man dann mehrere Konglomerate von bis zu fünfzig Enten pro Schwarm. Zudem war ein Schwarm Schwäne, etwa vierzig, für ca. zwei Wochen auf dem See. Sogenannte Trompetenschwäne, die morgens bei erstem Licht anfingen zu trompeten. Eine Art Naturwecker ;-) solch ein schöner Anblick, diese Tiere.......

Sommerwigwam mit Graswänden und Birkenrindendach

Sobald alle von den Ernteabenteuern zurück waren und unser großer Kreis wieder vollständig war, bauten wir unsere Zelte ab und zogen in die primitiven Strohhütten. Die Indianer nennen sie Wigwams. Wer mit wem in der Hütte schlafen sollte, wurde vom Clan besprochen. Da wir Menschen meist Kreaturen des geringsten Widerstandes sind, wollte fast jeder mit den Leuten zusammen, mit denen er/sie am besten auskam. Diese Aufteilung sahen sich die Guides an und würfelten erneut. Dann wurden wir eingeteilt. Nicht mit wem du am liebsten gewesen wärst, sondern was dich herausfordert und dein Wachstum fördern wird. Also kam ich mit fast all unseren Kids zusammen in die größte Strohhütte namens *Wolliges Mammut*. Das war ein Wigwam mit etwa zweieinhalb Körperlängen Durchmesser. Die anderen Wigwams hatten vielleicht eineinhalb Körperlängen. Diese Einteilung der Guides brachte natürlich wieder Stimmung in die Runde! Zum einen waren manche mit ihrer neuen Hüttenkonstellation überfordert, man bedenke Seite an Seite mit jemandem zu schlafen, den man sonst wohl nur mit Abstand genießen

würde. Meist waren das dann die Leute, welche emotional einiges in einem bewegen konnten. Und wenn jetzt drei Leute, die jede Menge Zeug haben, in ein kleines Hüttchen zusammen ziehen, kann sich jeder vorstellen, was das an Komforteinbußen bedeutete. Im Familienjahr wurde mir erst richtig bewusst, dass selbst genügend Platz zu haben, ein Komfort ist!
Dazu kam, dass manche Eltern es schwer hatten, ihre Kinder gehen zu lassen. Um deren Kinderkultur zu stärken, brachten die Guides sie alle unter ein Dach. Mit Ausnahme der Kleinkinder. Eine Familie weigerte sich, diesen Schritt zu gehen und wollte, dass ihre Familie mit samt Kindern zusammenblieb. Diese Familie sollte den Clan ohnehin bald verlassen.........
Wahrscheinlich lasen die Guides aus meinem *Was erhoffe ich mir vom Familienjahr-Schreiben* heraus, dass ich mehr zum Thema *mit Kindern sein* lernen wollte. Ich freute mich auf diese Herausforderung, zusammen mit fünf unserer Jungs einen Raum zu teilen. Was würde wohl auf mich zukommen?
Zudem kristallisierte sich über die grüne Jahreszeit bei einigen im Clan eine Affinität zum Guardiandasein heraus. Also wurde auch das Guardiancamp zahlreicher.

Hier ein paar Einträge aus meiner Zeit im Wolligen Mammut:
„Es klappt soweit ganz gut, ab und zu kann ich die jungen Wrestler dazu bringen, ihre Schlafplätze wieder zu ordnen, herumliegende Kleidung und Schuhe zumindest auf einem Haufen zu lagern statt überall verteilt und abends sorge ich zu späterer Stunde für Ruhe. Ich trainiere dabei, mit viel Fingerspitzengefühl vorzugehen und diplomatisch mit ihnen zu reden, so dass eventuell aus Eigenmotivation heraus gehandelt wird. Erst wenn alles nicht mehr hilft, gebe ich ihnen ein ganz klares Stopp! Das ist stets ein schmaler Grat, allen Respekt gegenüber Eltern, denn Kinder fordern stets deine volle Präsenz. Eines Nachts schläft ein fünfjähriger Junge, der sonst noch bei seiner Mutter schläft, bei uns in der Hütte, da seine Mutter ins Basecamp geht. Er wacht nachts auf, weint und hat Angst vorm tosenden Wind in den Bäumen, da halte ich seine Hand, sage, dass ich ihn beschütze und er keine Angst haben braucht. Ich bin noch eine ganze Weile mit meiner vollen Präsenz bei ihm und dann schläft er wieder ein. Irgendwie hat sich dadurch unser Verhältnis geändert, ich werde mehr zur Bezugsperson, das fühlt sich gut an.....“

„..........eigentlich ist unsere Strohhütte mehr eine Wrestling-Arena als irgendetwas Anderes. Manchmal komme ich zwischen meinen täglichen Tätigkeiten ins Wigwam,

um etwas von meinen Sachen zu holen. Da es keine Fenster gibt und nur durch den immer offen stehenden Eingang Licht einfällt, dauert es ein paar Minuten, um hier drin etwas zu sehen. Diese Anfangsblindheit nutzen die kleinen Kämpfer sofort aus, um mich aus dunklem Winkel anzufallen. Zwei an den Beinen, zwei an den Armen und einer auf dem Rücken. Wer schon einmal mit Klettpflanzen zu tun hatte, weiß wie es mir hier geht! Ich werfe drei ab, kämpfe mich zu meinen Sachen vor, nehme was ich holen wollte und bahne mir den Weg zum Ausgang. Endlich draußen, alle Kletten entfernt. Weiter gehts...........Moment mal, wo ist bloß meine Mütze?"

Einmal wurde ich auch nachts geweckt, weil einer der Jungs sein großes Geschäft verrichten musste. Da er Angst hatte, soweit allein im Dunkeln zu laufen, kam ich mit. Andere Male war jemandem zu kalt und ich nahm weitere Decken und wickelte die Jungs wie übergroße Pakete ein. Nun galt es, sich um mehr zu kümmern als nur um mich selbst. Ich trug Verantwortung, dass es ihnen gut ging und bekam ein Gefühl dafür, was es heißen könnte, Eltern zu sein.
Meist legte ich mich früher in meinen Schlafsack als unsere Jungs, die es liebten, länger wach zu bleiben als die meisten Erwachsenen und ihre Spiele zu spielen. Sie waren Tiere der Nacht und kamen oft nur schwer aus dem Bett. Jeden Abend hatte ich also die Ruhe vor dem Sturm und ging noch eine Weile meinen Gedanken nach oder schrieb einen Brief. Dann, als ich schon von Weitem ihr Kommen hörte und bald darauf ein wackeliges Kerzenlicht ins wollige Mammut kam, war ich wieder gefordert. Ich blieb meist mit geschlossenen Augen liegen, stellte mich schlafend und lauschte. Manchmal musste ich dann aus meiner passiven Haltung heraus, um Ruhe und kampffreie Zone zu schaffen. Doch meist gab ich ihnen den Raum, um sich noch etwas auszutoben und dann selbst herunterzufahren. Bald sorgten auch schon die wortstärkeren unter ihnen für Ruhe. Das war ein Zeichen für eine funktionierende Kinderkultur! Beim Zuhören ihrer abendlichen Gespräche, bekam ich einen tieferen Einblick in deren Leben und was gerade wichtig war, was störte und wo Sehnsüchte waren. Dies brachte mich ihnen sehr nahe und ich konnte hinter den Kulissen agieren um sie in ihrem Wachstum zu unterstützen. Ich bemühte mich stets, sie auf eine Art zu unterstützen, bei der sie mitwirken konnten/sollten und hielt mich möglichst fern davon, alles für sie zu machen. Dies dankten sie mir dann in Form von steigender Selbständigkeit, die ich hier und da beobachtete. Das ist wahrscheinlich eines der Geschenke des Eltern seins; zu sehen wie ein Kind selbständiger und verantwortungsbewusster wird, so dass

auch ich immer mehr loslassen kann. Man fährt schließlich auch nicht sein ganzes Leben auf Stützrädern Fahrrad, oder? Bald war auch ich ein respektierter Gast in ihrer Kultur und die Distanz vom Sommer war dahin. Ich bin sehr dankbar über diese lehrreiche Zeit.
Wir hatten einen größeren Sturm und Wasser lief in unsere Strohhütten herein, nicht von oben, sondern durch den Eingang und wir mussten Umleitungen graben. Ab und zu tropfte es auch durch kleine Löcher im Birkendach, dann rutschte man halt mit dem Schlafsack zur Seite oder reparierte es irgendwann.......
Leben in einem schönen, runden Wigwam kann ich jedem empfehlen, der sich drinnen immer noch so wie draußen fühlen möchte.

GEMEINSCHAFT

Unser wilder Familienclan in der Zeit der fallenden Blätter

Nun wo Grundbedürfnisse besser gedeckt waren, entstand so etwas wie eine Clankultur. Wir saßen abends länger im Dunkeln am Feuer, Geschichten wurden erzählt und wir hatten sogar zwei selbstgebaute

Trommeln - ausgehöhltes Baumstammstück mit roher Tierhaut überzogen - die von Clanmitgliedern gebaut wurden. Dann war es so weit. Den ganzen Sommer über sehnte ich mich nach diesem Moment, wir feierten an einem Abend mit lautem Getrommel und ich konnte das erste Mal seit langem wieder so richtig abtanzen, das war ein Heidenspaß! Allen voran die Kids, die herumtobten und am liebsten mit jedem wresteln wollten, waren nicht mehr zu bändigen. Schöne Gesänge erklangen noch eine ganze Weile um unsere Feuer herum, bis wieder Ruhe in die Nacht einkehrte.
Auch begannen wir mit dem Feiern und Ehren von Übergängen. Besonders bei den Kindern. Wir feierten ein Fest, wenn jemand sein erstes Feuer mit dem Feuerbogen machte, ein Namensfest hatte, als ein Kind seinen ersten Zahn verlor oder zwei andere Kinder das erste Mal einen Tag lang fasteten. Wir feierten keine Geburtstage, da wir nicht mit dem Kalender gingen, niemand das Datum wusste - außer jemand vermerkte es in seinem Tagebuch, was wir eigentlich nicht tun wollten - und die hier einheimischen Indianer aus folgendem Grund keine Geburtstage feiern: Der Tag der Geburt ist ein wichtiges Erlebnis für das Leben eines Menschen, welches jedoch am Kalender festgemacht wird, einfach eine jährliche Wiederholung. Im Leben eines Natives werden Übergänge gefeiert - das erste Feuer, Namensgebung, erste erfolgreiche Jagd, Vermählung, Visionssuche, Übergang zum Ältesten, Tod und weitere Dinge. Es geht hier um Stellen im Leben eines Menschen, an denen er bedeutende Übergänge erlebte, welche sein Leben veränderten, statt einer jährlichen Wiederholung einer Feier, die wohl die meisten in der westlichen Welt eher aus Gewohnheit feiern. Ich kann diese Philosophie nachvollziehen und spüre viel mehr Sinnhaftigkeit beim Feiern von Übergangen. Doch würde ich deswegen keine Geburtstagsfeier meiden.

Je länger ich diese Erfahrung durchlief, desto mehr verstand ich, was der Wildnisschulengründer mit *komme als leeres Gefäß* meinte. Ich konnte nun auch sehen, dass ich nicht ganz leer hier her kam, obwohl ich das eigentlich wollte!. Dieses Programm ist darauf ausgelegt, zu erfahren, was es heißt, als Gemeinschaft zusammen zu kommen, einstimmig zu sein und die Stärke eines funktionierenden Clans zu spüren. Doch was passiert nun, wenn jeder sein eigenes Glaubenssystem und Art und Weisen seine Dinge zu tun mitbringt? Das war alles nicht so einfach! Im Wildnisjahr erfuhr ich, dass Einigkeit, Flexibilität und die Bereitschaft, Lösungen zu finden, die für alle befriedigend sind, Grundvoraussetzung

für eine Gemeinschaft sind. Zudem ist in meinen Augen eine gemeinsame Vision bzw. ein Ziel wichtig. Auf was steuern wir zu? Hier war unser gemeinsames Ziel das Gemeinschaftsleben nach der Philosophie der Wildnisschule, basierend auf der Tradition der einheimischen Indianer zu leben. Dementsprechend kam es immer wieder so, dass die Guides zu uns ins Camp kamen und sagten „so, nun beginnen wir mit..........oder hören auf mit..........“, z.B. Zelte weg, wir ziehen in Strohhütten oder Streichholzfreies Camp.
Zudem hatte unser Hauptguide die außergewöhnliche Gabe, immer genau dann zu kommen und etwas für dich herausfordernder zu machen, wenn du dich gerade an die momentane Situation gewöhnt hattest und bequem damit wurdest!
Mit dem Hintergrund der Wildnisschulenphilosophie kann man sich nun vorstellen, dass man im Familienjahr stets einem gewissen Druck ausgesetzt war. Ändern der Ernährungsweise, Ändern der Schlafgewohnheiten, Ändern der Art und Weise zu kommunizieren, Hygieneguidelines, Loslassen und gemeinsames Begleiten der Kinder, Entwickeln von Kreisbewusstsein, und einiges mehr. Jeder kann sofort sehen, dass es hier an grundlegende Themen geht, welche in unserer Gesellschaft jeder mehr oder weniger auf seine Art regelt. Dementsprechend agierte auch so ziemlich jeder der in die Nordwälder kam.
Selbstkochend, vegetarisch lebend und ihre eigene Philosophie der Kindererziehung waren wohl die Eckpfeiler der Unterschiedlichkeit und somit verabschiedete sich die größte Kleinfamilie unseres Clans in der Zeit der fallenden Blätter.
Als sie gingen, war sich fast jeder im Kreis einig, dass wir die Qualitäten und tollen Persönlichkeiten dieser Familie vermissen würden und gleichzeitig fiel eine Last von den Schultern, da der Clan nun weitergehen konnte. Seither kamen wir noch stärker zusammen. Dieses Ereignis verkleinerte unsere Kinderkultur schlagartig um einige Kinder! Und damit waren noch sechs Jungs und ein junges Mädchen im Clan.

Der *Früchte-Stehlen-Prozess* ging auch in die nächste Runde. Nachdem wir nach wie vor des Öfteren am letzten Fooddroptag feststellten, dass einige Leute weniger Früchte bekamen, setzten wir uns natürlich wieder im Kreis zusammen. Wir sprachen uns erneut aus und konnten uns dann irgendwie darauf einigen, dass wir aufhören würden, die Früchte zu zählen, sprich aufhören mit Kontrolle und einfach davon ausgehen, dass jeder ca. drei pro Tag hat. Wenn nicht, dann lassen wir die Idee von

drei pro Tag gehen und sagen drei pro erste zwei Tage und nur eventuell Früchte am letzten Fooddroptag, oder halt nicht. Loslassen war angesagt! Man mag es kaum glauben, doch statt am letzten Tag im Früchteminus zu sein, hatten wir erst einmal Früchteüberschuss. Wie war denn das möglich? Es passierte die Kraft eines der wichtigsten Dinge beim kreisbewussten Leben - Vertrauen! Seither war das Thema Stehlen vom Tisch, ob mehr genommen wurde oder nicht und alle Bedürfnisse waren irgendwie gedeckt. Immer mal wieder wurde trotzdem erwähnt, wenn einige Leute nur wenige Früchte bekamen, doch das war im größeren Bild gesehen im Rahmen.
Manchmal fragten sich Leute im Camp, warum wir überhaupt Früchte hatten, besonders vor und nach dem Sommer. Schließlich gaben diese nur wenig Kalorien und der Zucker war nicht notwendig für unser (Über)leben? Nun erkannten wir warum - *Früchte als Lehrer*, stellten wir alle mit Verwunderung fest!

Dann gab es noch eine spezielle Woche im Herbst, da in den von uns bewohnten Wäldern Jagdsaison war und wir in dieser Zeit orangene Leibchen und orangene Mützen tragen mussten, um uns stark von Hirschen abzuheben und nicht zufälligerweise angeschossen zu werden. Das sah vielleicht bizarr aus, als sechsundzwanzig Wilde in Hollandorange im Kreis saßen. Man hätte meinen können, dass wir zum Länderspiel der Niederlande gehen und noch öfters lachten wir über unseren Anblick.

KREISE

Immer wieder wurden wichtige Kreise einberufen, die unser Gruppenwachstum förderten. Dann übernahm auch ich mehr Verantwortung und begann ab und zu ein Thema anzusprechen. Darunter ein Kreis zum Thema *persönliche Bedürfnisse*, damit jeder im Clan die Möglichkeit hatte, besonders wichtige Bedürfnisse auszusprechen, um Anderen die Möglichkeit zu geben, bewusst darauf zu achten. „Was ich nicht weiß, kann ich nicht oder nur bedingt beachten“, sprach ich im Kreis an, denn viele Leute sagten nicht von selbst was ihnen wichtig war. Darunter waren verschiedenste Bedürfnisse, von speziellen Essensbedürfnissen über Lärmempfindlichkeit, Rauchempfindlichkeit, kann nicht viel tragen wegen chronischen Rückenproblemen, mehr Unter-

stützung mit den Kindern usw. Doch ein Bedürfnis machte ganz klar die Runde und wurde von mehr als der Hälfte der Leute ausgesprochen - das Bedürfnis nach Nähe bzw. Intimität und Berührung. Massagen, Kuscheln, Umarmungen etc. Hierbei ging es weniger ums Sexuelle als vielmehr um emotionales Verbinden und körperliche Berührung. Eine Clanfreundin drückte dies sehr treffend mit dem Begriff *Hauthunger* aus. Direkt nach dem Kreis berief ich für den nächsten Tag einen Massagekreis ein. Viele waren irgendwie begeistert und man könnte meinen, dass auch viele kommen würden..........von wegen, wir waren sieben Leute und als wir Vorbeilaufende fragten, mitzumachen, kamen Sätze wie „ah eh ah ich muss noch Feuerholz sammeln.....“ oder „eh ah ich glaube beim Kochen wird noch jemand gebraucht.....“. Genau diejenigen, welche im Kreis danach gefragt hatten, waren nicht da, dies zeigte mir wie stark auch hier die Prägung unserer Gesellschaft war. Entweder man hat eine Beziehung mit jemandem und berührt sich oder eben nicht und man lässt es sein. Nein, zwischen schwarz und weiß gibt es so viele Facetten, doch auch ich kenne diese Intimitätsbarriere von mir. Es kann eine Weile dauern, um Anderen und vor allem sich selbst zu vertrauen! Man sagt drei Umarmungen am Tag sind gerade genug, um emotional nicht zu verhungern! Sechs sind besser, neun gut und zwölf braucht es, um wirklich genährt zu sein. Mit diesem bahnbrechenden Wissen kamen wir im Clan mehr in Körperkontakt, zumindest einige von uns, manche konnten sich wirklich nur schwer öffnen.....
Eine weitere wichtige Sache, die von fast jedem erwähnt wurde war, mindestens einmal am Tag allein für sich in Ruhe zu sein!

Auch den dritten Männerkreis berief ich ein. Bislang hatten wir einen Männerkreis pro Jahreszeit. Aufgrund vermehrter sexueller Träume in dieser Jahreszeit und einem Samenerguss im Schlaf, bemerkte ich unweigerlich wie meine, über die grüne Zeit nahezu verschwundene, Sexualenergie zurückgekehrt war. Nur bei mir? Nein, dies stellten Einige im Clan gerade fest und wir hatten einen guten Austausch über die momentane Sexualität eines jeden Mannes im Kreis und teils auch über die Erfahrungen und Vorgeschichten der Männer. Auch die beiden elfjährigen Jungs waren zum ersten Mal mit im Kreis. Da ich mit ihnen in einer Hütte schlief, hörte ich des Nachts manchmal wie bei so manchem jungen Burschen die Sexualenergie unter der Decke erwachte. Ganz gut wenn sie mitbekamen wie wir offen darüber sprachen und nichts Schlechtes oder Peinliches daraus machten. Meine Meinung.

Lean - To

Die letzten Wochen vor größeren Schneefällen waren geprägt vom Restaurieren der bestehenden Winterhütten und dem Bau eines sogenannten Lean-To´s. Zweiteres ist ein offener Unterschlupf. Stell dir vor, man schneidet eine kleine Hütte in der Mitte durch und lässt sie in der Landschaft stehen. So hoch, dass man darin knien konnte, nicht mehr. Ja, darin würden dann Einige von uns überwintern.
Wir teilten uns in verschiedene Arbeitsgruppen. Ich half hauptsächlich beim Bau der Winterhütten mit, da ich deren Aufbau erlernen wollte.

Hier eine Kurzbeschreibung des Aufbaus:
„Das Reparieren der Winterhütten begeistert mich und ich helfe beim Neubilden des Daches mit, was zum einen bedeutet jede Menge frisches Torfmoos zu sammeln und es auf jungen Tannenbäumen zu trocknen. Sobald das Moos getrocknet ist wird es als Isoliermaterial für eine unserer Winterhütten verwendet. Die andere Winterhütte wird mit Torfschlamm isoliert.

Das Winterwigwam bekommt eine neue Torfmoosisolierung

Zum anderen gilt es über dreißig sogenannte Panels dafür herzustellen. Ein Panel besteht aus drei bis fünf Stücken Birkenrinde. Ein solches Stück ist im Durchschnitt etwa ein Quadratmeter groß. Die Birke ist essentiell für unser Leben, als jegliche Art von Dach, Bau von Behältern oder als Schneideunterlage, sowie für viele weitere Verwendungen. Die Panels nähen wir dann mit Fichtenwurzeln zusammen.

Besonders aufregend war dann das Wiederherstellen der Feuerstelle in der alten Winterhütte. Durch einen Birkenrindentunnel bekommt die mittig platzierte Feuerstelle der Hütte unterirdisch Luft. Dadurch entsteht ein Wärmestrom und der Rauch wird zur Öffnung im Dach herausgeleitet und bleibt bei richtigem Feuerholzaufbau nicht in der Hütte. Die Feuerstelle wird mit flachen Steinen, in konischer Form in den Boden eingesetzt und später mit angemischtem Lehm - Lehm, Wasser, Gras - überstrichen. Das Ganze sieht dann aus wie ein übergroßer Schokodonut. Beim Winterhütte reparieren lerne ich viel über allgemeines Handwerken und den Bau von primitiven Hütten. Wer weiß, vielleicht bau ich irgendwann mal eine in Deutschland - mietfrei versteht sich!"

Winterwigwam mit Birkenrindenpanels

Lehmfeuerstelle in der Winterhütte

Was mich am meisten beeindruckte war, dass wir bloß mit Messer, Tomahawk und Ahlen arbeiteten, Hämmer oder Grabewerkzeuge stellten wir selbst her und als Schnüre dienten Rohhaut vom Hirsch oder Fichtenwurzeln.
Des Weiteren fällten wir sechs Bäume um mehr Licht im Wintercamp zu haben, das Holz zu nutzen und vor allem all die Zweige für das Dach des Lean-To´s zu nutzen.

Die Sehnsucht nach zu Hause und mein Sein in den Wäldern war oft gleich stark in mir vorhanden. Ich wusste, dass es im Winter noch einiges zu lernen und erleben geben sollte und war gespannt, wie es wohl weiter gehen würde!?

3. Kapitel - Die weiße Jahreszeit

NATUR UND PLATZ

Winterlandschaft in der Nähe unseres Camps

Nun war alles mit Schnee bedeckt! Eine Landschaft, die in weiße Ruhe gebettet wurde. Für diese Zeit hatten wir uns in den letzten Wochen vorbereitet und kreierten ein primitives Wintercamp. Dieses Camp war nur durch einen höheren Hügel vom Sommercamp getrennt. Vielleicht fünfzig Körperlängen Luftlinie. Das Entscheidende war jedoch, dass unser Wintercamp in Richtung Südseite erbaut wurde und starke Winde durch Hügel im Westen abgehalten wurden. Solche Dinge sind beim Leben und Überleben in der Natur sehr wichtig.

Unser Umzug ins Wintercamp erfolgte erst einmal teilweise. Tagsüber lebten, werkten, kochten und kreisten wir bereits dort, jedoch schliefen wir noch in unseren Sommerhütten auf der Nordseite des Hügels. Das hatte den Grund, erst dann den Winterkomfort, nämlich besser isolierte

Winterhütten in Anspruch zu nehmen, sobald wir sie wirklich brauchen würden. Das war bei durchschnittlich null Grad Celsius noch nicht der Fall. Das Sommercamp wurde jedoch so weit wie möglich abgebaut und Spuren verwischt bzw. in einem großen Feuer verbrannt.

Wintercamp während der Vorbereitungszeit - Holzspeicher, Winterwigwam, großes Lean-To mit Plattform und zwei Feuerstellen und kleines Kinderlean-To, welches gerade einen Gerberahmen stützt

Ein paar Wochen später brachte der tiefste Winter auch tiefste Temperaturen mit sich, so wie ich es noch nie erlebt hatte! In dieser Zeit hatten wir dann durchschnittlich minus fünfzehn Grad am Tag. Daran gewöhnte ich mich jedoch und lernte, mit Lagerfeuer und ausreichend Bewegung mich warm zu halten. Dann gab es ab und zu auch Tage mit weniger als minus zwanzig Grad bis hin zu minus dreißig Grad Celsius! Das war dann so kalt, dass wir uns Nasenschützer aus Wollfetzen selbst nähten, um eine kältetaube Nase zu vermeiden. Sobald man seine Handschuhe - in der Regel zwei bis drei Paar - auszog, bereitete die Kälte sofort ein unangenehmes Gefühl auf der Haut, dass sich dann bald in Kälteschmerz wandelte, wenn man nicht darauf reagierte. Auch die

Füße waren dann, trotz sehr guter Winterschuhe, schwer so richtig warm zu halten.
Nach meinen Wetterbeobachtungen brachte der Winter folgenden Zyklus mit sich: Kaltfronten brachten sonnig warme, trockene Tage und klirrend kalte Nächte und Warmfronten brachten nasskaltes Tauwetter am Tag und warme Nächte. Irgendwie verwirbelt, da wartet man auf eine Kaltfront, um seine Sachen zu trocknen und des Mittags gemütlich oberkörperfrei sonnenzubaden.
Der See war nun komplett zugefroren und sobald die Eisschicht eine Hand lang dick war, so die Faust- bzw. Handregel, konnte man das Eis ohne Bedenken betreten. Die Eisdecke wurde sogar so dicht, dass wir an manchen Seen Autos darauf fahren sahen, total abgefahren wenn Leute mit ihrem Auto zu Besuch auf eine Insel fahren! Erneut bot der See einen magischen Anblick, vor allem, wenn man mitten auf dem See im strahlenden Sonnenschein stand und von tausenden Glitzerpunkten im Schnee umgeben war.....
Interessant war auch, dass der See manchmal sang, ja kein Scherz! Er gab an manchen Abenden schallende, tiefe Geräusche von sich. Wir fanden heraus, dass sich das Wasser unter der Eisdecke weiter ausdehnte, sobald mehr davon gefror und dann gegen die bereits bestehende Eisdecke drückte. Einmal liefen wir über einen See, der gerade kaum mehr Schnee auf der Oberfläche hatte und immer wieder hörten wir die lautstarken, spontan entstehenden Risse. Plötzlich knallte es direkt unter uns und wir blieben wie gelähmt stehen. Natürlich kein Grund zur Panik, da die Eisdecke mindestens einen Meter dick war und ein Panzer darauf hätte fahren können. Doch im ersten Moment, wenn du den Knall und plötzlichen Riss im Eis unter dir wahrnimmst, rutscht das Herz schon mal eben in die lange Unterhose! Diese Wasserexpansion fand öfters in sehr kalten Nächten statt, in denen wir dann Zeugen eines echten Seekonzerts wurden. Als ob ein singendes Seeungeheuer unterm Eis wohnen würde - mystisch!
Manchmal, wenn ich in der Nacht, bei tiefen Minusgraden aus meinem Schlafsack kroch um zu pinkeln - und das tat ich nur dann, wenn meine Blase fast am Platzen war! - bekam ich auch mit, wie die Bäume im Wald knackten und krachten. Die Kälte machte wohl auch ihnen zu schaffen. Da ich gerade über Bäume spreche, auch im Winter fällten wir Bäume. Wieder lichteten wir aus, um mehr Südsonne zu bekommen, schließlich zählte im Winter jeder Sonnenstrahl. Wir nutzten die Zweige als Matratzen und Sitzunterlagen und verwendeten das Holz zum Teil für

Handwerksarbeiten wie Essschalen und primitive Rucksäcke. Doch wenn man den Fällvorgang aus unserer zivilisierten Sicht betrachtete, hätte man uns wohl Geldstrafen auferlegt. Hab mitgeholfen, drei Bäume zu fällen. Ich kletterte fünf Körperlängen ohne Sicherung, die Äste einer Balsamtanne hinauf - wir bekamen im Sommer eine Einführung über sicheres, ungesichertes Baumklettern - band in dieser Höhe ein Seil an. Dann, wieder am Boden, begann ich mit meinem Tomahawk den Baum von beiden Seiten einzukerben und kurz bevor der Baum fiel, zog ein Anderer den Baum am Seil in die gewünschte Richtung zu Boden. Alles ohne rote Fähnchen oder Absperrungen. Traditionell, mit dem Ruf „Baaaaaaum fäääääääääällllltttt" BUFFFFFFFF..........

ESSEN

Das im Sommer verlorene Gewicht war nun bei fast allen wieder zurückgekehrt. Bei manchen zu viel und zu schnell. Nun hieß es, die nächste Lehrstunde zum Thema Essen zu nehmen. Lernen, sich in der Fülle selbst zu begrenzen, um nicht aus dem Programm heraus zu rollen! Als wir wiedermal übers Essen sprachen, ging es darum, bewusst unseren Essenskonsum herunterzuschrauben, auf das, was wir brauchten. Auch Über(fr)essen war nun immer wieder präsent, doch nicht alle aßen zu viel, jedoch Einige! Denn irgendwie fiel es fast jedem schwer, aus der Überfülle, die wir ja aus unserem zivilisierten Leben kennen, freiwillig herauszugehen. Warum? Angst! Das Ding ist, wenn du beispielsweise zehn Portionen Essen hast, fällt es dir eventuell leicht nur sieben Portionen, die du brauchst, zu essen. Hast du jedoch von Grund auf nur sieben Portionen, willst du zehn!!! Das ist verrückt, doch wohl für die meisten aus unserer westlichen Welt Tatsache, die Angst zu wenig Essen zu haben.....

Doch in der Zeit der tiefsten Temperaturen aß ich, wie ich später berechnete, bis zu fünftausend Kalorien am Tag! Das essen normalerweise Spitzensportler. An kalten Tagen verbrennt der Körper bereits Kalorien im Sitzen. Schließlich muss man warm bleiben. Dazu das Laufen im Schnee und weite Strecken, um Feuerholz zu sammeln. Verrückt als ich sah, was ich wegaß und nahezu nichts zunahm. Doch es sollte wieder wärmer werden und meine Essgewohnheit bestehen bleiben.....

Zudem probierten Einige aus dem Clan nun eine spezielle Ernährungsweise. Totaler Verzicht auf Zucker. Das bedeutete keine Früchte oder Kohlenhydrate. Manche hatten körperliche Entzugserscheinungen und Andere spürten keinen Unterschied. Ich machte auch den Test und aß zuerst eine Woche normal, das war nicht schwer. Dann der erste Fastentag, körperliche Beschwerden wie Kopfweh oder wenig Energie waren hier ein Zeichen für Zuckerentzug. Mir ging es sehr gut, keine Beschwerden. Dann eine Woche nur Eiweiß, Fett und Grünzeug. Auch das ging besser als erwartet, solange ich genügend Fett zur Verfügung hatte, denn nun brauchte ich mehr davon, da ich Kalorien fast nur noch aus Fett bezog. Dann wieder ein Fastentag. Alles lief gut und anscheinend ist mein Körper nicht zuckerabhängig. Bald aß ich wieder alles, ich genoss die Früchte und den Wildreis, den es nun vermehrt gab im Winter. Dann gab es auch noch eine Delikatesse. Wir bekamen zwei Bärenpfoten im Fooddrop, die wir mehrere Stunden über dem Feuer im

Topf kochten und eine fettige, einzigartig gute Brühe genossen, sowie außerordentlich delikates Bärenfleisch auf der Zunge zergehen ließen. Das musst du probiert haben! Allerdings sahen die Pfoten ohne Fell wie Menschenhände aus; fast wie in der Geisterbahn! Ein kleines Highlight waren Kakifrüchte, jeder bekam eine. Einmal, als wir ein Fooddrop mit einem jungen Hirsch bekamen, schnürte ich den ganzen Hirsch auf meinen Holzrucksack und trug ihn alleine zum Camp. Das sieht vielleicht aus, wenn einer mit Hirsch auf dem Rücken an dir vorbeiläuft. Ich beobachtete dieses Bild einmal, als ein Anderer den Hirsch hinten drauf hatte.
Ca. zwei Monde vor Ende der Erfahrung entschieden wir uns, nach einem weiteren Essensredekreis, bei dem jeder die Möglichkeit hatte Ängste und Vorschläge zu äußern, unseren Fooddrop unvorhersehbar zu machen. Bisher bekamen wir über den Winter alle drei Tage in etwa ähnliche Mengen aller Essengruppen. Von nun an wussten wir nicht mehr an welchem Tag ein Fooddrop kommen würde, um welche Tages- oder Nachtzeit und welche Essensgruppen darin enthalten sein würden. Von Anfang an stellten sich die meisten auf Fasten ein. Doch soweit lief alles ganz gut und irgendwie war es spannender. Wenn das Essen knapp wurde und urplötzlich aus dem Nichts ein Fooddrop kam, kamen auch gleichzeitig Glücksgefühle auf „Yeah, kein Hungern!"

Aus meinem Tagebuch:

„.........jetzt wo wir in Essensfülle leben, schmecken die Bananenschalen auf einmal nicht mehr so gut, komisch!?
Es ist absolut magisch, beim Abendessen am Feuer zu sitzen, während es auf uns herabschneit. Das würde auch nicht jeder mitmachen......"

KÖRPER & KOMFORT

Für die kalte Jahreszeit wurde uns von der Wildnisschule ein spezieller Schlafsack wärmstens empfohlen. Dieser bestand aus einem null Grad Celsius Sommerschlafsack und einem minus zwanzig Grad Celsius Winterschlafsack, welche man zu einem minus vierzig Grad Celsius Superschlafsack kombinieren konnte. Riesige Teile, wenn man das Packmaß betrachtete, doch waren sie ja auch nicht fürs Reisen ausgelegt, eher für stationäre Aufenthalte - dafür genial warm! Ich fror also nicht des Nachts. Kritisch waren lediglich die Übergänge in den Schlafsack und aus dem Schlafsack heraus. Wie so oft im Leben waren auch hier Übergänge eine Herausforderung.
Wir trugen relativ dünne Kleidung. Deswegen war uns jedoch nicht zwingend kalt. Statt großer bulliger Winterjacken, so wie ich sie dabei hatte und die Guides mir rieten sie im Basecamp zu lassen, trugen wir mehrschichtige Wollkleidung. Ich trug eine lange Marinowollunterwäsche, einen Wollpullover darüber, dann eine Baumwollstrickjacke und ein bis drei weitere Wolljacken als Außenschichten. Zudem lernten wir bald, uns möglichst durch Bewegung, also innere Körperwärme warm zu halten.

Waschen lief mittlerweile so ab. Es dauerte etwas, bis ich mir mit dem Tomahawk ein Loch in die dicke Eisdecke des Sees schlug. Dann machte ich mich zuerst am Oberkörper frei und rubbelte fleißig mit meinem Waschlappen, den ich aus einem Handtuch herausschnitt. Wieder anziehen und der Unterkörper wurde auf die gleiche Art gewaschen. Wir lernten auch eine effektive Katzenwäsche, bei der man bloß die Füße, Kniekehlen, Intimbereich, Achselhöhlen, Hände und Gesicht wusch. Das sind die wichtigsten Stellen, um sich weiterhin frisch zu fühlen. Dreieinhalb Monde vor Ende des Programms wusch ich mir das letzte Mal die Haare im See und damit war ich bestimmt einer der letzten Haarwäscher. Als ich meine halberfrierenden Hände aus den Haaren nahm und zum Handtuch griff, muss ich wohl zu langsam gewesen sein, da meine nassen Haare unter einer Minute zu einem steifen Haarblock froren! Das war eine Erfahrung, damit hatte ich nicht gerechnet und ging schnell ans Feuer.
Wir mussten jeden Morgen ein Trinkloch in den See schlagen, um Wasser zur Verfügung zu haben. Lustig sah es aus, wenn Männer gerade beim Trinken waren, da dann unsere Bärte mit kleinen Eiszapfen be-

hangen waren, ich dachte das gibts nur in Abenteuerbüchern, doch erlebte ich es am eigenen Leib und Mann spürt es noch nicht einmal. Das bemerkst du erst, wenn du an den Kids vorbeiläufst und die sich dann über dich schief lachen. Wie gesagt, bei diesem Leben sind die Anderen die Spiegel.
Interessant war auch, dass in der tiefsten Winterzeit niemand wirklich krank wurde. Dafür gab es umso mehr Verspannungen und Rückenbeschwerden. Das machte jedoch auch Sinn, da wir nur unter uns waren und wenn keiner irgendwelche Erreger hat, dann kann auch nichts umhergehen.

Frostbeule ist eine Frostverletzung am Körper. Diese Verletzung ist nur oberflächlich, leicht zu behandeln und verheilt normalerweise gut. Die schlimmere Variante nennt sich *Erfrierung* und diese kann dann auch für die entsprechenden Körperstellen wirklich gefährlich werden.
Eines unserer Kinder bekam Frostbeulen an den Füßen, das waren zwei bis drei daumennagelgroße, offene Frostwunden. Jene wurden dann mit Schuhe wärmen, Erinnerungen die Füße am Feuer zu wärmen und täglicher Zuwendung erfolgreich geheilt. Damit dies nicht wieder passierte, bekam nun jedes Kind einen sogenannten *Fußbuddy*. Im Deutschen könnte man *Fußkumpel* sagen :-) Ich war auch einer. Wir achteten darauf, dass die Kids ihre Füße sauber hielten, trockneten die Innenschuhe der Winterschuhe, da diese feucht wurden und gefrieren konnten und fragten stets nach dem Fußwärmeempfinden.
Dass die Innenschuhe der Kids nur von uns Erwachsenen getrocknet wurden, erschien mir teils unnötig. Ich traute ihnen mehr zu! Also erzählte ich abends manchmal eine Geschichte und ermutigte sie nebenbei ihre Innenschuhe selbst zu trocknen, bzw. ich einen, er einen. Nach mehreren Geschichtsabenden gewöhnten sich die Kids daran und trockneten ab und zu auch ohne Geschichte ihre Innenschuhe selbst. Yeah, geht doch!
Seit ich einen Winter in freier Natur verbrachte, verstehe ich auch das deutsche Wort arschkalt besser und kann mir dessen Ursprung gut vorstellen. Es war nämlich genauso wichtig, den Hintern warm zu halten, da auch dieser Frostbeulen oder Erfrierungen bekommen kann, wenn man zu lange mit zu wenig Unterlage auf kühlem Boden sitzt. Besonders Frauen sind für Hinternfrostbeulen anfällig, da sie meist mehr Fettgewebe haben. Manche Frauen und ein oder zwei Männer hatten die bläulichen Beulen am Hintern. Wir saßen grundsätzlich auf Fellen und

es war empfehlenswert, noch was extra drunter zu legen. Einige Frauen nähten sich zusätzlich Hüftwärmer. Ich hatte mein selbstgenähtes Kissen, das ich im Sommer mit Torfmoos befüllt hatte. Es diente mir bestens und ich hatte keine gefährlichen Kälteerscheinungen!
Ein abendliches Ritual, das der Winter mit sich brachte, war das Trocknen von Kleidung. Wir trugen Wolle, keine moderne, nässeabweisende Kleidung. Doch hauptsächlich mussten die Innenschuhe unserer Winterschuhe getrocknet werden. Da der Schuh wasserdicht war, sammelte sich Feuchtigkeit in Socken und Innenschuhen. Das war für mich manchmal lästig und brachte wieder eine Komfortschwelle mit sich.
Die letzten drei Winter hatte ich stets Lippenrisse. Dabei bekam ich so trockene und raue Lippen, dass eine Risswunde meine Unterlippe zierte. Meine Mutter machte mich des Öfteren darauf aufmerksam, dass mir wohl ein bestimmter Nährstoff fehle. War es Omega3? Oder Omega6? Omega 19? Weiß nicht mehr, jedoch schien ich nun diesen Nährstoff zu bekommen! Meine Lippen waren stets weich und enthielten genügend Fettigkeit. Ich sags ja, hast du ein Problem - Bärenfett drauf und schon ists wieder angenehm!

Ein Eintrag aus meinem Tagebuch über meinen emotionalen Komfort in der tiefsten Winterzeit:
„Die Zeit im Frostmond war wohl eine der herausforderndsten Zeiten im Wildnisjahr, wenn man das überhaupt ausmachen kann. Irgendwie fehlte jegliche Motivation, es gab keine Gruppenprojekte und ich habe Alltag in mein Leben kommen lassen. Das war noch nie ganz mein Ding und es liegt bestimmt an mir, dass es so kam, da hier viele Türen offen stehen, um etwas zu tun, doch wo war die Inspiration? Zu dieser Zeit war es sehr kalt und ich hatte mit Komfortweh zu kämpfen. Nach einer gewissen Zeit im Temperaturbereich zwischen minus zehn und minus zwanzig Grad, kommen einem nur minus fünf Grad nahezu sommerlich vor! Die beiden besten Dinge, die man dann machen kann, sind entweder am Feuer sitzen - was keine wirkliche Lösung für den ganzen Tag ist - oder Feuerholz sammeln. Zweiteres produziert innere Wärme und gewährt etwas Komfort. Die Wege zum Holzsammeln wurden länger, wir mussten immer weiter gehen, um gefallene Bäume abzuholzen. Dies steigert das körperliche Training jeden Tag auf natürliche Weise. Doch noch einmal zurück zur Kälte, hier gibt es im Winter hin und wieder ein Ereignis das sich Alberta Clipper nennt. Eine Kaltfront wie wir sie in Deutschland wohl nicht kennen. Sobald ich meine Handschuhe ausziehe ist es so kalt, dass meine Hände sofort beginnen weh zu tun. Ohne selbstgenähten Nasenschützer ist die Nase bald taub an der Spitze. Alles

gefriert sofort, jede Art von leichter Feuchtigkeit in Haaren oder Bart zeigt sich weiß und eigentlich ist es am besten bei einem warmen Feuer in der Winterhütte zu sitzen. Glücklicherweise hatten wir dieses Ereignis nicht oft. Habe mir sagen lassen, dass es Winter gibt mit über zehn Alberta Clippers. Ich kannte solche Kälte nicht und habe herausgefunden, dass es sich dabei um Temperaturen von minus dreißig Grad Celsius handelt.“

TÄTIGKEITEN

Neben unseren beiden Winterhüttenholzlagern mit extra dünnem Holz, brauchten wir auch noch ein Holzlager für den Außenbereich. Das war die Gelegenheit. „Du hast keine Ahnung.....“, sagte ich zu mir, „.....aber mach es einfach, dann weißt du wie es geht!“. Also fragte ich jemandem aus unserem Clan, der eine sichere Hand im Werk hatte und wir bauten ein paar Tage später ein wunderschönes Holzlager mit mehreren Fächern und sogar zwei Regalen für andere Dinge. Einige im Clan mussten unwillkürlich lachen über unsere gelungene *german construction* - deutsche Konstruktion, das scheint in Amerika ein Begriff für gute Qualität zu sein!

Außerdem hackte ich mir aus den gefällten Bäumen ein Stammstück, um mir einen sogenannten Packrahmen zu bauen. Das ist ein sehr effektiver, primitiver Rucksack. Man hackt dafür ein ca. ein Arm langes, handbreites Stück Holz mit senkrecht abstehendem Ast aus einem liegenden Baum. Zwei dieser Stücke werden dann mit Schnüren verbunden und können als Naturrucksack mit viel Holz oder anderer Ladung beladen werden. Ich ließ mir was einfallen und hab den ersten *Einstückpackrahmen* gebaut. Dabei habe ich ein Stück aus dem Baum geschlagen, das bereits zwei senkrecht abstehende Äste an sich hatte. Innovation ;-)

Drei mit Holz beladene Packrahmen und mein unbeladener Einstück-Packrahmen

HEILUNGSARBEIT

Die grüne Jahreszeit brachte viele persönliche und Gemeinschaftsprozesse mit sich. Oft verliefen diese Dinge nicht ganz reibungslos, vor allem da jeder seine eigenen Kenntnisse und Vorstellungen über ein Zusammenleben mitbrachte. Doch wie kommt man da auf einen Nenner?
Immer wieder hatten wir Situationen oder aufkommende Emotionen, wo die Gruppe nicht wusste, wie man damit nun umgehen sollte und jeder hat halt nach dem gehandelt wie er es kannte. Also agierten Individuen, jedoch nicht eine einheitliche Gruppe. Dann bekamen wir bestimmte psychologische Werkzeuge, damit wir alle vom gleichen Standpunkt aus handeln konnten. „Warum erst so spät", fragte ich mich. „Das hätte mal von Anfang an da sein sollen", dachte ich! Doch erkannte ich auch bald den Sinn der späten Einführung. Wahrscheinlich wären die meisten zu Beginn gar nicht so offen gewesen für all das, was die Wildnisschule zu bieten hatte. Die meisten von uns waren schließlich gewohnt, Konflikte auf ihre eigene Art zu lösen. Also mussten wir erst einmal aufeinander crashen, um dann zu erkennen, dass es so nicht funktionierte. Mit der weißen Landschaft kam auch weise Offenheit. Nun war nahezu eine Sehnsucht nach Input von außen da. Und folgende, einfache und sehr effektive Methoden sollten Wunder bewirken.

FLAGGING

Flagging bedeutet in diesem Fall so viel wie eine *Flagge hissen* oder jemanden auf etwas aufmerksam machen bzw. Bewusstsein schaffen. Das war der Grundbaustein unserer Heilungsarbeit. Sobald irgendjemandem etwas Bestimmtes auffiel, äußerte er/sie direkt was es war.
In der grünen Jahreszeit hatten wir bereits kleinere Flaggingelemente. Wir wollten stets im hier und jetzt bleiben, also sollten wir vermeiden über Dinge zu sprechen, die nicht in unserem Lebensstil enthalten waren. Wir nannten das *Outside-Stuff* - Zeug von draußen. Wenn ich mich zum Beispiel mit jemandem über ein Buch, Film, Musik, frühere Arbeit, Schulzeit, frühere Reisen, Essen welches wir nicht zur Verfügung hatten, Computerkram oder Ähnliches unterhalten wollte, kam von irgendwo her ein Flag *Outside-Stuff* und in der Regel hörten wir dann

auf, darüber zu sprechen.
Genauso war es, wenn wir über Dinge, die in der Zukunft lagen sprachen; hier hieß es dann *Future-Projection* - Zukunfts-Planung und wir würden wieder ins hier und jetzt zurückkehren.
Wenn wir deutschsprachigen Leute uns auf Deutsch unterhielten, erinnerte jemand daran, wieder Englisch zu sprechen, es war abgemacht, dass Englisch Campsprache war.
Wenn jemand bewusst oder aus Unachtsamkeit eine Hygieneabmachung nicht beachtete, wurde er/sie dafür geflagged.
Im zweiten Kapitel sprach ich über Wahrheit sprechen und Kommunikation im Kreis, sobald jemand eine dieser Abmachungen nicht beachtete, kam von irgendwo ein Flag daher.

Dann hatten wir einen Kreis, in dem wir über Sprachgewohnheiten eines jeden Einzelnen im Clan sprachen. Ich zum Beispiel begann viele Sätze mit „I feel....." oder „In the Moment.....". Also hatte ich diese beiden Redewendungen die ich als eine Art Sprachmuster verwendete, um mir Sicherheit beim Reden zu verschaffen. Wir stellten fest, dass wir Leute aus der Zivilisation an gewohnten Sprachmustern festhalten, um Unklarheit, Nervosität oder eine Wahrheit zu verdecken. „Mit den immer gleichen Redewendungen fühle ich mich sicher und habe immerhin etwas gesagt", läuft da vielleicht unterbewusst ab. Dabei muss ich nicht so viel nachdenken und darauf schauen, wie es wirklich in mir aussieht. In meinem Fall hört sich *ich fühle* natürlich immer ganz gut an. Zum Beispiel „Ich fühle, dass ich nicht weiß, was ich sagen soll?". Das hört sich so gut an, dass die wenigsten sehen, was wirklich hinter dieser Aussage steckt. Hier kommt Wahrheit hören ins Spiel. Erstmal ist *nicht wissen, was man sagen soll* kein Gefühl! Hier vermeide ich mein tatsächliches Gefühl z.B. Verwirrung, offen preis zu geben. Hinter dieser Verwirrung könnte zum Beispiel Wut stecken, die ich mich nicht traue zu zeigen. Hinter dieser Wut wiederum ist eventuell dann Angst. All das kann ich mit einfachen Redewendungen so verkleiden, dass jeder in meiner Umgebung das Gefühl hat zu wissen, was bei mir gerade los ist. Dabei habe ich nichts preisgegeben und wenn ich den Satz „Ich fühle, dass ich nicht weiß, was ich sagen soll" übersetze, hört sich das in den Ohren des Wahrheit-hörens so an „Ich bin nicht wirklich mit mir verbunden und habe Angst meine Wahrheit auszusprechen". So gut wie jeder von uns hat irgendwelche Sprachmuster, um seine eigentliche Wahrheit zu verbergen.

Weitere sehr beliebte Angewohnheiten sind *äh* und *ähm*. Achte einmal darauf, wie oft Leute diese Wörtchen in ihren Satz einbauen, um Unklarheit zu überdecken oder Zeit zu gewinnen. Im westlichen Sprachverhalten sind wir es nicht mehr gewohnt, uns einen Moment der Klarheit zu nehmen bevor wir sprechen. Nach meinen Beobachtungen wird das als Schwäche ausgelegt, also schießen wir los „Ähm, ich war nur schnell, äh..........draußen weil ich, äh..........“. Ja warum hab ich eigentlich so gehandelt, wie ich es tat? Wer von uns geht noch so bewusst durchs Leben, dass er in den meisten Situationen sagen könnte warum er gerade tut, was er tut? Viel unseres Benehmens basiert auf vorgefertigten Gewohnheitsmustern und dies spiegelt sich sehr deutlich in unserer Sprache. Um eine direkte Sprache miteinander zu entwickeln, machten wir uns also auf unsere Sprachmuster aufmerksam. Jeder im Clan wurde für zwei bestimmte Redewendungen oder Wörter geflagged. Manche änderten ihre Sprache, andere verwendeten immer wieder ihre alt eingefahrene Sprache. Alte Muster sterben langsam!

Anfangs war das Flagging nicht für jeden leicht zu nehmen. Ich spürte in mir allerlei aufkommen, wenn mich jemand auf etwas aufmerksam machte. Bestimmt war Schuld, also das Gefühl etwas falsch gemacht zu haben oder ertappt worden zu sein, an erster Stelle. Aber auch Gedanken darüber, ob *die* mich kontrollieren wollten, kamen auf. Wie gesagt, die Ego-Dämonen sind stark und es ist überaus wichtig, sich gegenseitig zu vertrauen beim Flagging.

Als dann einige im Clan die enorme Hilfestellung des Flaggings erkannten, kamen sie sogar von selbst zum Kreis und fragten „Könnt ihr mich bezüglich diesem oder jenem Verhalten Flaggen, ich möchte dieses Muster durchbrechen“. Wenn ich zum Beispiel die Angewohnheit habe, mehr zu essen, als sich für meinen Körper gut anfühlt, kann ich danach fragen, diesbezüglich aufmerksam gemacht zu werden und am Abend, wenn ich nach meiner zweiten vollen Schale mit Essen noch einmal zu den Töpfen ginge, würde eventuell jemand kurz das Wort *Überessen* aussprechen und ich hätte die Chance, an meinem Verhalten bewusst zu arbeiten. Denn nun ist das Muster an der Oberfläche, ich kann eigentlich nicht mehr davor abhauen, eigentlich! Es liegt nun an mir, Verantwortung für mein Verhalten, das ich ändern möchte, zu übernehmen. Ich sage, dass Flagging nur für Diejenigen ist, die wirklich an sich arbeiten und etwas verändern wollen!

Im Folgenden möchte ich unsere Top drei vorstellen, auf was wir uns gegenseitig aufmerksam machten. Es handelt sich dabei um Verhaltensmuster, die jeder, ich wage zu sagen ohne Ausnahme, in sich trägt:

NACH AUßEN BEZIEHEN

Im englischen gibt es dafür ein Wort, nämlich *Externalisation.* Wir machten uns gegenseitig darauf aufmerksam wenn jemand innere Dinge nach außen projizierte. Wenn ich zum Beispiel sage, dass es mir schlecht geht, da es regnet, übernehme ich nicht die volle Verantwortung für mein Wohlbefinden! Noch beliebter, wer kennt das nicht, du bist emotional nicht in der Mitte und schiebst deine Laune auf Leute in deinem Umkreis. „Weil du laut bist, habe ich Kopfschmerzen und fühle mich nicht gut". Es ist so einfach das Unheil im Außen zu finden. Dabei finden wir meist nur Illusion, da das Unheil eigentlich in uns selbst steckt. „Darf ich dann gar nicht äußern, wenn mich etwas stört?", genau das fragte ich mich auch zuerst und dachte, dass sich dies doch mit Wahrheit sprechen beißt!? Nein eben nicht, da meine Wahrheit des letzten Beispiels doch so aussieht „Ich habe Kopfschmerzen, da ich nicht gut auf mich geachtet habe - vielleicht wenig Schlaf oder zu wenig Wasser getrunken - und bitte dich etwas leiser zu sein" oder man könnte auch einfach in ein anderes Zimmer wechseln. Wie auch immer, es ist wichtig in die Eigenverantwortung zu gehen!

OPFERHALTUNG

Diesen Begriff nannten wir *Victimization.* Das eben beschriebene *nach Außen projizieren* wird in den meisten Fällen durch eine entsprechende Opferhaltung bestärkt, um das Schuldpaket für die andere Person noch zu verstärken. Opferhaltung ist eine Manipulation, welche die meisten von uns in Kinderjahren entwickeln, um ihre Bedürfnisse zu befriedigen. Als Kleinkind mag es vielleicht wichtig und richtig sein zu weinen, wenn ich hungrig bin oder eine volle Windel habe. Schließlich kann ich mich noch nicht auf deren Sprache verständigen und sie verstehen meine Körpersprache irgendwie nicht. Also merkt sich das Kind, dass was passiert, wenn es weint. Das zieht sich dann durch die Kindheit, in der eine professionelle weinerliche Stimme entwickelt wird, um vielleicht gerade ein Eis zu essen, statt Kartoffeln mit Gemüse, bis hin in die

Jugend und bei den meisten auch ins Erwachsenenalter und bis ins Grab. Selbst dort würden sich einige noch beschweren warum es hier eigentlich so dunkel ist und außerdem hat man da ja gar keinen Platz!..........wenn sie könnten. ;-)
Im groben gibt es zwei Arten von Opferhaltung. Zum einen die passive Opferhaltung in Form von manipulativer Trauer. „Mir geht es so schlecht, weil du nie nett zu mir bist“ oder „Ich bin total überfordert mit diesem Kind, immer muss es schreien!“ oder „Meine Arbeit ist so anstrengend und auslaugend, warum bin ich immer der Blöde, der all diese idiotischen Dinge erledigen muss!“ und das Wetter ist sowieso an allem schuld - STOP!!!
Komm in deine Kraft, übernimm Verantwortung für dein Glück. Ein weiser Mann lehrte mich einst, es gäbe bloß zwei Sorten von Menschen. Diejenigen, die sich beschweren und die Anderen die handeln. In jedem Moment habe ich die Wahl, zu welcher Sorte Mensch ich gehören möchte! Dies saß tief bei mir und als ich das hörte, verfiel ich erst einmal in eine Opferhaltung, da ich nicht wusste, wie ich was ändern konnte? Zu aller erst musste ich lernen, dass ich viele Dinge nicht von heute auf morgen ändern kann, schließlich habe ich mich ja meist auch über lange Zeit hinweg in diese Lage eingefahren. Wenn mir mein Job nicht passt, mach ich was anderes! Ich trainiere aufzuhören mich zu beschweren! Ich kann förmlich fühlen, was jetzt in dem Ein oder Anderen abgeht. „Das sagst du so einfach, ich habe Familie“ oder „Es gibt doch eh nichts besseres“ oder oder oder. Ich habe schon viele Menschen beobachtet, die etwas in ihrem Leben änderten, ob alleine, mit Familie, mit Krankheit oder was auch immer. Nur Diejenigen, die wirklich bereit sind, etwas in ihrem Leben zu ändern, werden es auch tun und schaffen. Die meisten werden jedoch in ihrem Beschwerdedasein bleiben..........und sich als Opfer des Lebens, der Gesellschaft oder ihres Chefs/Ehepartners/Kinder fühlen.
Ich bin mir bewusst, dass viele meiner früheren Entscheidungen mich in bestimmte, unangenehme Situationen brachten und nur ich selbst mich dazu entscheiden kann nun etwas anders zu machen.

Zum anderen gibt es noch die aktive Opferhaltung, die sich in Form von manipulativer Aggression zeigt. Wenn ich beispielsweise laut schreie „Hör endlich auf damit!“, verwende ich Wut, um sicherzustellen, dass das, was ich möchte, auch passiert. Drohen oder körperliche Übergriffe sind häufig Ausdruck von höchster Opferhaltung. Hier wurde vielleicht

in der Kindheit oder Jungend ein Muster entwickelt, mit Aggression seine Bedürfnisse befriedigt zu bekommen.
Da der Mensch erfindungsreich ist, haben die meisten Leute Mischformen aus weinerlicher und wütender Manipulation entwickelt und kommen damit in unserer Gesellschaft auch ganz gut durch.
In unserem Clan sprachen wir über all diese Dinge und begannen uns diesbezüglich zu Flaggen. Wow, das war hart! Jetzt stell dir vor, du bist eh schon voll im Opfermodus und dann sagt dir noch jemand ganz rational und knapp *Opferhaltung*. Da kommt es schon mal vor, dass sich die Spirale weiter nach unten dreht und ich noch mehr zum Opfer werde bzw. mich mache. Ziel war es aus diesen, nicht mehr nötigen, Kinheits-ichkannnursomeinebedürfnissebefriedigen-Muster auszusteigen. „Dreh es um", sagten wir „genau jetzt", das heißt sobald du merkst, dass du in einer Opferhaltung bist, geh gleich wieder raus und sei ein Verantwortung übernehmender Erwachsener. Entweder sprich deine Wahrheit oder handle so, dass dein Bedürfnis einen Platz findet. Am besten vorausschauend handeln, so dass Opfersituationen vorgebeugt wird!
Der *Victimization-Flag* war hartes Brot und brachte mit die stärksten Emotionen zu Tage.

BEUNFÄHIGEN

Wenn man den englischen Begriff *enabling* genau übersetzt, wird man wohl *ermöglichen* im Deutschen sagen. Doch so, wie wir im Clan diesen Begriff verwendeten, trifft es meiner Meinung nach das Wort *ermöglichen* nicht ganz und ich schuf das Wort *beunfähigen*; was *Jemanden in einem ungesunden Verhaltensmuster unterstützen* bedeutet. Was gesund bzw. ungesund ist, bemisst sich in jedem Fall neu und wird am Ziel/Vision der Beteiligten bemessen.
Beunfähigen ist in meinen Augen eines der fatalsten gesellschaftlichen Verhaltensweisen. Denn unter dem Deckmantel von Liebe und Fürsorge versteckt sich hier Egoismus und Eigennutz. Immer mehr Menschen der westlichen Welt leiden an Helfersyndromen, dabei möchte ich mich nicht ausnehmen! Na klar, oberflächlich gesehen sieht Hilfe und das Erledigen für Andere sehr toll aus und gehört ja auch irgendwie zur Etikette.
Am besten ich beginne mit einem Beispiel aus meiner Vergangenheit.

Bereits als Kind lernte ich von meiner Mutter ein sogenanntes gutes Benehmen, vor allem in Gesellschaft, und einen respektvollen Umgang mit Anderen. Das ist an sich auch gut so. Ich denke kritisch wird es dann, wenn man sich ansieht, was allgemeingültig als gutes Benehmen angesehen wird.
Als ich eines Tages in meiner Studienzeit mit Kollegen im Wald war, um Eisenröhren mit einem schweren Hammer in den Boden zu schlagen, sodass wir Bodenproben entnehmen konnten, passierte folgendes. Wir waren fertig und meine Kollegin wollte den schweren Hammer zum Auto tragen. Höflich, wie ich es gewohnt war, fragte ich sie, ob ich ihr den Hammer abnehmen könnte. Doch unerwartet fragte sie gegen „würdest du mich auch fragen, wenn ich ein Mann wäre?"......ich antwortete direkt mit „.....ähhhhhh.....hmmmmmm.....wie?". Ich wollte doch bloß nett sein und anwenden, was ich über die Jahre antrainiert hatte! Nach einem kurzen Gespräch, in dem ich mein Unverständnis preis gab, erklärte sie mir folgendes „Weißt du, wenn mir immer jemand was abnimmt und ich eines Tages vielleicht ohne jemand sein sollte, dann habe ich ja gar keine Kraft entwickelt, um selbständig (Verantwortung) zu tragen!". Ich musste erst ein Wildnisjahr machen, um sie wirklich zu verstehen und die Weisheit ihrer Worte zu durchleuchten. Wenn jemand tatsächlich Hilfe benötigt, ist es wohl ein Akt des Mitgefühls zu unterstützen. Wenn man jemandem hilft, obwohl der Andere ohne Probleme das Anliegen auch selbst erledigen kann, sollte man sich folgende Fragen stellen „Helfe ich, um Anerkennung zu bekommen" und „Möchte ich, dass mich dadurch Andere respektieren und lieben?". Mir ist klar, dass wir uns hier auf dünnem Eis bewegen, da viele Dinge zu zweit auch einfach mehr Spaß machen. Doch das möchte ich auch gar nicht bestreiten. Vielmehr geht es um die bewusste bzw. unbewusste Absicht von Hilfe!

OPFER - TÄTER - BEZIEHUNG

Opferhaltung und Beunfähigen sind das Dreamteam der gesellschaftlichen Tragödie! Nachfolgend möchte ich dies an zwischenmenschlichen Beziehungen und dem zivilisierten Umgang mit Kindern verdeutlichen.

In einer Paarbeziehung sind oftmals Aufgaben klar verteilt. Das hat auch

einen ganz praktischen Sinn, da jeder entsprechende Talente hat und man sich dadurch gut ergänzen kann. Vor allem wenn Dinge schnell und effektiv gehen müssen, ist es besser, denjenigen ran zu lassen, der es besser kann, ok. Doch gibt es so viele Situationen, in denen sich Paare, Dinge abnehmen und dadurch dem Anderen die Chance nehmen zu wachsen! Wenn zum Beispiel *Er* immer Auto fährt und *Sie* den Autoschlüssel das letzte Mal vor der Jahrtausendwende in der Hand hatte, dann wird *Sie* ihre Fähigkeit, Auto zu fahren mehr und mehr verlernen. Vielleicht kommt *Sie* irgendwann in die Situation, wo *Sie* fahren muss - angenommen *Er* hätte sich verletzt o.ä. - und ist dann unsicher. „Kannst du nicht irgendwie....." oder „Ich kann das nicht!" kommt dann. Wahrscheinlich fallen diese Sätze, während *Sie* voll und ganz in die Rolle des Opfers geht. *Er* wird eventuell genervt und sagt ihr verurteilende Worte. Die Krise ist perfekt, denn *sie* verfällt dadurch noch mehr in ihr Opferdasein und *Er* wird immer wütender – auch Opferhaltung!
Doch wo hat alles begonnen? Vor vielen Jahren, als die beiden einen unausgesprochenen Pakt miteinander schlossen, wurde festgelegt, dass *Er* fährt und *Sie* mitfährt. Ein Teil des Dilemmas ist auf beiden Seiten zu finden, da *Sie* damit all ihre Verantwortung abgab „.....schön, muss ich mich nicht mehr drum kümmern" und *Er Sie* dabei auch noch total unterstützt hat - Beunfähigung! „.....ich will nicht, dass sie fährt, ich kann das eh besser". Dass beide irgendwann als Opfer da stehen, war klar und beide haben es ermöglicht.

Natürlich sind die Folgen nicht immer schlimm, wie bei einem erwachsenen Freund, der eines Tages tatsächlich seine Frau anrufen musste, um sie zu fragen wie die Waschmaschine funktioniert, doch gibt es hier zwei wichtige Aspekte. Zum einen, dass Beunfähigen oft schwerwiegende Folgen haben kann und zum anderen wird vermieden, dass der Beunfähigte sein Potential entfalten kann.
Beim Umgang mit Kindern wird das, denke ich, sehr deutlich. Wer kennt diese weinerlichen und quietschigen Kinder, die mit Krokodilstränen am Rockzipfel ihrer Eltern hängen und ein sich ständig wiederholendes „Ich will abaaaa!" von sich geben? Das könnte die Folge von jahrelangem Beunfähigen sein und passiert, wenn man einem Kind ständig die Chance nimmt, Verantwortung zu übernehmen und ihm/ihr wenig allein zutraut. Auch hier wieder Vorsicht, es gibt Dinge, bei denen es gut und wichtig ist ein Kind zu unterstützen und es gibt eben auch andere Dinge..........

Ich denke es macht Sinn, wenn ein Dreijähriger nach etwas zu trinken fragt, es ihm zu geben. Macht das immer noch Sinn, wenn ein Siebenjähriger mich das fragt und ich es ihm dann in der Küche hole? Vorausgesetzt er weiß, wo alles steht. Meine Beobachtungen zeigen mir, dass dann so etwas wie ein kleiner Pascha in ihm gefördert wird. Und so verhält er sich dann auch, launisch, unfähig, weinerlich und wütend!
Hilfe zur Selbsthilfe ist wohl die beste Unterstützung die ich geben kann. Das ist nachhaltig und bringt meinen Gegenüber in die Kraft. Ich weiß, alles so einfach gesagt, ich selbst kuriere gerade chronische *Enablitis* und bin erstaunt, was passiert, wenn ich damit aufhöre! Wer ein langzeitiges Beunfähigungsverhalten stoppt, handelt so, wie ein Drogendealer, der plötzlich seinem abhängigen Kunden nicht mehr seine Ware liefert. Entzugserscheinungen wie starke Wut und Trauer werden fast immer die Folgen sein. Leider halten das die meisten Vollzeitbeunfähiger nicht aus und erliegen wieder ihrem Mitleid.

Genauso wie wir Opferhaltung im Clan flaggten, machten wir uns auf Beunfähigen aufmerksam. Entweder verbal, indem man es sagte, sobald man es wahr nahm oder unauffällig mit einem Handzeichen bei dem man drei horizontale Finger zeigte, was dann ein E wie enabling darstellen sollte.
Ich persönlich kann allen Paaren, Freundschaften und Familien nur wünschen, es zu trainieren, sich nicht mehr gegenseitig zu beunfähigen und zur gleichen Zeit keine Opferrollen mehr einzunehmen. Dies werden wahrscheinlich nur die erreichen, die voll in ihrer Kraft sein möchten und zur gleichen Zeit Menschen an ihrer Seite haben wollen, die kraftvoll sind. Beides liegt in der Verantwortung aller Beteiligten. Aho.

CO - ABHÄNGIGKEIT

Verhältnisse wie eben geschildert nennt man auch Co-Abhängigkeit. Eine ungesunde Abhängigkeit. Um noch einen Schritt weiter zu gehen, sprachen wir im Familienjahr über mehrere solcher ungesunden Abhängigkeiten. Hier Beispiele in denen Täter- und Opfer-Verhalten meist eine große Rolle spielen:
Alle Arten von Neid oder Eifersucht sind emotional abhängige Verhaltensweisen. Wer sein emotionales Wohlbefinden von den Hand-

lungen anderer stark ins Schwanken bringen lässt, der sollte sich überlegen, warum das passiert und wie die Abhängigkeit gestrickt ist.
Mit die intensivsten Co-Abhängigkeiten findet man, wenn Mensch auf Haustier trifft! Ich meine mittlerweile schon an der Stimmlage beim Satz „Ach bist du aber ein feiiiiiiiiiner" zu hören, welch ungesunde Beziehung die beiden haben. Wer kennt nicht die klassische zehn-Kilogramm-Katze, welche seit Jahren überfüttert wird und nach wenigen Tagen auf sich allein gestellt sterben würde? Ohne die Fähigkeit zu jagen, ist eine Katze allein im Freien verloren.
Wie abhängig sind wir Menschen in unserer zivilisierten Welt vom Supermarkt geworden? Ohne Nahrungsmittelläden würden wir wahrscheinlich binnen kürzester Zeit dahin sein. Bestimmt sind diese Abhängigkeiten für den Ein oder Anderen so normal, dass vergessen wird, dass wir Menschen uns vor nicht allzu langer Zeit noch selbst versorgen konnten.
Genauso müssten die Meisten erfrieren, wenn sie plötzlich kein Dach mit vier Wänden mehr um sich hätten. Der meiste Komfort unserer Zeit bettet uns in heftige Abhängigkeiten, die uns auf lange Sicht schaden können. Wie in den vorherigen Beispielen, weiß dann keiner mehr wie man in eine schwere (Opfer)Lage hingeraten ist? Ich denke, der Komfort unserer Zeit ist nichts Schlechtes an sich, eher unsere Art damit umzugehen. Dauerkomfort ist so, wie wenn immer die Sonne scheinen würde, man denkt irgendwann nicht mehr darüber nach bzw. weiß es vielleicht gar nicht mehr zu schätzen. Erst ein Regenguss oder ein langer Winter lassen uns die warmen Sonnenstrahlen wieder so richtig bejubeln! Zudem macht Dauerkomfort so weich, dass wir bereits zum Opfer vom kleinsten Diskomfort werden. Kennst auch du *Immerfrierer*, welche außerhalb von Kuschelcouch und Zimmertemperatur sich stets unbequem fühlen?

Zurück zum Flagging. Wie gesagt war es nicht leicht, auf oben genannte Dinge aufmerksam gemacht zu werden. Unser tief eingebettetes Schuldmuster zwingt uns nahezu zu einer bestimmten Reaktion, sobald jemand uns flagged. Diese Reaktion nannten wir *Defensiveness* - Verteidigung. Fast jeder hat den Drang, sich zu verteidigen oder zu rechtfertigen, sobald er auf sein Verhalten hingewiesen wird. Das war erst einmal ein Problem in unserer Flaggingarbeit, da somit das Ego die Chance hatte, den Kopf wieder aus der Schlinge zu ziehen und sich nicht dem gespiegelten Verhalten zu stellen. Also Vermeiden von Arbeit

an sich selbst. Ich gebe zu, es ist unangenehm, ganz offen in seiner Schwäche erkannt und benannt zu werden, doch kann auch genau dies der Antrieb sein, über sich selbst nachzudenken und was zu ändern. Was schnell vergessen wird, ist, dass ein Flag eine Hilfestellung ist und keine Bloßstellung. Einfach ein Angebot, über sich selbst zu reflektieren.
Da auch alle Theorie nicht half und emotionale Reaktionen immer wieder die Flags entschärften, fuhren wir größere Geschütze auf. Und zwar einigten wir uns darauf, den Flag einfach anzunehmen. Jetzt wurde es spannend, denn wenn ich mich ab sofort wieder für mein Verhalten rechtfertigte, dann kam gleich darauf ein nächster Flag, der *Verteidigung* lautete. Es gab keine Toleranz mehr für Flaggingflucht. Nach etwas innerem Training bemerkte ich sowie einige Andere, dass es am besten war, einer Person, die mich geflagged hatte, einfach zu danken und den Spiegel anzunehmen. Ein Flag bedeutet schließlich nicht, dass das, was da genannt wurde, auch so ist. Ich bekomme jedoch die einmalige Gelegenheit, anzusehen wie ich drauf bin. Wo gibts denn solch einen ehrlichen Service noch? Statt einem Etikettelächeln, sich seinen Teil zu denken und nicht in Kontakt zu gehen, entsteht hier die Möglichkeit echt zu sein!
Nicht in Kontakt gehen ist das nächste Stichwort. Es gehört auch jede Menge Mut dazu, jemandem einen Spiegel vorzuhalten, da manche Flags große Egoreaktionen hervorrufen können. Cool bleiben, das Verhalten ignorieren, doch nicht die Person. Er/Sie meint es wahrscheinlich nicht so. Ungesunde, liebgewonnene Verhaltensmuster wehren sich oft noch stark gegen ihr längst überfälliges Verfallsdatum!

TRAUMARBEIT

„..........ich hatte im vergangenen Mond drei Träume, in denen ich zu fliegen begann, in einem war mir sogar bewusst geworden das ich gerade träume und entschied mich dann dazu, zu fliegen, schließlich ist im Traum alles möglich. Meine Botschaft war, dass ich zu mehr fähig bin, als mir bewusst ist, ich muss nur daran glauben was ich möchte, dann kann ich es auch erreichen.
Im anderen Flugtraum nahm ich in einem Kreis mit Menschen sitzend, plötzlich fliegend die Adlerperspektive ein und bekam eine objektive Sicht auf die Dinge. Im dritten Traum flog ich über Autos von der einen Straßenseite auf die Andere. Immer wieder tat ich das, doch das Interessante war, dass mich keiner wahrgenommen hat,

meine Magie blieb praktisch ungesehen. Alle drei Träume fühlten sich gut an...........“

Wir erlernten auch eine spezielle Art unsere Träume zu deuten. Unser Traumselbst verbindet uns des Nachts mit dem Urwissen unserer Ahnen, welche im Traum zu uns sprechen. In der Nacht verarbeiten wir viele Emotionen, die wir am Tage gar nicht alle verarbeiten können. Wir lernten Traumdeutung, wie es die Indianer wohl taten, dabei spielen die eigentlichen Bilder weniger eine Rolle, als vielmehr die Gefühle, die im Traum entstehen. So kommt es, dass wir manchmal wildeste Sachen träumen, dies jedoch nur den Sinn hat, bestimmte Gefühle zu erzeugen. Jeder hatte einen Traumpartner im Clan, mit dem er morgens seine Träume teilte. Ich erzählte ihm meine Träume und er versuchte so präzise wie möglich, mir diesen Traum zurückzuerzählen. Dabei hatte ich noch einmal die Möglichkeit, den Traum bewusst zu hören und zu durchleben, sowie auf meine Gefühle zu achten, während das Kopfkino lief.

Mich beeindruckte, wie privat und intim der Austausch war! Träume können viel über einen Menschen sagen, wenn man sie zu deuten weiß. So werden Verhaltensmuster einer Person identifiziert und am Tag kann man mit dem Muster arbeiten.

Mehr als zwei Monde teilten wir täglich unsere Träume und nannten uns scherzend Dreamteam. Wie gesagt waren wir erstaunt über unsere tiefe Verbindung dadurch. Acht Monde kannten wir uns eher oberflächlich und auf einmal wusste ich besser Bescheid über sein Gemüt und wo er gerade im Leben stand als jeder andere im Clan. Wie war das möglich? Zum einen war es die Beharrlichkeit, mit der wir das Träume teilen jeden Tag angingen, obwohl es so viel Anderes zu tun gab. Zum anderen spürte ich die Verwandtschaft unserer Seelen und dass es kein Zufall war, dass wir ein Team waren. Unsere Traumbotschaften galten zu meist nicht nur für den, der den Traum hatte, sondern auch für den Anderen.

Es ist schwer, dies mit Worten zu beschreiben, doch kann ich hier ein paar grundlegende Dinge erklären, wie unser Clan das Deuten von Träumen erlernte. Die Erfahrung zeigte, dass es gerade zu Beginn sehr wichtig ist einen Traumpartner zu haben. Dieser dient dir als (relativ) neutraler Spiegel. Das kann entscheidend sein, da Botschaften nicht immer angenehm sind und unser Ego Dinge verdrehen oder beschönigen möchte, sobald etwas Tiefes, ungeschminkt Direktes aus unserer Botschaft hervor geht.

Mir hilft es, mich am Abend zuvor, darauf einzustellen, meine Träume zu erinnern. Praktisch ist es auch, sofort nach dem Erwachen alles nieder zu schreiben, da die Bilder schneller verschwimmen als uns lieb ist.
Im ersten Monat erzählte stets Einer aus unserem Team seinen Traum und der Andere hatte die Aufmerksamkeitsübung genau zuzuhören und den Traum so gut wie möglich nachzuerzählen. Dabei bekommt man noch einmal die Chance, genau hinzuspüren welche Gefühle die Bilder hervorriefen. Diese Übung dient vor allem dazu, die Fähigkeit des Zuhörens zu schulen, welche am wichtigsten ist bei dieser Arbeit, ob zu zweit oder alleine!
Nach dem ersten Mond übersprangen wir das teils mühsame Traum-rück-spiegeln. Gerne hätten wir das schon früher gemacht, doch merkten wir im Laufe der Wochen wie wichtig dieser Punkt war. Stattdessen beschränkten wir uns nun darauf, nur noch die Gefühle der Traumsequenzen des Anderen widerzuspiegeln Die Person, welche die Möglichkeit hat, seinem Traum und den darin auftretenden Gefühlen noch einmal zu lauschen, durchläuft dabei folgende Schritte:

1. Welches Gefühl kommt im Traum auf und was bewirkt dieses Gefühl?
Wann ändert sich dieses Gefühl und warum?
Hierbei sollte eine Kette von Gefühlen entstehen, der Grund, warum jedes Gefühl aufkommt, genannt werden und besonders der Grund für Gefühlsänderungen beachtet werden. Welchen Auslöser hat die Gefühlsänderung?

2. Wo siehst du diese Gefühle und Gefühlsänderungen in deinem Leben?
Suche die Verbindung zu deiner aktuellen Situation und/oder erkenne allgemeine Muster aus deinem Leben.

3. Achte besonders auf das Ende des Traumes, kurz vor dem Erwachen, jedes Detail kann wichtig sein. Hier erhältst du manchmal eine klare Botschaft die du als Führung für den Tag bzw. dein Leben nutzen kannst. Die Botschaft, ist einfach, direkt und geht mit deiner Herzensstimme in Resonanz.

Die Träume während der ganzen Nacht geben Verhaltens- und Le-

bensmuster preis, der Schluss jedoch - auch *Prophetisches Ende* genannt - ist eigentlich alles was du brauchst. Es ist schön, einige deiner Träume zu durchleuchten, doch mach dir keinen Kopf, wenn du dich nicht an alle Träume erinnerst. Ich z.B. wurde vom Clan als jemand mit natürlicher Gabe zur Traumdeutung gesehen, doch fällt es mir oft schwer, meine eigenen Träume zu erinnern!
Aus meiner Erfahrung ist es wichtig den ersten, der oben genannten Punkte immer wieder zu wiederholen, bis wirklich eine ganz klare Kette aus Gefühlen mit ihren jeweiligen Gründen genannt werden kann. Wer hier wischiwaschi arbeitet, wird nicht alles von seinen Träumen erfahren. Die traumspiegelnde Person ruft seinen Gegenüber so lange auf, die Gefühlskette zu wiederholen, bis dieser klar und deutlich alles nennen kann. Fast jedes Mal wenn ich mit meinem Clanfreund Träume wechselte, hieß es an dieser Stelle „.......und noch ein letztes Mal wiederholen, klar und deutlich! - und wir mussten beide schmunzeln.....
Es ist wichtig, dass der Traumpartner immer wieder Fragen stellt und auf diese Weise denjenigen, dessen Traum gerade gedeutet wird unterstützt, sich mehr und mehr mit seinem Traum zu verbinden.

Hier ein Beispieltraum:
Ich sitze am Tisch mit meinen Freunden und wir haben einen gemütlichen Abend, reden, lachen und tauschen uns aus. Mein Grundgefühl hier ist FREUDE. Grund ist eine gute Verbindung zu Anderen.
Plötzlich reagiert ein Freund am Tisch auf etwas, dass ich gesagt habe, mit Verärgerung und beginnt mich zu beleidigen. Ich fühle ANGST um meine Person (Angriff) und reagiere mit WUT (Verteidigung). Anschließend esse ich alles auf, was auf dem Tisch steht und spüre ein VERLANGEN nach (herzlicher) Verbindung.
Die Gefühlskette ist also: Freude, da gute Verbindung / Angst bzw. Wut, da verbaler Angriff / Verlangen, da fehlende Verbindung.
Der Schlüssel in diesem Beispiel liegt in der Gefühlsänderung von Freude zu Angst bzw. Wut. Was bringt mein Gemüt von Freude zu Wut? Der verbale Angriff oder allgemeiner gesagt, Disharmonie. Und was ist die Folge? Verlangen nach Verbindung.....
Nun könnte man mit diesem Muster in seinem Leben nach Situationen graben, die eventuell zutreffend sind. Zum Beispiel als ich vor ein paar Tagen nach Hause kam, voller Freude, war das erste, was mein Partner mir entgegen brachte, ein Vorwurf, warum ich so unordentlich sei. Sofort reagierte ich mit Wut und fühlte mich anschließend unverbunden.

Was passiert hier? Eine Gefühlsänderung, als ich mich verbal angegriffen fühle und als Folge habe ich ein Verlangen nach Verbindung. Um dieses Verlangen zu stillen, esse ich etwas oder rauche eine Zigarette, statt in Kontakt zu gehen - emotionales Überdecken!

Der oben geschilderte Traum kann mir helfen, genauer darauf zu achten, was mit mir passiert, wenn meine Freude sich zu Wut wandelt und welche Folgen dies hat. Allein diese Auskunft gibt mir viel Raum, um an mir und meinen Verhaltensmustern zu arbeiten. An diesem Punkt endet Traumarbeit, welche Dinge aufzeigen kann und die psychologische Arbeit beginnt. Jeder kann selbst entscheiden, wie weit er hier gehen möchte.

Ein Beispiel für ein prophetisches Ende ist folgender Traum, der mir gegeben wurde:
Am Ende des Traumes lief ich mit einem mir unbekannten Freund - im Traum waren wir Freunde - durch das Dorf, in dem ich aufwuchs. Wir kannten uns noch nicht lange und hatten gleich eine gute Verbindung. Nahe einem Spielplatz kamen wir an einem Haus mit Garage vorbei. Die Garage stand offen und mein Freund sagte „Siehst du den bunten Papagei in der Garage?"
Ich blickte kurz zur Garage, da war jedoch kein Papagei, doch wollte ich unsere gute Verbindung nicht unterbinden und im Flow bleiben. Somit sagte ich spontan ja.....
Er antwortete „Aber da ist doch gar kein Papagei!"
Peinlich berührt dachte ich im Traum folgenden Satz „Warum sage ich JA um anderen Leuten gefällig zu sein?" Das Wort *gefällig* sein gefällt mir nicht ganz, darum hier die englische Übersetzung, wie ich sie träumte „Why do I say YES to please other People?"
BUFFFFF und im nächsten Moment erwachte ich, die Traumbotschaft lag direkt vor mir! Einfach, direkt und klar ersichtlich in meinem Leben (Resonanz mit Herzensstimme).
Hier noch ein paar weitere Aspekte der Traumdeutung:

A. Deute Träume nach Innen, nicht nach Außen. Das heißt, wenn ich von einer Person träume und diese mich im Traum beleidigt, macht es wenig Sinn zu sagen „Hah! Hab ichs doch gewusst, das macht er jedes Mal wenn wir uns sehen, sogar mein Traum sagt mir, dass er ein Arsch ist!"

Vielmehr habe ich hier die Möglichkeit, zu sehen, welchen Aspekt meines Selbst diese Person in mir repräsentiert und wie ich damit auf gute Weise umgehen könnte.

B. Auf Herzensstimme achten. Im ersten Traum, als ich begann, alles auf dem Tisch aufzuessen, habe ich dieses Gefühl gehabt oder vielmehr eine Art Wissen, dass es eigentlich keine gute Idee ist alles zu essen. Dies könnte ein Hinweis sein, dass emotionales Überdecken eher kontraproduktiv für mich ist und mein Inneres genau darüber Bescheid weiß!

C. Erkenne Metaphern. Neben den Gefühlen wird hier auch (sekundär) auf Metaphern geachtet. Beispielsweise laufen alle in eine Richtung, doch ich laufe in die entgegengesetzte Richtung. Wo sehe ich das in meinem Leben? Vorsicht hier nicht zu sehr an Bilder anhaften, da es bei dieser Traumdeutungsmethode hauptsächlich um Gefühle geht!

D. Entdecke deine Traumselbste. Dies ist eine tiefe Übung, bei der du in die Rolle bestimmter Charaktere deiner Träume schlüpfen kannst. Dabei fühlst du dich komplett in diese Person ein und beginnst zu sprechen mit „Ich bin......“, dann erzählst du, wer du bist, was du fühlst und sprichst sogar Dinge aus, die nicht im Traum auftauchten. Es geht darum, ein Bild dieses Aspekts (Person) zu bekommen. Im Beispiel am Tisch könnte ich der Freund, der mich verbal beleidigte, werden und herausfinden, dass er sich von meinem Verhalten in die Enge getrieben fühlte, dies ihm unangenehm war und er Dampf ablassen wollte. Auf mein Leben bezogen könnte ich dann sehen, wie ich z.B. Unordnung in meinem Haus hinterließ, dies mir unbewusst unangenehm war, als ich heim kam und begann, mich mir selbst gegenüber zu verteidigen. In diesem Fall Wut auf mich selbst.

E. Teile deine Träume mit deiner unmittelbaren Umgebung, Freunden, der Gemeinschaft, der Familie. Die Indianer sagen, dass jeder Traum eines Einzelnen, eine Botschaft für den ganzen Clan ist.
Es bedarf einiger Übung, Träume auf diese Art zu deuten und nicht umsonst nannten wir es Traum*arbeit*. Nur wer dran bleibt, wird immer ein Stück besser werden. Wenn du aus zehn Träumen drei so deuten kannst, dass die Botschaft mit deiner Herzensstimme in Resonanz geht, dann ist das bereits ziemlich gut!

TAGEBUCHGEDANKEN

AGGRESSION ALS LEHRER: *„Wenn Aggression in meiner Brust brennt, versuche ich nun ruhig zu bleiben und dieses Gefühl anzunehmen. Herauszufinden, was mich aggressiv macht und dieser Sache mit Empathie zu begegnen bzw. meine Wahrheit zu sprechen, wenn nötig.*
Das Geschenk dieses Prozesses kommt jedes Mal zu mir und ich bin erstaunt über diese Magie!"

EGO: *„Ich kann zwei Egotypen sehen. Der Eine ist eher aktiv und nimmt, was er braucht ohne Rücksicht auf Andere zu nehmen. Sehr offensichtlich.*
Der Andere Typ ist eher passiv und nimmt nicht, was er braucht, sondern erwartet, dass jemand anderes sein Bedürfnis sieht. Unoffensichtlich und oft mit Opferhaltung verbunden.
Meine Lösung: Rücksichtsvoll meine Bedürfnisse zum Ausdruck bringen!"

MATERIELLES ANHAFTEN: *„Manche Leute hegen und pflegen mit all ihrer Zeit und Energie ihr Hab und Gut. Dabei werden oft zwischenmenschliche Beziehungen vernachlässigt. Wenn dann die Gegenstände kaputt oder verloren sind, werden die Leute wütend oder traurig. Diese Emotionen sind in Wirklichkeit Wut und Trauer über die nicht genutzte Zeit, in der man eine Beziehung zu jemandem hätte entstehen lassen bzw. pflegen können"*

WILDNISJAHRPROGRAMM: *„Hier noch ein Gedanke, was diese Erfahrung im groben bedeutet. Du fragst nach Hilfe, dich aufzuraffen und bezahlst auch dafür. Du weißt nicht, wie die Hilfe aussehen wird und dann kommt jemand und tritt Dir immer wieder ans Schienbein......"*

GEMEINSCHAFT

Ein ganz normaler Winteralltag im Wildniswohnzimmer

Wir waren nun in unsere Winterbehausungen gezogen. Die Familien kamen in die beiden Winterhütten, in denen man sogar Feuer machen konnte und wir Singles schliefen draußen im Lean-To. Das Ding mit Schrägdach und ohne Wände. Wenn wir in unserer Gesellschaft doch oft den Anspruch auf Privatsphäre und eigene Räumlichkeiten haben, so definierte sich auch dies neu für mich. Ich schlief nun mit elf weiteren Leuten im Lean-To, Ellbogen an Ellbogen, nannte ich ganze zwei Quadratmeter meinen Raum, etwas Platz im Fußraum für eine kleine Tasche und Kleidung sowie Holzgegenstände ins Dach des Lean-To´s gesteckt. Doch war es sinnig so eng zu schlafen, denn wenn einer meiner Ellbogennachbarn mal nicht da war, spürte ich wie es auf dieser Seite in der Nacht kälter war! Ein paar Nächte verbrachte ich auch in den Winterhütten, um die Atmosphäre und den Luxus eines brennenden Feuers zu genießen, bevor ich in den Schlafsack stieg. Doch ob du es glaubst oder nicht, ich schlief und schlafe auch immer noch am liebsten draußen und schließe meine Augen mit dem Bild der Himmelsdecke.

Morgens rollten wir unsere Schlafplätze ganz nach hinten, so dass allgemeiner Platz für jeden entstand. Nämlich direkt vor dem Lean-To war eine Plattform mit zwei Feuerstellen wo Kochen, Kreise und tägliche Aktivitäten stattfanden. *Mein Raum ist Dein Raum* war der Fall und wenn ich früher doch sehr meinen Rückzugsort brauchte, so lernte ich im Familienjahr Alternativen hierfür kennen. Zum Beispiel allein Holz sammeln gehen gab mir Zeit, für mich zu reflektieren und hielt gleichzeitig warm.
Die kalte Jahreszeit brachte auch wunderschöne Geschichtenerzählabende mit sich. Es war eine tolle Erfahrung, mit zweiundzwanzig Leuten auf ca. zehn Quadratmetern halb aufeinander zu sitzen, ein warmes hohes Feuer in der Mitte, überall Kleidung zum Trocknen aufgehängt und guten Geschichtenerzählern zu lauschen! Stets ein Highlight für unsere Kids, die sich an Geschichten gar nicht satt hören konnten. Geschichten erzählen ersetzte bei uns praktisch den Fernseher und war eine gute Möglichkeit, um menschliche Werte zu vermitteln und Fröhlichkeit in unser Leben zu zaubern.

Eine bestimmte Zeit im Winter war von emotionalen Wachstumsschmerzen geprägt. Wir stellten fest, dass manche Personen im Clan Verhaltensmuster hatten, die den gesamten Clan schwächten und der Clan diese ungesunden Muster bereits mehrere Monde, unbewusst, unterstützte (beunfähigte). Das führte zu einem Redekreis, in dem der Clan beschloss, diese Personen nun dabei zu unterstützen, aus ihren alten, ungesunden Beziehungsmustern herauszutreten. Wenn ich von Beziehung spreche, meine ich Beziehung im Sinne von *zwischenmenschliche Beziehung*.

HEILENDE STILLE

Eine Person im Clan war seit Anfang des Programms unsicher, ob sie bis zum Ende bleiben würde. Dieses emotionale Hin und Her wirkte sich öfters auf ihre Stimmung aus und hinderte sie an mancher Stelle so richtig einzutauchen und alles aus dieser einzigartigen Erfahrung herauszuholen. Meist beschäftigte sie der Gedanke abzubrechen deshalb, da ihr zweiter Sohn, der am Anfang des Programms ging und seither zu Hause bei seinem Vater und nicht bei ihr war. Schuldgefühle, dass sie nicht für ihn da sei, ließen sie schwanken. Im Groben gab der Clan ihr die Perspektive, dass es ihrem vierzehnjährigen Sohn gut ginge. Meiner Meinung nach das beste Alter für ein Jahr Mutterpause! Ihr anderer Sohn - sechs Jahre - war im Wildnisjahr schon viel gewachsen, wurde immer selbstbewusster und kam mittlerweile auch gut mit den älteren Kids aus. Zudem hätte sie nun die Chance in den verbleibenden Wochen voll und ganz dabei zu sein und zu ernten was wir alle in der herausfordernden grünen Jahreszeit gesät hatten! Sie stellte sich vor, noch zweieinhalb Wochen hier zu genießen und dann Ende Januar zu gehen. Angenommen wir wären ein echter Clan, der in der Natur lebt, würdest du dich auf diese Person verlassen bzw. ihr voll und ganz vertrauen? Wir simulierten ein Naturvolk und nahmen das auch ernst. Zum Überleben musst du dich auf deine Clanmitglieder verlassen können, alles andere könnte gefährlich enden. Eine Sichtweise, die unsere moderne Gesellschaft gar nicht zulässt, da jeder als Individuum ohne Gemeinschaft leben kann. Zudem erfuhren wir, dass sie dieses Hin-und-Her-Muster auch in der Beziehung mit ihrem Mann hatte, was die Beziehung nicht gerade stärkte. Auch ich kenne das von mir aus einer meiner früheren Beziehungen und sehe, wie wichtig es ist, eine klare Entscheidung für oder wider zu treffen. Alles andere ist verletzend, für mich Selbst und Andere.

Das Ultimatum: Keine zweieinhalb Wochen, entweder jetzt voll und ganz fürs Bleiben entscheiden oder gleich gehen. Da sie sich nicht gleich entscheiden konnte, unterstützten wir sie drei Tage lang, indem keiner mit ihr Sprach oder mit ihr agierte. Nach drei Tagen erzählte sie dem Clan von ihrem Prozess in dieser Zeit, wie schmerzhaft es anfangs war und wie wohltuend sie die Stille später empfand. Es war einmalig für sie, für drei Tage sich wie Luft inmitten ihren Clanmitgliedern zu bewegen und einfach nur zu beobachten - Außen wie Innen. Dann traf sie eine klare Entscheidung. Sie packte ihre Sachen und wanderte mit ihrem Sohn zum Basecamp, um das Programm zu verlassen. Dort blieben sie fünf Tage und verschiedene Prozesse liefen noch in ihr ab; nachdem man das Programm beendet hat, hat man eine Woche, um doch wieder zurückzukehren, das ist die Tradition. Ich wusste nicht, ob ich lachen oder weinen sollte, als sie wieder mit ihrem Sohn im Wildniscamp stand und sich dazu entschied zu bleiben. Im Clan kamen einige Emotionen auf. Doch waren wir letztendlich froh, dass sie nicht ging!

Von diesem Zeitpunkt an gab es kein Hin und Her mehr, sie wusste nun deutlicher denn je zuvor um ihr Muster, wie verletzend es für den Clan war und blieb bis zum Schluss.

VERBANNUNG

Viel brisanter war folgende Situation. Doch bevor ich meine subjektive Wahrnehmung der Dinge zu diesem Ereignis wiedergebe, möchte ich zu Erst allgemein über das Thema *Verbannung* sprechen.
Wer das Wort *Verbannung* hört, denkt wahrscheinlich an frühere, politische oder religiöse Vertreibungen von Menschen, um deren Verhalten zu bestrafen.
Folgende Sicht auf dieses Thema ist wahrscheinlich ungewohnt und neu für die meisten von uns, so war es zumindest für mich.
Der grundlegende Unterschied zwischen einer Bestrafung und einer Verbannung liegt in der Absicht, die dahinter steht. Verbannung wurde und wird auch von indigenen Völkern praktiziert, doch anders als bei dem eben erwähnten Hintergrund der Bestrafung, geht es hier viel mehr um einen Akt der Heilung und Unterstützung. Wie das sein kann?
Beim Gemeinschaftsleben kommen Menschen immer wieder auch an soziale Hürden, die nicht leicht zu nehmen sind. Die meisten Konflikte und Verletzungen früherer Zeit können in einem gesunden Clan durch Gespräche und liebevolle Zuwendung wieder in Balance gebracht werden. Nun gibt es auch wenige Situationen in denen dies, bei aller gut gemeinten Bemühung, nicht gelingt. Die Unausgeglichenheit einer Person schadet und schwächt den Clan chronisch und dieser kommt an die Grenze seiner Möglichkeiten. In den meisten Fällen entscheidet sich die Person mit verletzendem Verhalten von sich aus den Clan zu verlassen, sich selbst zu verbannen, um wo anders Heilung zu finden und eventuell eines Tages zurückzukehren.
In einem gesunden Clan wollen alle Beteiligten, dass es der gesamten Gemeinschaft sowie jeder einzelnen Person gut geht. Dementsprechend kann die Verbannung einer Person durch den Clan dann passieren, wenn die Person sich nicht von selbst dazu entscheidet und die Gemeinschaft dies als letztes Mittel für die Heilung des verbannten Menschen ansieht. Die Verbannung passiert entweder durch die Gemeinschaft oder durch die Ältesten einer Gemeinschaft, wobei diese in beiden Fällen all ihr Wissen und Weisheit mit einbringen. Die Worte eines Ältesten könnten in diesem Fall ungefähr so lauten „Geh und finde deinen Weg - wir sind mit dir. Aus Respekt und Fürsorge für dich, sowie Respekt und Fürsorge für uns, schicken wir dich in die Wildnis, damit du wieder in deine Kraft kommen kannst. Wenn das passiert und du erkennst, dass wir deine dich liebende Familie sind, werden wir ein

großes Fest zu deiner Rückkehr feiern. Doch auch wenn du herausfindest, dass Andere deine Familie sind, werden wir feiern, denn jemand, den wir schätzen hat sein Zuhause gefunden".
Wie man an diesem Beispiel sieht, kann eine Verbannung ein zwingender Ausschluss eines Opfers bedeuten oder aber ein fürsorglicher und kraftvoller Akt der Unterstützung sein. Bestimmt sollte man gründlich abwägen, ob dieser Schritt angebracht ist, da ansonsten noch mehr Verletzung als Heilung passiert.
Wird in einer Gemeinschaft eine Verbannung vollzogen, ist jedes Clanmitglied dazu angehalten, diese auch zu ehren und somit wird die verbannte Person wie jemand behandelt, der gestorben ist. Kontakt, Gespräch oder jeglicher Austausch würden den Prozess des Verbannten unterbrechen und mögliche Heilung verhindern. Die Verbannte Person wird periodisch von den Ältesten kontaktiert. Es liegt dann an diesen abzuwägen, wo die verbannte Person in ihrem Prozess steht und ob eine Wiederaufnahme gut für alle Beteiligten ist.

Ohne alle Hintergründe zu kennen, möchte ich nun meine Sicht auf die Wahrheit der Geschehnisse schildern:
Eine Person im Clan hatte von Anfang des Programms Widerstände, sich im Clan so wirklich einzubringen. Einem inneren Impuls folgend meldete sie sich für dieses Programm an, ohne wirklich zu wissen bzw. zu verstehen, dass es hier mehr um Gemeinschaftsprozesse und Clanleben gehen würde als um handwerkliche Fähigkeiten bzw. Survival. Viel mehr ist die Philosophie: Erste Survivalfähigkeit ist es, zu lernen wie man als Gemeinschaft friedlich zusammen lebt. Der Clan sichert dein Überleben!
Viele von uns hatten innere Wiederstände, sich hier wirklich zu integrieren, doch hatten die Meisten, die zu diesem Zeitpunkt noch da waren, diese Wiederstände umarmt und sahen den Vorteil vom Leben im Clan. Wer von euch kennt das Leben als Alleinkämpfer? Ich gegen meine Eltern, ich gegen die Schule, ich gegen meinen Chef, ich gegen den Staat, ich gegen meinen Partner und ich gegen die ganze Welt. Und wenn man hier ankommt, ich gegen den Clan. Leben im Clan bedeutet Offenheit dafür, seine Bedürfnisse auch auf andere Weisen erfüllt zu bekommen als man es gewohnt ist. Du willst deine Socke jetzt nähen, da du gerade im Flow bist und das Licht gut ist, der Clan möchte jedoch das Camp aufräumen und braucht jede Hand, was nun? Suche nach Alternativen: Vielleicht kannst du deine Socke morgen nähen und über Nacht

ein Paar Socken leihen oder einfach später nähen oder.......wie auch immer. Clanaktivität hatte oft Vorrang, damit der Clan sich weiterbewegen konnte. Dies war erst mal zäh und befremdlich für uns Leute aus einer westlichen Kultur, da es bei uns selten ums Überleben geht. Draußen lebend ist es wichtig Kräfte zu einen, dies stärkt den Clan und dadurch kann der Clan wiederum jedes einzelne Individuum unterstützen. Denn das sind die Leute, die dich tragen, wenn es dir mal nicht gut geht. Ist der Clan schwach, trägt er dich auch nicht.
Wahrscheinlich blieb die Person deswegen im Programm, da ihr Sohn hier wunderbar heranwuchs, viel lernte und in der Kinderkultur eine tolle Zeit erlebte. Zudem wollte sie ein Jahr in der Wildnis verbringen. Es gab ihrerseits Ansätze im Laufe der letzten acht Monde, sich mehr zu integrieren, doch passierte es letztlich nicht. Der Clan wünschte sich einen respektvolleren Umgang miteinander, mehr Mitwirken an Projekten und allgemeinen Tätigkeiten, sowie das erforschen neuer Wege mit unseren Kindern umzugehen und die aktive Teilnahme an Besprechungen und Redekreisen.
Sie sprach hier und da offen aus, dass sie mit Vielem, was hier passierte, nicht einverstanden war. Doch wo war die Bereitschaft, ihre Beobachtungen mit dem Clan zu teilen und gemeinsam zu beraten, was das Beste für alle wäre?
Eine unsichtbare Einstellung, die ich bei mir selbst hin und wieder erkennen konnte war „Hier muss man ja eh machen, was die Wildnisschule sagt“, eventuell ging es auch ihr so.
Vielleicht war es auch ein Stück weit so, doch konnte ich bald spüren, dass der Input der Schule mit bester Absicht passierte und wir hier alte Glaubenssysteme und Verhaltensweisen für ein Jahr außen vor ließen, um möglichst leer und offen für etwas ganz Neues zu sein. Nach diesem Jahr kann jeder mit diesem neuen Wissen machen, was er will und zu seinen alten Glaubensmustern zurückkehren...........wenn man das dann noch möchte.

Natürlich landeten wir in einem Redekreis und der Clan gab der Person seine Sicht der Dinge und bat um mehr Integration. Die Person beteiligte sich nicht mit Worten an diesem Redekreis und war bloß physisch anwesend. Daraufhin entschied der Clan, sie hier an diesem Platz nicht mehr mit Nahrung zu versorgen, keinen Schlafplatz mehr zu geben und nicht mehr mit ihr zu agieren. Dies war ziemlich hart für viele von uns und auch ich saß, emotional angeschlagen im Kreis. Ich sah, dass dies

eine für den Clan richtige Entscheidung war, doch war es für mich kaum zu ertragen, dies auch auszuführen. Nach dieser Entscheidung sprach die verbannte Person dann doch noch abschließende Worte und brachte damit ihre Wahrheit zum Ausdruck. Ein Großteil der Trauer im Clan galt dem Kind der verbannten Person, da wir sahen, was diesem dadurch genommen wurde und wir es jetzt schon vermissten. Am Abend feierten wir ein Fest für das Kind und am nächsten Tag planten die beiden, das Camp zu verlassen.
Am nächsten Morgen nahm die verbannte Person wie gewohnt Früchte und Nüsse aus dem Clanvorrat. Doch der Clan hatte bereits entschlossen sie nicht mehr in ihrem Verhaltensmuster zu unterstützen und ca. acht Leute machten sich auf, um das Essen zurückzuholen. Als die Leute zurück kamen hatten sie zumindest die Nüsse wieder, welche jedoch in ihrem Beutel waren. Daraufhin gab es eine unangenehme Auseinandersetzung. Ich war wie gelähmt, konnte sehen, dass es wichtig war zur Clanentscheidung zu stehen, doch hätte ich ihr wohl die Früchte und Nüsse gegeben und mir gedacht, dass sie sowieso bald gehen würde. Die Auseinandersetzung war emotional schwer mitanzusehen und nicht nur ich war betäubt von dieser Situation.
Erleichterung und emotionale Aufruhr waren in diesen Tagen stark im Clan spürbar. Ich persönlich war im Prozess und tat mich schwer, das Erlebte zu verarbeiten, da ich vor ein paar Jahren mitbekam, wie jemand von einer Gemeinschaft ausgestoßen wurde und ich damals auf der anderen Seite stand und die Ausstoßenden dafür verurteilte. Meine Emotionen sollten noch einige Zeit von diesem Ereignis betroffen sein.
Am Ende dieser Erfahrung sprachen wir erneut über diese Situation und machten uns klar, die Verbannung nach Tradition auch über dieses eine Jahr hinaus aufrecht zu halten - kein Kontakt. Einzig die Ältesten des Clans - in diesem Fall unsere Guides - würden einmal pro Jahr Kontakt zu dieser Person aufnehmen. Dabei würde die verbannte Person die Chance haben, sich wieder zu öffnen und über das Geschehene zu sprechen. Damit wäre dann auch die Verbannung aufgehoben und erneut Kontakt möglich.

Genau in dieser Zeit bekam die Wildnisschule einen Brief einer Person, die vor einigen Jahren verbannt wurde. In diesem Brief gab sie an, dass die damalige Verbannung eines ihrer größten Geschenke ihres bisherigen Lebens war. Da sie ungesunde Verhaltensmuster in zwischenmenschlichen Beziehungen dadurch endlich anpackte und ihre Anteile an Konflikt und Verletzung erkannte. Auch davon waren wir sehr berührt.

GENERVTE ELTERN

Hierbei ging es um die Mutter einer Dreijährigen. Sie äußerte oft Überforderung mit ihrem Kind und wies sie dann genervt zurück. Die Tochter reagierte mit Wut und Trauer. Immer wieder versuchte ihre Mutter, die Verantwortung auf andere im Clan abzugeben. Doch das verfehlte voll und ganz die Unterstützung, welche ein Clan geben sollte. Auch hier hieß es Hilfe zur Selbsthilfe und wir hörten auf, ihr Genervt sein mit Schweigen zu unterstützen. Jedes Mal wenn sie aus unangenehmen bzw. herausfordernden Situationen mit ihrer Tochter fliehen wollte, standen nun einige Stimmen des Clans zur Seite. Sie reagierte genervt da es ihr schwer fiel als Mutter auch noch ihre eigenen Bedürfnisse zu befriedigen, sowie aus einem schlechten Gewissen heraus, eine schlechte Mutter zu sein. Nun wurde sie stets ermutigt, auch in schwierigen Situationen mit ihrer Tochter präsent zu bleiben und aus ihrem ungesunden Verhaltensmuster herauszutreten. Es war erstaunlich, die Kraft des Kreises auch hier zu beobachten und wie das Übernehmen von nur etwas mehr Verantwortung bezüglich ihrer Tochter bereits Wunder in deren Verhältnis bewirkte! Ein Nebeneffekt ihrer Wut war oft auch das Projizieren ihrer inneren Unzufriedenheit auf den Vater des Mädchens. Dieser musste wohl lernen, seine Wahrheit zu sprechen und sich nicht alles gefallen zu lassen. Auch das Opfer trägt stets seinen Teil dazu bei! Was, auch dieses Muster ist dir bekannt? Ja, auch mir, aus meiner Vergangenheit und je länger ich in den Nordwäldern war, desto klarer sah ich, wie wir uns in allen möglichen Bereichen, allgemein gängigen und ungesunden Verhaltensmustern unserer Gesellschaft widmeten und lernten damit anders umzugehen. Dafür war ich unglaublich dankbar und möchte an dieser Stelle noch einmal zum Nachdenken anregen, ob respektvolles Miteinander etwas mit Survival zu tun hat, mit Überleben?

NAMENSGEBUNGSFESTE

Dann hatten wir auch einen Kreis bezüglich Namensgebung bzw. Namensfindung. Es war interessant zu hören, wie jeder im Kreis bereits eine kleine Geschichte oder einen Prozess mit seinem Namen hinter sich hatte.

Meinen Namen, *Alexandros*, würde man üblicherweise mit *Alex* abkürzen, doch in dem Dorf, in dem ich aufwuchs, machte der hiesige Dialekt aus *Alex* ein *Aleg*. Dies war dann für viele Jahre mein Name, ich mochte die Einzigartigkeit und wollte nie Alex genannt werden. Meinen vollen Namen mochte ich nicht allzu sehr. Im Prozess meiner Selbstfindung freundete ich mich mehr und mehr mit dem Namen Alexandros an und entfernte mich von *Aleg*. Mit fünfundzwanzig Jahren entschloss ich mich, mich nur noch mit Alexandros vorzustellen und somit kennen mich alte Freunde immer noch als *Aleg* und neue Freunde als *Alexandros*.

Wie ich an einer früheren Stelle dieses Buchs beschrieb, kam während der grünen Jahreszeit der Name *Sun Eagle* zu mir. Zuerst war ich im

Konflikt, denn wie könnte jemand mit Tigerkrafttier, *Sun Eagle* heißen? Ich kam zu folgendem: Mit dem Tiger bzw. der Katzenwelt kann ich mich bereits seit vielen Jahren identifizieren. Der Tiger verbindet mich mit Stärke bzw. meiner männlichen Seite. Der Schwan kam noch vor dem Wildnisjahr zu mir, er verbindet mich mit Schönheit bzw. meiner weiblichen Seite. Diese Erkenntnisse halfen mir, meinen neuen Namen *Sun Eagle* anzunehmen. Ich spüre, wie der Adler mich mit meinem spirituellen Sein verbindet und - wenn ich das richtig deute - meinem Lebensweg entspricht.

So hatte jeder im Clan seine individuelle Namensgeschichte, bei der Manche ihren Namen mochten und Andere definitiv spürten, dass ihr Name nicht ihrer Person entspricht. In zwei Namensgebungsfesten bekam die Hälfte des Clans neue Namen, jeder hatte seine eigene Geschichte wie und warum ein Name zu ihm kam. Jeder teilte seine Geschichte mit dem Clan und ging danach im Kreis umher und ließ sich von jedem Clanmitglied seinen Namen bestätigen bzw. Segnungen wurden mit auf den Weg gegeben. Auch die Kids suchten sich neue Namen aus. Von diesem Tag an ging ich im Clan mit dem Namen *Sun Eagle*. Ich hatte mich dazu entschieden, meinen Namen *Alexandros* beizubehalten und auf beide Namen zu hören. Der Name *Aleg* jedoch sollte hiermit verbannt sein. Aho!

In den letzten beiden Monden war es spannend, als wir uns erst einmal an all die neuen Namen, teils indianische Namen, gewöhnen mussten. Jedes Mal, wenn mich jemand mit *Alexandros* rief, kam von irgendwo her eine andere Stimme die *Sun Eagle* verbesserte.
Passend dazu waren auch Kreise bezüglich Totembeziehungen in denen Einige, die ihr Totem kannten, teilten wie das Tier zu ihnen kam bzw. was es für Sie bedeutete. Unser Hauptguide plante, ein Buch über Totems zu schreiben und jeder von uns hatte die Möglichkeit, die eigene Totemgeschichte, einer netten Dame, die diese Gespräche aufzeichnete, zu erzählen. Da sie Knieoperationen hinter sich hatte, konnte sie nicht ins Camp laufen, doch bereiteten wir ihr am Waldrand, nahe einem See einen gemütlichen Platz mit Wohnzimmersessel von der Wildnisschule, einer Decke und einem Feuer. Der Sessel, das Feuer und die drum herum liegenden Tannenzweige schufen einen besonderen Raum für dieses Treffen, so dass ein guter Austausch stattfand.

TAGE DER TRAUER

Ein ehemaliger Wildnisjahrprogrammabsolvent führte mit einer Familienjahrteilnehmerin eine Partnerschaft. Ein wildniserfahrener Mann, der während des Familienjahres allein auf Abenteuerreise nach Alaska zog. Er sagte, wenn er sich bis zu einem bestimmten Datum nicht melden würde, dann sei etwas faul. Er hatte sich nicht gemeldet..........
Mehrere Wochen waren Suchtrupps in Alaska unterwegs und gaben nach einer vergeblichen Suche auf. Dann mobilisierte die Wildnisschule Geld und alle aus unserem Clan spendeten zusätzlich, um die Suche weiterhin aufrecht zu halten. Trotz seiner guten Survivalfähigkeiten war es bereits unwahrscheinlich, dass er noch lebte. Man fand seine wichtigste Ausrüstung, darunter warme Kleidung und Schlafsack, in einer Hütte. Von der Luft aus fand man im Gelände einen großen Schneekreis, der wahrscheinlich von ihm angehäuft wurde. Doch leider kein weiteres Zeichen. Trauer ging durch unser Camp, allen voran bei den Leuten die ihn kannten oder nahestanden und die letzte Hoffnung schwand bald dahin..........

MONDZEIT

Auch im Winter verfolgte ich den Lauf der Mondin und zelebrierte meine Mondzeit. Wieder kamen Motivationslosigkeit, keine Energie zum arbeiten und Nichtverbundenheit zu mir. Spätestens als ich den Adler am Himmel kreisen sah - der erste seit langem! - war mir klar, dass in mir wieder etwas angesehen werden mochte. Das Interessante ist ja stets, dass ich zuvor nicht weiß, welche spirituelle Lehrstunde ich bekomme. Also machte ich mich am Tag darauf mit Decken auf den Weg zum See und setzte mich dort, eingepackt in den Schnee. Derselbe Platz wie immer, der See war überfroren, keine Wellen mehr. Ich erinnerte mich an die Träume der letzten zwei Nächte. Beide Träume hatten eine starke sexuelle Energie, ich erinnerte mich, wie ich in einem Traum mit einer wunderschönen Frau schlief, doch ich konnte ihr Gesicht nicht sehen.....

Diese Energie sollte der Start meiner Mondzeitreise werden und ich begann im Schnee, am Seeufer zu masturbieren. Seit sieben Monden berührte ich mich nun nicht mehr selbst und es war schön so! Sofort begann eine *innere Reise* und ich traf wieder diese wunderschöne Frau aus meinem Traum, ich küsste ihren Körper und bald schliefen wir miteinander. Wieder konnte ich ihr Gesicht, wie in einer Art weißem Nebel nicht erkennen. Wir bewegten uns in einem sanftem Rhythmus und mit ruhiger Stimme sprach sie zu mir „Unsere körperliche Verbindung ist ein Symbol für unsere Verbindung im Herzen. Spüre wie die Energie kreisend durch unsere Herzen strömt und sie miteinander verbindet. Du wirst erkennen, dass dies eine andauernde Verbindung ist, bei der Liebe fließt und kein Ende kommt."

Daraufhin fragte ich „Aber warum gelingt es mir nicht, diese liebende Verbindung stets aufrecht zu erhalten und komme zu einem Ende?" Sie antwortete liebevoll „Steh wieder auf und beginne erneut, auch Liebe ist Übungssache!"

Kurz danach hatte ich folgenden Gedanken:

„Liebe ist kein Ziel, vielmehr ein Weg den man gehen kann!"

Gegen Ende sagte ich ihr dann, dass ich bald zu einem Ende komme, sie beruhigte mich und sagte, dass das in Ordnung sei!

Nach dieser tiefen Begegnung wanderte ich drei Stunden durch die Gegend, reflektierte über das Erlebte und teilte am Abend mein Erlebnis mit meinem Clan. Wir sprachen relativ frei über Sexualität und ich genoss das natürliche Verhältnis zu diesem Thema.

SPRACHE

In der Schule war ich nicht wirklich gut in Englisch. Später lernte ich durch ein komplexes Spiel, das mich sehr interessierte, etwas besser Englisch, da wir die meisten Regelwerke dafür nur auf Englisch hatten. Bevor ich ins Wildnisjahr kam, war ich fähig, einfache englische Bücher zu lesen und schrieb jedes Wort, das ich nicht verstand auf, um es nachzusehen. Auch das half. Doch im Wildnisjahr lernte ich dann tatsächlich Englisch! Mit keiner Schule zu vergleichen! Ein Mond dort lehrte mich wohl so viel Englisch wie ein halbes Jahr Schulenglisch. Noch erstaunlicher waren die Kids! Ein achtjähriger Junge kam vor acht Monden hier her und sprach kaum ein Wort Englisch, weigerte sich auch zu Beginn, Englisch zu sprechen und dann, nach drei Monden unterhielt er sich bereits ziemlich flüssig! Nach acht Monden war sein Englisch so gut geworden, dass wir bloß staunen konnten!
Die Jüngste des Clans - drei Jahre - sprach kein Englisch vor dem Programm und redete am Schluss so gut, dass wenn ihre Eltern sie auf ihrer Muttersprache ansprachen, sie auf Englisch antwortete, wow!

Des Weiteren lehrte uns eine der Guides, welche Kontakt zu einheimischen Indianern in dieser Region hat, einige Wörter der nativen Sprache. Manche Wörter etablierten sich und ein paar Leute im Clan konnten sich in dieser Sprache sogar in einfachen Sätzen unterhalten. Ich kannte nur die im Camp üblichen Wörter.

GÄSTE

In der Winterzeit bekamen wir des Öfteren Gäste. Vier ehemalige Wildnisjahrabsolventen aus vorangegangenen Jahren kamen uns für jeweils einen Mond besuchen und brachten ihre Erfahrung und Wissen in den Clan ein. Dies ging nahezu nahtlos und nach wenigen Tagen war jeder von ihnen gut im Clan integriert.
Auch einige junge Leute, die sich das Programm ansehen wollten kamen für jeweils eine Woche zu Besuch und manche von ihnen entschieden sich, später das kommende Wildnisjahr zu machen.
Ein kleines Highlight war, als uns eine Schulklasse irgendwo aus der Region besuchen kam. Die Jugendlichen waren im Alter zwischen sechzehn und achtzehn Jahren und staunten Bauklötze, als sie sahen wie

wir lebten. Zu meiner Verwunderung waren sie sehr interessiert, bewunderten wie wir lebten und stellten viele Fragen. Wir zeigten ihnen Sommer- und Wintercamp, sowie unsere Ausrüstung, wie wir kochten und einiges mehr. Es war ein angenehmer Tag mit großen Schneeflocken und einem herzlichen Austausch.

Unsere Älteste, welche die ersten drei Monde mit uns verbrachte, kehrte für fünf Tage zu uns zurück. Es musste spannend sein fünf Monde später den Clan wieder anzutreffen! Zu ihrem Abschied feierten wir ein tolles Fest mit viel Gesang; es war ein wunderschöner Abend!

VERLETZUNG

Ein Guardian fiel bei einem Sprung über einen Baumstamm heftig zu Boden und brach sich den Arm. Er war zwei Tage im Krankenhaus, danach fünf Tage im Basecamp und kam dann mit Gips wieder ins Wildniscamp. Von da an bekam er stets das Knochenmark aus den Hirschknochen, anscheinend war genau das drin, was er für die Heilung brauchte. Die darauffolgenden Heilungswochen waren nicht leicht für ihn, da die meisten Aktivitäten von körperlicher Art waren. Viel sitzen und nachsinnen war angesagt, sowie für kleinste Dinge um Hilfe fragen, was auch nicht immer einfach ist, oder?

DIE KRAFT DES KREISES

Wenn man bei uns ein Problem oder Anliegen hatte, konnte man es zum Kreis bringen und erhielt dann zwanzig tiefgehende Meinungen und Perspektiven. Das Gute daran war, dass wir uns mittlerweile so gut kannten, dass die Spiegel ohne Schminke waren. Sowohl Stärken, als auch Schwächen wurden sehr direkt aufgezeigt. Jenes war sehr stark und berührte mich jedes Mal. Ein Geschenk das eigentlich jedem zur Verfügung stehen sollte..........

KINDER

Die Kids wurden zu Geschwistern!

Zwei Monde vor Ende des Familienjahres hielten unsere Jüngsten vor ihrem Kinder-Lean-To am Feuer einen Redekreis ab. Es ging um den Kinderfooddrop, den sie am Anfang dieser Erfahrung hatten - eigenes Essen selbst kochen, selbst Feuerholz sammeln, usw.

Dieser hatte sich ja im Laufe der Zeit aufgelöst. Danach kam das Thema von Erwachsenenseite nicht mehr auf. Doch eines Abends kam ein Junge des Clans selbstbewusst zum Erwachsenen-Lean-To und verkündete lauthals, dass die Kinder wieder ihren eigenen Fooddrop wollten, die Bedingungen seien Mithilfe von Erwachsenen beim Kochen, Holz sammeln, Wasser holen und Aufräumarbeiten. Wow, wir waren alle ganz begeistert, das war echte Selbstmotivation! Schließlich war selbstmotiviertes Handeln eine Säule des Programms. Statt zu warten, bis das Glück von außen kommt, selbst Hand anlegen!

Ich als Versorger fühlte mich gleich aufgerufen, in die Kinderkultur einzutauchen, die Kids zu unterstützen und mich selbst herauszufordern. Zwei Tage später war ich dann stolzer Besitzer von sechs Kindern im Alter von sechs bis zwölf Jahren. Ein Clanbruder kam noch hinzu und die Kinderkultur bestand nun aus acht Personen. Der erste Morgen brachte jedoch halbmotivierte Kinder und ich musste erst einmal Energie mobilisieren, um die Kids zusammen zu trommeln und gemeinsam Holz sammeln zu gehen. Doch da war der Jüngste der Gruppe, oft verwöhnt von seiner Mutter, der zwar in der Kinderkultur sein, jedoch nicht mithelfen wollte. Hier hatte in Vergangenheit das Beunfähigen bereits zugeschlagen. Wenn ich zu oft Dinge für mein Kind erledige, die es ohne Probleme bereits selbst erledigen könnte, verhindere ich selbstmotiviertes Sein und damit beunfähige ich. Er war es nun mal gewohnt, dass ihm die Früchte und Nüsse vor den Schoß gelegt wurden, das Feuer immer brannte und Abendessen bereit stand. Nun wird sich so Mancher vielleicht fragen „Was? Aber er ist doch erst sechs Jahre alt?“. Es geht hier nicht um harte Arbeit oder darum, dass jeder gleich viel beitragen muss. Es geht darum, dass wir gemeinsam essen, gemeinsam spielen und gemeinsam Holz besorgen gehen. Jeder so viel er kann und wenn es nur ein paar Stöckchen sind, wir tragen alle dazu bei! Als ich mit den Kids im Kreis saß, fragte ich die Älteren, was sie denn davon hielten? Die Antwort war klar..........jeder geht. Die Kraft des Kreises trug uns letztendlich Alle in den Wald. Eine Seeüberquerung zu Fuß ließ uns erst einmal eine Weile auf dem Eis herumrutschen und Spaß haben. Wichtig: Wenn du mit Kindern was erledigen möchtest, gestalte es angenehm. Arbeit kann mit Spaß verbunden werden und durchbreche das starre Muster der Effizienz. Auf gut deutsch nimm dir Zeit und das tat ich. Im Wald sammelte dann jeder fleißig Holz, hier und da musste ich die Energien zusammenhalten, um die Effizienz nicht ganz zu verlieren. Ich unterstützte besonders unseren Jüngsten. Doch tat ich nicht alles für ihn und zeigte ihm gute Sammelstellen, er nahm richtig Fahrt auf und brachte viele dünne Stöcke zum Sammelplatz. Nach einer Weile kam er mit Freudenrufen angelaufen; er hat ein gut ausgeprägtes Stimmorgan und rief damit laut wiederholend meinen Namen. Das hörte sich mit seinem amerikanischen Akzent dann ungefähr so an *Älixändrous* :-) Ich musste jedes Mal schmunzeln....

„Komm mit, komm mit, schnell, komm mit!“, rief er, sich laut wiederholend. Natürlich rannte ich mit ihm und da lag es...........sein erstes selbstzusammengeschnürtes Feuerholzbündel! Stöcke standen in alle Richtungen und das Bündel war eher sperrig als gut geschlichtet, doch das spielte alles keine Rolle! Der Junge, der sich am Vorabend noch nicht einmal vorstellen konnte überhaupt Holz sammeln zu gehen, war einen Tag später außer sich vor Freude, als er sah, dass er zu mehr fähig war, als er erwartet hatte! Wir freuten uns gemeinsam und präsentierten es stolz seiner Mutter. Sie war kurz davor, sein Bündel zu kritisieren und ihn zu beunfähigen, indem sie es besser schnüren wollte, doch konnte ich ihr im Stillen mitteilen, dass er so lernen würde, seine Bündel zu verbessern. Er würde sich die bessere Technik schon irgendwann von den älteren Kids abgucken und somit zerrte er stolz sein Sperrholz über den See. Ich half auch den anderen Kids, bessere Knoten zu lernen und ermutigte sie, sich gegenseitig zu helfen. Wieder erkannte ich, dass Energie halten sehr wichtig ist, dann fühlen sie sich geborgen und zerstreuen nicht in alle Richtungen!

Einige Abende kochten wir leckere Mahlzeiten und mixten, was wir wollten. Bei den Erwachsenen wurde alles separat gekocht und jeder kann dann entscheiden, was er mischen möchte. Bei fast zwanzig Leuten hatten ein Viertel des Clans Nahrungsmittelunverträglichkeiten bzw. trennten bestimmte Essensgruppen. Bei uns Kindern herrschte absolute Mischfreiheit und wir brieten noch häufig unseren Weißkohl direkt im Bärenfett - köstlich!

Am schwierigsten war es, die Bande zum Aufräumen zu bewegen. Doch auch das geschah alle paar Tage, mehr oder weniger. Am Abend dann erzählte ich oder mein Clankollege eine Geschichte oder wir spielten spontan erfundene Spiele und lachten viel dabei. Meine Ausbildung zum Vater beinhaltete des Weiteren, verhedderte Kinderhaare zu kämmen, gemeinsames Zähneputzen, Kuscheln, Gespräche, Wrestling und natürlich Schneeballschlachten!

Hier eine weitere Erleuchtung: Wenn ein Kind sich von hinten an dich anschleicht und dir aus einer Armlänge einen faustgroßen Schneeball mitten ins Gesicht wirft, dann heißt das übersetzt *Ich mag Dich*. Ein Zeichen für Vertrauen, ich beobachtete, dass sie das nur bei bestimmten Leuten machten. Wir hatten erbitterte Schneeballschlachten, ein Junge schien der geborene Jäger zu sein, wenn ich nicht in kürzester Zeit meine Ausweichfähigkeiten ausgebaut hätte, wären viele Schneebälle Kopftreffer gewesen und das selbst aus größerer Distanz. Es war interessant, sein Talent zu beobachten, er traf fast alles, was er wollte!

Die Kinder wurden im Winter zunehmend kreativer und spielten nun nicht mehr nur Fantasyspiele. Ein neues Spiel namens *Kiefernzapfenspiel* wurde hier populär. Sie sammelten Kiefernzapfen, Hirschknochen, Steine, andere Zapfen, interessant aussehende Stöcke und ließen sie in einer Art Strategiespiel gegeneinander antreten. Jeder hatte quasi seine kleine Armee aus Kriegern, Skeletten, Magiern, Bogenschützen und täglich erfanden sie neue Regeln für das Spektakel. Wer das Brettspiel *Warhammer* kennt, dies ist die kostengünstige Naturvariante ;-)

Ein großes Thema bezüglich mancher unserer Kinder waren sogenannte *Tempertantrums*, was so viel wie Wutausbruch bedeutet. Besonders drei unserer Kids hatten ungesunde Verhaltensmuster erlernt, um bestimmte Dinge in ihrem Umfeld zu bekommen. Dabei spielte ein unerfülltes Bedürfnis im Kind eine Rolle, bzw. war es nicht immer leicht für Eltern herauszufinden, was das tatsächliche Bedürfnis des Kindes war und wie es auf gesunde Weise erfüllt werden konnte.
Unsere Jüngste hatte zum Beispiel ein Mein-Platz-Problem. Wenn am Feuer genügend Platz für alle Beteiligten war und man sich neben sie setzte, begann sie laut, wiederholend „Mein Platz, mein Platz, mein Platz.........." zu rufen. Ein Verhalten, das sie von ihrer Mutter übernahm, da diese gerne etwas mehr Platz hatte und diesbezüglich teils unflexibel war, wenn es darum ging ums Feuer rumzurutschen. Nach vielen Versuchen es dem Mädchen recht zu machen bzw. Stimmen im Clan, dass dies nicht normal sei, beriefen wir einen Elternkreis - auch Singles nahmen teil, da jeder Verantwortung hatte - und bekamen nützlichen Input von den Guides. Unser Hauptguide erklärte, dass es bei den Naturvölkern Gang und Gebe sei für jeden im Clan einen geeigneten Platz am Feuer bereitzustellen. Dies galt es auch für das Mädchen zu lernen und ihr für etwas Aufmerksamkeit zu geben, was außerhalb einem normalen Rahmen stünde wäre beunfähigen! Also setzten wir uns in Zukunft einfach neben sie, ohne auf die Mein-Platz-Rufe oder Minifäustchenschläge zu achten. Und siehe da, es wurde besser! Aus einem einstündigen Wutanfall wurde ein kurzes Aufrufen, das sich nach einer Minute legte. Ich möchte auch erwähnen, dass sie stets genügend Platz am Feuer bekam und gerne Platz für zwei Erwachsene beanspruchte. Mit der Zeit entwickelte das junge Mädchen sogar Offenheit für Gespräche und man konnte ihr erklären, dass man sich zwar neben sie setzten, doch ihr immer noch genügend Platz lassen würde.

Über unseren Zweitjüngsten sprach ich ja bereits weiter oben, wenn er Etwas von seiner Mutter nicht auf Anhieb bekam, kam es schon mal vor, dass er sich halb weinend, halb wütend am Boden wälzte oder wutentbrannt mit einem Stock auf seine Mutter losging. Hier kam wieder die Kraft des Clans ins Spiel und andere Erwachsene boten ihm alternative

Möglichkeiten, um seine Bedürfnisse zu erfüllen. Es ging hier auch darum, Kindern zu helfen ihre Bedürfnisse von Anderen als ihren Eltern erfüllt zu bekommen und die Elternabhängigkeit etwas zu lösen. Das klappte immer besser, doch gab es Ernstfälle, in denen die Mutter vor Stock und Steinflug beschützt werden musste und der Junge liebevoll, doch bestimmt von einem Erwachsenen gehalten wurde. Da konnte man dann schon mal eine ganze Stunde mit wimmerndem Geheule im Arm verbringen. Eine gute Gelegenheit, um sich in Mitgefühl zu üben! Die Wutausbrüche wurden immer milder und weniger und seine Mutter übte ihr Verhaltensmuster zu durchbrechen und ihn nicht mehr zu Übermuttern (beunfähigen). Alte Muster können zäh sein.....
Was ich beobachtete war, dass manche Eltern gerne beunfähigten, da dies eine Art Schnelllösung war. „Wenn ich es für ihn mache, dann ist er ruhig und zufrieden“..........für den Moment. Diese Energie sammelt sich jedoch im Kind und kann ihn zum Kommandeur machen. Besser man verhilft ihm in seine Kraft zu kommen, oder?
Doch was passiert, wenn ich meinem Kind nicht genügend Aufmerksamkeit gebe und es zu wenig unterstütze? Auch diesen Fall hatten wir; mit unserem Zwölfjährigen, der mit seiner Adoptivmutter im Wildnisjahr war. Er forderte oft und ziemlich stark Aufmerksamkeit ein, z.B. kam er zu dir, nahm dich in Arm und sagte „Gib mir Aufmerksamkeit!“. Das konnte häufiger am Tag passieren. Es war sein Muster, um sein Bedürfnis zu befriedigen. Seiner Mutter war das mittlerweile chronisch zu viel und er wurde manchmal von ihr ignoriert. Dies führte an manchen Tagen zu Wutausbrüchen und sein, sich wiederholender Ruf war „Mama, warum ignorierst du mich?“
Ich hatte einen sehr guten Draht zu ihm und studierte ihn im letzten Mond regelrecht..........er sollte mich noch viel lehren! Er war anders als die anderen Jungs, weniger energiegeladen, weniger Kriegerenergie. Mehr ein charmanter Magier, der dich schnell mal um den Finger wickelte. Er lebte in einer zauberhaften Welt, staunend über viele Dinge, die Andere gar nicht beachteten oder als besonders empfanden. Ungefähr zwanzig bis dreißig Mal am Tag hieß es „Alexandros, sieh hier..........Alexandros, sieh dort.....“ und ich begann meinen inneren, stets beschäftigten Erwachsenen zu gedulden, auch wenn dies nicht immer leicht war und begegnete ihm mit meinem begeisterten inneren Kind. Das bewirkte Wunder! Jedes Mal, wenn er mich rief gab ich ihm zumindest kurz Aufmerksamkeit oder Anerkennung. An anderer Stelle tauchte ich auch mal richtig in seine Welt ein und wir staunten über

bläulich leuchtende Pilze im Dunkeln oder rutschten im Schnee herum oder bildeten kreative Dinge mit Naturzeug. Er mochte solche Sachen und sammelte alles, was man sozusagen nicht gebrauchen konnte. Jedes Mal, wenn es im Clan hieß „Kann jemand dies oder jenes gebrauchen, ich gebe es her“ oder „Es wurde dies oder jenes gefunden, wer braucht es?“, rief er „Ich kanns brauchen.....“. Manche waren bereits genervt davon und rollten schon die Augen, da es wirklich immer dasselbe war, 100% Verlässlichkeit, ich erklärte ihm manchmal, dass es jemand anderes wohl eher gebrauchen könnte. Doch oft bekam er auch irgendwelches Zeug.
Wir hatten einen Elternkreis, bei dem ich meine Beobachtungen mit dem Clan und ganz besonders mit seiner Mutter teilte. Sein Aufmerksamkeitsmangel wurde bald wesentlich besser!
Mit warmem Herzen erinnere ich mich an den Tag, an dem er mich fragte, ob er Papa zu mir sagen darf…..

„Warum beunfähigen Eltern überhaupt?“, stellte ich mir die Frage. Auch ich beunfähige hier und da, es passiert so schnell, ein Moment nicht achtsam und ich mach mehr als nötig. Ist es nur die *Schnelllösung*? Näheres Betrachten bzw. Hinhören erschloss mir folgendes: Manche Kinder haben von ihren Eltern in ihren Kindertagen nicht genügend Aufmerksamkeit bekommen und wollen es daher bei ihren eigenen Kindern *besser* machen. „Was ich nicht hatte, soll wenigstens mein Kind haben!“, heißt es, doch besteht die Gefahr auf die andere Seite zu rutschen, Vorsicht!

Hier noch ein paar meiner allgemeinen Erkenntnisse bezüglich des Begleitens des Lebensweges eines Kindes: Es ist wichtig eine gesunde Grundlage in der Beziehung zwischen mir und einem Kid zu schaffen. Liebevolle Aufmerksamkeit und Zuneigung mit gleichzeitiger Ermutigung zum selbstmotiviertem Handeln. Wenn diese Grundlage da ist, kann ich als Erwachsener auch Fehler machen, mal ungeduldig sein oder uninteressiert oder was auch immer. Ich muss nicht perfekt sein, es kommt viel mehr darauf an was die Regel meines Verhaltens ist.

Abschließend lehrten die Kids mich folgende drei Schritte um ein gesundes Verhältnis zu ihnen zu haben:

1. INTERESSE: Tauche in die Welt des Kindes ein -> Werkzeug: **Zuhören**
2. VERHÄLTNIS: Verbringe Zeit mit deinem Kind, erlebe was zusammen, dies stärkt das Vertrauen -> Werkzeug: **Geduld**
3. ERFAHRUNG: Nun ist Offenheit da und du kannst deine Erfahrungen und Vorschläge anbieten -> Werkzeug: **Einfühlungsvermögen**

Nachdem die Kids von sich aus wieder die aktive Kinderkultur erweckten, dauerte es eine Weile und sie brach wieder zusammen. Mit der Verbannung einer Person aus dem Clan, ging auch ein Kind. Dies bedeutete mehr Arbeit für die verbleibenden Kids mit Kochen, Feuerholz sammeln und Aufräumen. Auch ihnen merkte man die emotionale Belastung des einschneidenden Erlebnisses der Verbannung an. Zudem die Kälte und so manche emotionale Herausforderung bzw. Sehnsucht..........wieder beobachtete ich, wie sich das emotionale Befinden der Erwachsenen unmittelbar auf unsere Kinder auswirkte! Die gute Verbindung zwischen den Kindern blieb jedoch bestehen, das Mitwirken bei Clanaufgaben wurde vorerst eingestellt.

Die Kinder hatten Truthahnfedern und zurechtgeschnitzte Baumpilze zu hervorragenden Fliegern kombiniert

DEM WOLF AUF DER SPUR

Mit dem ersten Schneefall begann natürlich auch das Spuren lesen. Und da wir Wolfsrudel in unmittelbarer Nähe des Camps hatten, haben sich Einige zum Kundschaften aufgemacht, um Spuren zu finden. Bald wurden die ersten gefunden und ich zog mit zwei Clanfreunden los, um einer gefundenen Spur weiter zu folgen. Bei Sonnenschein jedoch ziemlich kalter Temperatur zogen wir los. Eine ganze Weile quer durchs Land, bis wir bei den Spuren angelangt waren. Da war dann die Spur eines Tieres. Eine sich durch den Wald schlängelnde Wolfsspur! Wir folgten ihr etwa zwei Stunden durch verschiedene Waldlandschaften, bis sich die Spur plötzlich teilte. Aus eins wurde zwei! Also zwei Wölfe! Diese Tiere laufen stets so trainiert in den Fußspuren des Vorderwolfes, dass es schwer auszumachen war wie viele Wölfe tatsächlich unterwegs waren. Also gingen zwei von uns mit der einen Spur und einer mit der zweiten Spur. Bald teilte sich wieder eine Spur, drei Wölfe! Wow, aufregend! Nun folgte jeder von uns einer Spur. Wir gelangten an eine Straße, auf dieser verschmolzen die Spuren kurz nacheinander wieder zusammen. Nach weiterem Verfolgen, kehrten wir zufrieden nach Hause um und teilten auf dem Rückweg unsere Träume. Später erzählten wir dem Clan, was wir erlebt hatten!

Unser Hauptguide hatte uns bereits vor dem Winter von einem Wolftrackingcamp erzählt. Dabei würden Leute mit Ausdauer und guter körperlicher Verfassung mit Minimalgepäck losziehen, Wolfsspuren verfolgen, abends ein Camp aufschlagen und am nächsten Tag weiter den Spuren folgen.

Zu Beginn war ich eigentlich gar nicht wirklich daran interessiert, da meine Begeisterung fürs Spuren lesen sich in Grenzen hielt. Doch dann, als die Pläne feststanden, wann es losgehen würde, sprach wieder diese innere Stimme zu mir, wie ich es nun schon von so vielen Momenten in meinem Leben kannte und sagte ganz klar „Geh mit, das ist nun genau das Richtige für Dich!“. Mein Kopf sträubte sich, da dies weiteren Verzicht auf Komfort bedeuten würde, doch entschied ich mich spontan mitzugehen.

Also packten wir unsere Schlafsäcke auf unsere Holzrucksäcke, ein paar extra Socken und eine Decke. Glücklicherweise hatten wir zu dieser Zeit gerade einen Hirschkadaver im Camp. Also ging einer von uns zum Schlachtplatz und hackte zwei Beine aus dem gefrorenen Tier. Ich war

mit ihm und alle paar Momente kamen Kinder mit ihren Tomahawks angelaufen um sich ein Stück Hirsch zu hacken. Meist warteten sie erst gar nicht bis das Fleisch am Feuer geröstet war und stecken sich den Bissen direkt in den Mund. Gefrorenes, rohes Hirschfleisch, kann ich in diesem Fall kältestens empfehlen ;-)
Dazu kochten wir einen Topf voller Bärenfett und ließen das Öl mit den Fettstückchen wieder hart werden. Somit konnte es in ein abgezogenes Hirschfell eingepackt werden. Gemüsemäßig hatten wir ein paar Kohlköpfe sowie mehrere Säckchen getrocknete Lindenblätter vom Sommer. Wir starteten mit zwölf Leuten und hatten Minimalverpflegung dabei. Wir wussten eigentlich nichts, außer, dass wir Wolfsspuren folgen wollten. Und da gings schon los, am Vortag hatten wir Neuschnee, alle Spuren wieder weg! Wir zogen also los und mussten erst mal wieder Spuren finden, keine Ahnung wie lange wir dafür unterwegs sein bzw. wie lange uns die Verpflegung reichen würde, Abenteuer!
Am Tag der Abreise frühstückten wir nochmal im Camp und brachen danach auf. Wie die Wölfe trat einer nach dem anderen in die Spuren des Vordermannes. Mit Gepäck durch Schnee stapfen versprach auf jeden Fall gutes körperliches Training! Wir fanden viele verschiedene Spuren, doch kein Wolf in Sicht. Da die Tage zu dieser Zeit noch kurz waren, begannen wir bereits am Nachmittag nach einem geeigneten Schlafplatz zu suchen. Gut geschützt, wo uns keiner sehen würde und mit Trinkwasser sollte der Platz sein. Akrobatisch tasteten wir uns an einen zugefrorenen Fluss heran und fanden eine gute Stelle, wo man nicht einbrach und liegend, mit gestrecktem Hals vom sumpfigen Wasser trinken konnte. Aufpassen, denn zugefrorene Flüsse sind stets eine große Gefahr und man sollte vermeiden, überhaupt darauf zu gehen!
Eigentlich schon sehr erschöpft hieß es dann Feuerholz und Tannenzweige sammeln. Gemeinsam mit zwei Clanfreunden schlossen wir drei Schlafsäcke zusammen und legten sie auf das vorbereitete Tannenzweigbett unter einer großen Balsamtanne, die Schutz vor Schneefall bot. Mit zwei Schlafsäcken, Platz für drei Leute zu schaffen war genial, da wir somit weniger Gepäck hatten.
Hungrig saßen wir des Nachts ums große Feuer und gaben Fleisch, sowie den Bärenfettklumpen herum. Essen schmeckt wohl am besten, je mehr Hunger man hat! An diesem Abend im Feuerschein sitzend spürte ich das Leben wieder besonders stark und war glücklich über meine Entscheidung zum Wolftracking mitgekommen zu sein. Wieder ging es genauso sehr ums Abenteuer bzw. den Prozess, wie um die Spuren bzw.

das eigentliche Ziel.
Körper an Körper schliefen wir in unserem Dreierbett ein. Bewusst fragte ich eine Clanfreundin, mit der ich bisher wenig verbunden war, ob ich neben ihr schlafen könnte und wir Körperwärme teilen würden. Das war gut, da dies uns mehr verband und wir gemeinsam eine Komfortschwelle nahmen. Schließlich ist es einfach, mit den Leuten zu kuscheln die man eh schon gerne hat!
Am nächsten Morgen machten wir ein großes Feuer, um all unsere Sachen zu trocknen und gingen ohne zu essen los. Sonne, welch ein Segen! Die nächsten Stunden trugen wir unser Gepäck durchs Land und suchten weiter..........keine Spur. Wir fanden ein paar sehr alte, eingefrorene Wolfsspuren auf der Straße, doch das half uns nicht. Gegen Nachmittag kamen wir an einen Platz, den wir im Sommer bereits schon einmal als Zwischencamp nutzten, auf dem Weg zum Reis ernten. Müde, erschöpft, unmotiviert da keine Spuren und hungrig nach einem Fastentag, blickten wir uns entschlossen in die Augen uns sagten „Die gleiche Prozedur, wie letzten Abend" und ich begann mit verbleibenden Kräften sieben Ladungen Feuerholz zu sammeln. Diesmal bildeten wir ein zwei-mal-zehn Meter Tannenzweigbett und legten uns alle nebeneinander. Leichter Nervenkitzeleffekt blieb da nicht aus, da man nie wusste, ob es plötzlich warm werden würde und statt Schnee, Regen vom Himmel fiel! Wir hätten keinen Schutz gehabt!
Noch vor unserem primitiven Abendessen beschlossen wir, dass wir höchstwahrscheinlich morgen wieder heimkehren würden. Eine neue Trackingtour wurde geplant und diesmal würden wir erst losziehen, sobald unsere Scouts eine Fährte ausgemacht hätten. Doch wie so oft im Leben *lass es los und es kommt zu dir*, kaum hatten wir das beschlossen, kam Einer vom Wasserloch zurück und jubelte über den Fund von Wolfsspuren! Dies löste bei den Meisten zwei Gefühle aus. „Yeah, endlich Spuren, denen wir folgen können" und „Shit, das bedeutet längerer Diskomfort."
Diese Nacht nahmen wir noch eine vierte Person in unser Doppelschlafsackgebilde herein. Stell Dir vor, wie vier Leute in Löffelchenstellung aneinander kleben; kein Blatt Papier hätte mehr zwischen uns gepasst, doch was zählte war Wärme! Hier war nicht einmal mehr Platz für Platzangst ;-)
Das Problem war, dass mein Arm vor mir einschlief und nach einer gewissen Zeit wehtat. Mit Mühe und Not konnte ich mich um vielleicht dreißig Grad drehen. Und ob du es glaubst oder nicht, irgendwie war es

trotzdem ein schönes und tiefes Erlebnis. Ich blickte zu den Sternen zwischen vereinzelten Wolken und wusste um die Einzigartigkeit dieses Momentes! Dann schlief ich seelig ein.....
Am nächsten Morgen zogen zwei Leute zurück zum Camp. Einer hatte einen Zahnarzttermin, zu dem er von den Guides gefahren wurde. Wer während des Wildnisjahres zum Arzt, in die Zivilisation musste, erlebte stets eine Unterbrechung des Eintauchens in diese Erfahrung, deswegen versuchten wir so etwas möglichst zu vermeiden.
Und ein Guide, welcher zugleich als Teilnehmer mit seiner Familie im Wildnisjahr dabei war, hatte an diesem Tag ein Treffen mit den Guides aus dem Basecamp. Ich habe heute noch großen Respekt vor dem, was dieser Mann im Familienjahr geleistet hat. Als Teilnehmer dabei zu sein war ja schon nicht ohne, jedoch zugleich als Guide für den Clan zu agieren forderte viel Kraft und Ausdauer. Die Guides vom Basecamp kamen nur alle paar Tage zu uns. Meist, wenn es etwas zu bereden gab.

Also gingen zehn Leute ins Moor, in das die Spuren führten. Dort läuft man ca. eine Stunde, um einen Kilometer hinter sich zu bringen. Langsam tasteten wir uns an den Spuren entlang. Es war zäh, das Gelände unwegsam und die langsame Bewegung ließ uns nicht wirklich warm werden. Heimgehstimmung lag wieder in der Luft. Schließlich entschieden sich drei weitere Leute, zurück ins Wildniscamp zu gehen und somit verblieben noch Sieben. Wir lasen vom Boden eine Jagdszene, bei der die Wölfe - vermutlich waren es wieder drei - einen Hirsch aufscheuchten, die Hirschspuren zeigten große Sprünge und anscheinend entkam das gejagte Tier. Von Tag zu Tag entkräfteter zogen wir wieder ohne zu Essen den ganzen Tag durchs Gelände. Da wir streckenmäßig nicht allzu weit kamen, entschieden wir uns am Abend wieder zum Camp des vorigen Tages zu marschieren. Das Essen wurde knapper, uns verblieben die getrockneten Lindenblätter, etwas Bärenfett, etwas Fleisch und zu guter Letzt rösteten wir dann noch das Hirschfell. Haare wurden abgebrannt, somit isst man praktisch die Haut des Tieres. An diesem Abend stellte ich wieder fest, dass meine Wertschätzung am größten war, wenn ich am wenigsten hatte. Normalerweise würde man ein getrocknetes Lindenblatt vielleicht verspotten, doch in dieser Situation ist solch ein Blatt mit einem Klecks Bärenfett ein delikater Trüffel! Diese Nacht forderte ich mich mit einer anderen Clanfreundin heraus und wir schliefen in einem Schlafsack, der zwar groß, jedoch für eine Person gedacht war. Da hieß es, entweder Beide drehten sich..........oder

Keiner! Vor dem Einschlafen blickte ich wieder zum Sternenhimmel und war so dankbar für diese Erfahrung..........für dieses Leben! War das nicht paradox, sollte ich nicht eigentlich das Gegenteil empfinden, bei all den Unbequemlichkeiten?
Am nächsten Tag kehrten sechs von uns zurück ins Wildniscamp. Nur ein wildniserfahrener Mann zog weiter und verbrachte zwei weitere Nächte allein und ohne Essen fastend in der Wildnis. Er folgte weiterhin den Spuren, wow.
Zu Hause angekommen feierten wir ein Fest mit all den Köstlichkeiten wie Früchten, Nüssen und Wildreis mit Bärenfett. Ein weiteres Abenteuer das ich mit nichts so schnell vergleichen könnte!

Nach unserer Rückkehr vom Wolftracking machten sich am nächsten Tag ein paar Leute mit all unseren Kids auf, um eine Nacht irgendwo in den Nordwäldern zu verbringen. Auch deren Abenteuer war herausfordernd und brachte Erschöpfung am Abend, da einige Schlafplätze vorbereitet und Holz gesammelt werden musste. Das war nicht ganz ohne, da man hier für Kinder fast wie für einen Erwachsenen einrichten muss, jedoch relativ wenig Kidspower in die Arbeit miteinfloss. Zudem bekamen sie am nächsten Morgen leichten Nieselregen und hatten einen intensiven Gruppenprozess auf dieser Kurzreise, bei der ich nicht dabei war.

SCHNEELAGER

Schneehütte, welche ich gemeinsam mit einem Jungen baute und später für einen Mond mit ihm darin lebte

Das letzte Abenteuer stand vor der Türe, der Umzug in ein neues Camp, in dem wir Schneebehausungen bauen und unseren letzten gemeinsamen Mond miteinander verbringen sollten. Wieder wurden Scouts ausgesandt, um mögliche Standorte für das bzw. die Camps ausfindig zu machen. Geplant war ein Camp mit Kids und ein kleineres Camp ohne Kids. Ich entschied mich, ins Familiencamp zu gehen und somit machten wir uns zu sechst auf, um den neuen Standort für unsere Familien vorzubereiten. Dazu folgten wir der Beschreibung unseres Scouts bzw. liefen in seinen Fußspuren dorthin. Der Weg führte durch eine Wald- und Moorlandschaft, sowie über einen zugefrorenen See. Wir liefen etwa eine Stunde zu Fuß. Der Winter war bereits vorangeschritten und die tiefste Kälte vorüber. Dementsprechend taute schon die oberste Schicht des Sees und wir liefen über eine Art Eismatsch. Das Wasser hier schmeckte etwas schwefelig, doch hielt es sich noch in Grenzen und war genießbar. Umgeben von unzähligen Balsamtannen standen wir bald auf der perfekt geeigneten Lichtung. Zur Vorbereitung sollten wir ein Lean-To bauen und zwei Feuerstellen integrieren. Durch knietiefen Schnee bahnten wir also die ersten Wege in Richtung angrenzenden Hartholzwald, um geeignetes Material zu sammeln. Wieder genoss ich es, einfach in den Wald zu gehen und das zu nehmen was wir brauchten. Da jubelte der innere Baumeister ;-) Auch dies waren einige kräftezehrende Tage, an denen wir morgens nur leicht oder nicht frühstückten, mittags leicht von dem aßen, was wir mit uns hatten, dann hart arbeiteten und Material sammelten und erst abends eine größere Mahlzeit genossen. Jeder Biss ein Fest für sich!
Als das Lean-To gebildet war, kamen auch schon die ersten, um ihre Schneehütten zu bauen. Ich baute gemeinsam mit einem unserer Kids und wir planten, zusammen darin zu schlafen. Das fühlte sich wie ein Vater-Sohn-Projekt an und ich konnte spüren, was es bedeutet, (s)einem Sohn etwas zu versprechen und dies dann auch einzuhalten. In den Nächten, bevor wir die Unterkunft bildeten, schliefen wir gemeinsam in einem Schlafsack und ich kam auch hier dem Gefühl nahe, wie es wohl sein könnte als Vater. Eigentlich waren meine Kräfte nach den Campvorbereitungen beschränkt, doch schaufelten wir mit unseren Weidenkörben Ladung um Ladung auf einen Haufen, bis ein großer Schneehaufen entstand. Ich war beeindruckt über die Ausdauer und den Willen des Elfjährigen! Wir ließen den Haufen über Nacht gefrieren und fest werden und sammelten am nächsten Tag große Zweige, die wir um und auf dem Schneehaufen platzierten. Nun hatten wir ein Gerüst und

schaufelten wieder Schnee auf das Gebilde, bis das Gerüst nicht mehr zu sehen war. Der Schneeberg war nun mannshoch und wir begannen den inneren Haufen unter dem Gerüst auszugraben. Dabei verwandelte ich mich regelrecht in einen Maulwurf und schaufelte, was das Zeug hielt. So entstanden im Schatten der Tannen einige Schneebehausungen, wobei es wichtig war, darauf zu achten, dass die Schneehütte zu jeder Tageszeit vor Sonne größtenteils geschützt war.
Doch das ging alles nicht so schnell, wie es sich anhört, wir arbeiteten vier Tage an unserer Behausung. Warum so lange? Nicht dass ein Umzug im Winter mit einer vierundzwanzig-köpfigen Familie schon genug Herausforderung gewesen wäre. Camp bewegen war im Familienjahr mit Emotionen bewegen gleichzusetzen! Wir waren in genau dieser Zeit zwei Tage (fast) ohne Nahrung. Ja, wie war das passiert? Kein Fooddrop und alle Vorräte aufgebraucht. Hatten die Guides uns vergessen? Alles, was wir noch hatten, war ein kleinerer Klumpen Bärenfett und ein paar Nüsse. Der Clan entschied, dass alle Erwachsenen fasten würden und das Essen, das wir hatten, zu den Kindern ging. Auch wenn ich diesen Satz schon ein paarmal verwendete, dies war bestimmt eine der herausforderndsten Zeiten im Familienjahr! Doch was war hier los? Nach zwei Tagen ohne Nahrung schickten wir jemanden los um Antwort im Basecamp von den Guides zu bekommen. Was passiert war, war schlichtweg Misswirtschaft mit unseren Ressourcen. Als wir uns für den zufälligen Fooddrop entschieden, ging erst einmal alles ganz gut und wir überkamen anfängliche Essensängste. Zu Beginn des zufälligen Fooddrops stellten sich Einige im Clan gleich auf Fasten ein. Doch im Gegenteil, wir hatten erst einmal jede Menge zu Essen. Alles in allem bekamen wir nicht mehr als zuvor, jedoch immer wieder größere Mengen an Essen, was es komplizierter machte den Überblick zu bewahren. Langsam schlich sich über die Wochen die allgemeine Essenslust ein und wir aßen über das Maß, ohne zu merken, wohin unsere Vorräte gingen. Dann an dem Punkt, an dem uns das Essen ausging, sollten wir laut Papier - die Guides wussten natürlich, wieviel Tagesrationen sie uns gaben - noch für drei weitere Tage Nahrung haben. In dieser Zeit kam wieder der Jagdinstinkt in mir und manch anderem auf und ich erinnerte mich an ein Stachelschwein, das an einer bestimmten Stelle im Wald überwinterte..........

Mit Ehrfurcht musste ich wieder feststellen, wie Hunger meine Persönlichkeit zu beeinflussen vermochte. Der Gipfel dieser Zeit war dann,

als manche auch noch krank wurden, Kopfweh und Schwäche. Die Kinder hatten zwar Fett und Nüsse, doch waren das nahezu pure Fettquellen und machen dich ohne was Faseriges zu Essen wie Greens, eher krank! Also lagen die Kids fast alle entkräftet, teils mit Bauchschmerzen ums Feuer. Vorsicht Kettenreaktion! Kranke Kinder bedeutete emotionale Eltern. So jetzt war der Topf endgültig am Brennen!!! Viele emotionale Worte fielen, manche sprachen davon, das Wildnisjahr vorzeitig abzubrechen. Das war nicht wirklich besonders, da fast jeder in diesem Jahr irgendwann mal an diesen Punkt kam! Doch würde tatsächlich jemand einen Mond vor Ende gehen? Nein, so kam es nicht und gemeinsam mit den Guides konnten wir klären, was passiert war. Am dritten Tag bekamen wir wieder einen neuen Fooddrop, ich hörte unseren Wolfsruf, gerade als ich auf dem Weg zum Trinkloch war, Hoffnung trieb meinen, sich wie ein Zombie bewegenden Körper in Richtung Camp zurück, doch als wir die ersten Leute mit Säcken voller Nüsse, saftigen frischen Früchten, Fischen und neuem Fett sahen, drehte sich die emotionale Lage um hundertachtzig Grad! Enttäuscht stellte ich fest, wie sehr mein Emotionalkörper das Essen wollte, mehr noch als mein physischer Körper! Manche von uns, so auch ich, nahmen sich gleich eine große Ladung Nüsse, doch machten uns Andere darauf aufmerksam, dass wir somit wieder in Fastentagen enden könnten. Jener Moment war für mich psychischer Terror und ich konnte es in dieser Situation nicht einsehen und aß all die Nüsse, welche ich mir zuvor nahm. Später als ich wieder mehr emotionale Klarheit hatte, entschied ich mich dafür am nächsten Tag auf meine Nussration zu verzichten. Ja, ja täglich grüßt das Herausforderungstier :-)
Es war nicht leicht, die eigenen Schwächen anzunehmen, doch noch viel schwerer war es, wenn Andere mich in meiner vollen Verletzlichkeit sahen. Im Familienjahr blieb wenig verborgen, wie eine Stück für Stück geschälte Zwiebel stand man irgendwann nackt mit all seinen Verhaltensmustern vor dem Clan.

In diesen Tagen zweifelte ich stark an meiner Fähigkeit, aufrecht und ehrlich in zwischenmenschlichen Beziehungen zu sein und schrieb folgendes in mein Büchlein:

„Wenn es mir gut geht - vor allem genügend Essen und Schlaf - bin ich hilfsbereit und nett; wenn es mir nicht so gut geht verliere ich den Kontakt zu mir selbst, distanziere mich von den Leuten um mich herum und sehe immer weniger deren Bedürfnisse. Alles in allem sehe ich jedoch auch, wie sehr ich schon gewachsen bin und wo ich kreisbewusst

handelte. Ich sehe auch viele Situationen im Wildnisjahr, in denen ich klar über meine Grenzen ging und mitwirkte. Wo bin ich? Wer bin ich? Auf jeden Fall bin ich im Prozess, es ist nicht schwarz/ weiß, ich lerne und akzeptiere wo ich gerade stehe. Mein Ego ist stark verunsichert wie der Kreis mich wohl gerade wahrnimmt......"

Einige Tränen später machte ich mir selbst ganz klar, wie wichtig es ist sich immer wieder daran zu erinnern *Wer man ist* und welchen Weg man schon ging! Ich sehe Selbstwertschätzung als Grundlage für weiteres Lernen.
Doch fragte ich mich wirklich, wie dieser Clan mich wohl wahrnahm und berief einen Kreis, bei dem ich um einen Spiegel meiner Person fragte. Es war erstaunlich zu hören, wie diese siebzehn Erwachsenen nahezu all meine Stärken und Schwächen aufzählten! Jetzt war ich endgültig überzeugt, ich bin kein Tölpel und auch kein Perfekter, ich bin Mensch und lerne. Schon bald ging es allen wieder besser und wir nisteten uns nach dieser großen Lehre im neuen Camp gut ein.

Das Leben in einer Schneebehausung brachte auch das Schmelzen und Flicken der Schneehüttenwände mit sich. Ich vernachlässigte meine Hütte in dieser Hinsicht und nach zehn Tagen hingen die Zweige des Schneehüttengerüsts von meiner Decke. Dies störte mich zwar nicht doch war die Hütte zu flach, um darin aufrecht zu sitzen. Wieder mit neuen Kräften und Motivation beschloss ich eine weitere Schneehütte zu bauen. Diese baute ich allein und schuf mir ein geräumiges Schneehäuschen. Ich lernte einiges über verbesserten Schneehüttenbau. So half ich noch beim Bau einiger anderer Hütten mit und bekam ein gutes Workout als professioneller Schneehüttenmaulwurf!
In dieser Zeit des Übergangs vom alten Wintercamp zum neuen Schneecamp kam um Vollmond herum die Nachricht, dass wir eine Schwitzhütte bekommen würden, da kam Freude auf, dies war wohl genau das Richtige für einen Übergang.
Da standen also ca. zwanzig Erwachsene und Kinder barfuß auf Handtüchern oder Holzscheiten in einer kalten Schneelandschaft um ein gigantisches Feuer herum und warteten, bis jeder Einzelne mit aller Ruhe geräuchert war. Ich fühlte mich wie ein Dönerspieß, als ich mich auf meinem Handtuch gleichmäßig im Kreis drehte, um von allen Seiten warm zu bleiben. Als die ersten sieben glühenden Steine in die Hütte kamen und der Duft von frischen Thujennadeln in meine Nase stieg, spürte ich, wie ich mich mit meinem Innersten verband. Diese

Schwitzhütte bedeutete für mich das Feiern einer neuen Reise zu meinem Selbst. Auf dieser Reise ging es darum tiefer in meine Person einzusteigen und mich selbst besser kennenzulernen.......... „wer ist Sun Eagle?“, fragte ich und spürte ihn ganz klar. Ich wusste also, wer er war; nun galt es, das Wissen in die Tat umzusetzen! Das ist mein Weg, soweit ich sehen kann und ich bin bereit, ihn zu gehen - Schmerz, Freude, Abenteuer, Enttäuschung, Lernen, Mut, Angst, Liebe, Schatten, Sonne, Spirit, Body. Danke.
In dieser Nacht feierten wir noch ein üppiges Fest!

KINDER

Kinderzimmer - Nachbauten von Miniatur-Lean-To´s und Wigwams

Zur Abwechslung gab es nun hin und wieder Avocados und einen wilden Truthahn - ein Roadkill, der uns eine köstliche Suppe bereitete. Die Kids wussten natürlich sofort etwas mit seinen schönen Federn anzufangen. Wusstest du, dass man mit einem schwammigen leichten Pilz und Federn wunderbare Flieger bauen kann? Und die sehen auch noch richtig gut aus! Oder Federn über ein Lagerfeuer halten, die warme

Luft trägt die Feder dann hoch in die Lüfte; dessen Feder, welche am weitesten reist, hat natürlich gewonnen.
Zudem begannen sie unsere Behausungen, wie das Lean-To oder das Wigwam in klein nachzubauen. Daran konnte man sehen, dass sie das Bauprinzip erkannt hatten und sobald sie etwas älter sind, so dachte ich mir, muss man ihnen nicht mehr viel über den Bau einer solchen Behausung erklären. Ich sehe darin eine der natürlichsten Arten zu lernen und verstehe nun, warum ursprünglich lebende Völker keine Schule brauchen! Doch denke ich auch, dass diese Form des Lernens nur dann möglich ist, wenn die Kids unmittelbar am Leben der Erwachsenen teilhaben können und die Einrichtung Schule des Kindes und Arbeitsplatz des Erwachsenen örtlich nicht getrennt sind.
Selbstkreierte Spiele oder der Bau von Miniatur-Lean-To's und Minischneehütten für kleine Kiefernzapfenbewohner ließ die Kids mehr und mehr zusammenwachsen. Sie waren alle sehr verschieden und manche konnten am Anfang nichts miteinander anfangen, doch nun akzeptierten sie sich und so was wie Ausgrenzung gab es nicht mehr. Wie Geschwister hatten sie ihre eigenen Spiele, Worte und Kultur gebildet.
Doch mit am erstaunlichsten war unsere Jüngste, die mit drei Jahren ohne ihre Eltern mit Anderen aus dem Clan eine Nacht irgendwo in der Wildnis verbrachte und gegen Ende des Wildnisjahres das erste Mal allein im Wald ihr großes Geschäft verrichtete, sich mit Schnee den Po sauber wischte und wieder anzog. Daraufhin berief ihr Vater ein Fest zu Ehren ihres Wachstums und Selbständigkeit.

An dieser Stelle möchte ich noch ein paar Anliegen teilen, über die wir in Elternredekreisen sprachen und was dabei heraus kam:

Kann man als Eltern vor dem Kind diskutieren?
So lange die Eltern respektvoll miteinander umgehen, ist es gut für ihr Kind mitzuerleben, wie Lösungen gefunden werden können. Wenn es dabei direkt um ihr Kind geht, ist es wichtig, das Kind so viel wie möglich in die Lösungsfindung mit einzubeziehen. Wenn zu starke Spannung den respektvollen Umgang nicht mehr gewährleistet, ist es wohl besser, erst Emotionen abkühlen zu lassen und sich etwas später erneut zu begegnen. Bei zu großer Uneinigkeit der Erwachsenen, könnte ein Kind während einer offenen Diskussion manipulieren, um sich Vorteile zu verschaffen.
Themen bezüglich Sicherheit sollten nicht vor Kindern besprochen

werden. Hier sollte der Clan nach seiner Erfahrung beschließen was sicher bzw. was zu gefährlich ist!

Eingreifen, wenn Kids untereinander raufen/schlägern?
Kinder machen das unter sich aus. Immer mal wieder konnten wir Eltern beobachten, wie die Kids ernst miteinander rauften, dann einer weinte und fünf Minuten später das Spiel gemeinsam fortgesetzt wurde. Hierbei kann Opfer-Täter-Verhalten entstehen und, wenn Eltern dazu neigen, ein Opfer immer wieder zu retten, entstehen manipulative Muster, die dem Kind ein Leben lang bleiben. Ich gab mal genauer acht und sah mir vor Raufereien das Vorspiel an, bei der das spätere Opfer meist auch gar nicht so ohne agierte! Ich persönlich würde bloß dann eingreifen, wenn ich eine schwerere Körperverletzung erwarten würde. Eine Kinderkultur mit unterschiedlichen Altersklassen kann sehr wichtig sein damit Kinder zwischenmenschliche Grenzen kennenlernen.

Sollen Kinder an alltäglichen Aufgaben teilnehmen?
Dies ist wichtig, um Verantwortungsbewusstsein zu lernen. Am besten jedoch das Ganze sieht nicht wie Arbeit aus, sondern ist mehr wie ein Spiel, hab Spaß mit deinen Kindern beim Kochen, Holz sammeln oder Staubsaugen! Ermutigende Gespräche, bei denen man gemeinsam herausfindet, wo ein Kind zur Gemeinschaft beitragen möchte, sind hilfreich. Jemand der alles präsentiert bekommt, tut sich schwerer, aus diesem Muster herauszukommen. Zur gleichen Zeit sollten Kinder auch genügend Raum für Spiel und Kreativität haben. Weigern sich Kinder schlichtweg total an gemeinschaftlichen Tätigkeiten teilzunehmen, ist es wichtig *natürliche Konsequenzen* geschehen zu lassen. Wer kein Feuerholz sammelt, kann nicht kochen und wird dann später nicht warm essen!

Was tun, wenn Kinder nur bestimmte Dinge essen möchten?
Das kommt natürlich darauf an, was bestimmte Dinge sind, doch sind sich wahrscheinlich die meisten einig, dass Schokolade und Nudeln auf längere Zeit das Kind nicht mit genügend Nährstoffen versorgen. Wir beobachteten, dass unsere Kids stets dann von Allem aßen, wenn genügend Hunger vorhanden war. Koche vielleicht keinen ganzen Topf Nudeln, sondern eine Portion für jeden am Tisch und dazu reichlich Gemüse.

KÖRPER UND KOMFORT

Seit ich in der grünen Zeit fast zehn Kilo abnahm, nahm ich über die weiße Zeit wieder zwölfeinhalb Kilo zu! Ich merkte, dass mein ganzer Körper massiger wurde und fühlte mich kräftig und wohl. Außer unzähligen Kratzern und Schnittwunden sowie kleineren Prellungen überstand ich alles gut. Doch trotz unserer gelernten Künste, ein Feuer so aufzubauen, dass es möglichst wenig rauchte, atmeten wir viel Rauch über den Winter! Das nasse Holz und Wind erschwerten es, ein rauchfreies Feuer zu halten und ich merkte beim schnellen Laufen bzw. Rennen, dass ich stark atmen musste. Es fühlte sich ähnlich an, wie zu den Zeiten, als ich noch Raucher war. Einer unserer Jungs war im letzten Mond beim Arzt und als dieser ihn untersuchte, fragte er, ob der Junge Raucher sei! Nun verstand ich besser warum die Guides sich konsequent von kleinsten Rauchschwaden entfernten. Das ist gewiss ein ernst zu nehmendes Anliegen beim draußen Leben!

MÄNNERKREIS

Der Winter brachte noch zwei Männerkreise mit sich. In einem davon ging es um ein wahrscheinlich sehr empfindliches Thema, über das ich hier sprechen möchte. *Babyhunger.*

Dabei teilte ein erfahrener Mann seine Geschichte und wie es zum Zustandekommen seiner Familie kam. Er sprach davon, wie er zum Zeitpunkt der Schwangerschaft noch gar nicht bereit war für ein Kind und Familie. Auch wenn mancher behauptet, man sei nie bereit für Kinder, beziehe ich hier Stellung und wiederspreche dem. Wer selbst noch sehr am Reisen - sowohl innerlich als auch äußerlich - ist und sich noch zu wenig kennt bzw. erforscht hat, ist meiner Meinung nach noch nicht bereit für Kinder. Ich denke, dass es bei diesem Selbsterforschungsprozess darum geht, die eigene erwachsene Seite zu entwickeln. Ich behaupte auch, dass in unserer Gesellschaft die Wenigsten wirklich danach streben, erwachsen zu werden und Verantwortung für all das zu übernehmen, was ihnen geschieht und sehe darin den Knackpunkt bezüglich bereit sein für Kinder.

Die innere Stimme des Mannes sagte ihm, er solle weiter gehen. Dann wurde seine Frau schwanger und beide waren überfordert mit Arbeit, Kind und Partnerschaft. Dies führte zu seinem Burnout und irgend-

wann folgte er schließlich seiner inneren Stimme und ging. Nun war er zurück von seiner *Reise zum Mann* und kann seinem Sohn den Vater bieten, der davor trotz seiner Anwesenheit irgendwie doch nicht da war. Er fragte auch seine Frau, ob sie ihn damals halten wollte mit der Schwangerschaft. Einige Zeit verneinte sie dies, bis sie ihm eines Tages erzählte, dass doch ein Stück Wahrheit daran war. Nicht bewusst, mit böser Absicht hatte sie es getan, mehr unterbewusst einem Angstimpuls folgend. Ihre Babyuhr lief schneller als seine, oder?
Eine Besonderheit unseres Wildnisjahrmännerkreises war, dass eine Frau, die sich als beidgeschlechtlich ansieht, bei uns mit im Männerkreis saß. Ich behaupte mal, dass diese Frau mehr gesunde männliche Energie hat als viele Männer, die ich kenne! Sie war hier willkommen und teilte offen, dass auch sie in ihrer letzten Beziehung deutlichen *Babyhunger* spürte. Ihr Freund entschied sich in die Welt zu reisen. Sie erzählte wie stark ihr Körper reagierte als klar war, dass sie vorerst allein sein würde. Bewusst entschied sie sich nicht den Weg des halb-zufälligen-Kindes zu gehen. Der weiter oben erwähnte Mann war nicht der einzige im Kreis, der dies erfahren hatte und auch ich erinnerte mich an eine vergangene Beziehung bei der meine damalige Partnerin, gerade in Zeiten der Krise bzw. als ich die Beziehung stark in Frage stellte, nachlässig wurde beim Einnehmen der Pille. Ich hatte nie den Eindruck, dass dies Absicht war, mehr eine unterbewusste Nachlässigkeit. Wer weiß, was hier für Hormone im Spiel sind? Wenn ich die Geschichte meiner Eltern genauer unter die Lupe nehme, frage ich mich auch, inwiefern dieses Thema zu meiner Geburt führte? Es geht nicht um eine Schuldzuweisung an die Frau. Denn auch hier spielen beide Parteien eine klare Rolle. Viel mehr möchte ich Frauen dazu ermutigen genau hinzuspüren, wie der Körper reagiert und wo die Beziehung bzw. Emotionen gerade stehen. Macht eine Beziehung, die aus der Abhängigkeit nicht allein sein zu wollen heraus entsteht, wirklich Sinn? Genauso rufe ich Männer dazu auf hinzuspüren, wo sie gerade stehen und dies klar auszusprechen. Macht eine Beziehung, die aus der Abhängigkeit nicht verletzen zu wollen heraus entsteht, wirklich Sinn? Ich kann mir gut vorstellen, dass die oberen Rollen auch vertauscht werden können und möchte nicht am steifen Männer-Frauen-Bild festhalten. Genauso gehen junge Frauen auf die Reise zur Frauwerdung und es gibt Männer mit Babyhunger. Zweiteres tritt wahrscheinlich nicht so häufig zu Tage, da Männer dies oft nicht so sehr beeinflussen können, um die Frau mit einem Kind zu halten.

ABSCHLUSSZEIT

PSYCHOLOGISCHE ÜBUNG

Wie bereits geschildert war auch der letzte Mond im Wildnisjahr kein stranden, sondern eher ein Lauf bergaufwärts. Wir näherten uns immer mehr der Tag- und Nachtgleiche und die Tage wurden wieder länger. Kurz vor Schluss waren Sehnsüchte und Zukunftsvisionen besonders stark, es war schwer, jetzt wirklich präsent zu bleiben!
Die Abschlusszeit brachte noch eine weitere Karussellfahrt mit sich. Doch dazu muss ich noch einmal ausholen und von einer Zeit im Sommer sprechen. Nach ca. zwei Monden machten wir eine psychologische Übung. Dabei sollten wir uns vorstellen, wir würden auf einer einsamen Insel stranden und in eine Überlebenssituation geraten. Welche vier Leute aus deinem Clan würdest du auf diese Insel mitnehmen?
Also schrieb jeder vier Leute auf seinen Zettel und später wurde das Ganze dann ausgewertet. Zu diesem Zeitpunkt waren wir noch fünfundzwanzig Erwachsene und im Durchschnitt würde jeder natürlich vier Stimmen bekommen. Dies wäre der Fall, wenn der Clan in absoluter Balance wäre, doch kam es anders! Es gab drei Leute mit vielen Stimmen, darunter noch ein paar mit wenigen Stimmen und die meisten hatten eine oder keine Stimme. Ich hatte zwei. Direkt nachdem das Ergebnis preisgegeben wurde, waren Emotionen förmlich spürbar, kurz darauf auch hörbar! Einige äußerten sich darüber, wie unsinnig diese Übung sei, Andere stellten mit rationalem Verstand fest, dass natürlich Diejenigen, welche die besten Survivalfähigkeiten besaßen, am meisten Stimmen bekamen „.....war ja klar", hieß es da. Und Andere blieben einfach still. So wie ich. Gewiss bemerkte auch ich, wie dies etwas in mir auslöste. Da kommen schon mal Stimmen in den Verstand wie „Mögen mich nur zwei Leute aus dem Clan?", „Zum Glück keine 0, sonst wäre ich wahrscheinlich deprimiert", „Macht diese Übung überhaupt Sinn?" und „Worum ging es dabei gleich wieder?". Diese letzte Frage ist dabei wohl die einzig wichtige. Denn Emotionen ließen schnell vergessen, dass es hier nicht um einen Beliebtheitswettbewerb ging! Vielmehr um einen realistischen Spiegel, wie der Clan meine physische und mentale Teilnahme in unserem Gemeinschaftsleben bewertete. Und das war ehrlich und direkt. Paradox war, dass zwei Stimmen nicht viel waren, jedoch lag ich damit im oberen Drittel der Wertung. Was jetzt, trage ich bei oder

nicht? Auch dieser Gedanke spielte keine Rolle, vielmehr wie ich nun mehr in meine Kraft kommen konnte!

Zwei Monde vor Ende des Programms hatte ich bereits damit gerechnet, dass diese Übung wieder kommen würde. Also dachte ich darüber nach, welche vier Leute ich auf meine Insel mitnehmen möchte. Schnell stellte ich fest, dass es gar nicht so einfach war. Eigentlich war ich mir nur mit einer Person zu 100% sicher. Ich überlegte hin und her und stellte eine top Survivalgruppe zusammen..........das war zwar gut und recht, diese Gruppe würde bestimmt überleben, doch ist das alles, was zählt? Natürlich mit dem Hintergedanken, dass ich mit diesen vier Leuten den Rest meines Lebens auf einer Insel verbleiben müsste. Also tauschte ich aus. Doch wieder war ich nicht ganz zufrieden, denn diesmal hatte ich Leute in der Gruppe, zu denen ich zwar bislang engen Kontakt hatte, doch mochte ich mit ihnen zusammenleben? Ich stellte fest, dass ich aus einem schlechten Gewissen heraus wählte „Wenn die Person herausfindet, dass ich sie nicht gewählt habe, dann ist sie bestimmt sauer/traurig/betroffen oder ähnliches!“ Doch diese Gedanken halfen mir nicht, wenn ich ehrliche Beziehungen in meinem Leben haben wollte. Schluss mit ungesunder emotionaler Abhängigkeit und ich würfelte noch einmal. Dieses Mal entschied ich mich für Personen, zu denen ich eine gute innere Verbindung hatte, welche tatkräftig im Gemeinschaftsleben teilnahmen, Sinn für Humor und Spaß hatten und an gemeinsamer Heilungsarbeit interessiert waren. Das fühlte sich schon besser an und ich stellte meine Gruppe zusammen.
Nach wenigen Wochen bemerkte ich jedoch, dass ich in Gedanken doch immer mal wieder jemanden austauschte. Daraufhin verfolgte ich meine Gedanken, um herauszufinden warum. Ich stellte fest, dass ich dann Leute in Gedanken austauschte, wenn diese Person gerade aktuell Schwäche zeigte - Teilnahmslosigkeit, emotionale Trägheit, Wut oder was auch immer. Das war natürlich auch nicht das Gelbe vom Ei, dachte ich für mich und überlegte, woran das lag. Die Antwort war einfach zu finden - Angst! Angst davor, eine falsche Entscheidung zu treffen und Angst eine klare Entscheidung zu treffen! Mit dieser Erkenntnis betrachtete ich mein vergangenes Leben sowie meinen Clan und erkannte, wie oft herumeiern bzw. keine klare Entscheidung fällen zu Leid führt. Wer kann sich denn auf dich verlassen, wenn du keine Entscheidungen triffst und für diese stehst? Ich stellte auch fest, wie dies bereits meine früheren Partnerbeziehungen belastet hat und lernte in diesem Augen-

blick jede Menge über mich selbst.
Also beschloss ich, ein letztes Mal meine Gruppe zusammenzustellen, in Gedanken ein Versprechen zu dieser Gruppe abzugeben und sobald die Übung auftauchen sollte, ohne nachzudenken bzw. herumwaffeln - *waffeling* sagen sie in Amerika - die vier Namen auf das Blatt Papier zu schreiben. In der darauffolgenden Zeit kamen immer mal wieder Gedanken, die doch wieder tauschen wollten, doch hielt ich mir vor Augen wie wichtig diese klare Entscheidung war. Und ich sollte es nicht bereuen, denn die Übung kam erneut, im letzten Mond, und ich hatte es auf einmal ganz leicht. Ich blickte dann auch in die nachdenklichen, sich schnell entscheiden müssenden Gesichter des Clans. Jene Übung ging psychologisch so tief, dass, auch wenn die Inselsituation nie passieren würde, trotzdem Leute bei ihrer Entscheidung ziemlich ins Schwitzen kamen.
Diese Erfahrung führte dazu, dass ich zu üben begann, klare Versprechen abzugeben. Dabei handelte es sich oft um kleine Dinge, wie morgens zu sagen „Ich koche heute den Fisch“ Punkt! Gesagt getan! Wie komfortabel ist es doch zu sagen, und das hörte ich nun auch stark im Kreis heraus „Ich koche heute, vielleicht.....“, „Wenn ich Zeit habe, dann helfe ich mit.....“, „Wahrscheinlich werde ich.....“. Nicht dass diese Sätze gar keine Relevanz haben, manchmal ist es gut und passend mit dem Flow zu gehen. Doch sehe ich nun auch die Schattenseite der, mittlerweile sehr beliebten Flowgeher-Einstellung.

Das Ergebnis der zweiten Übung kam einige Tage später. Diesmal wurden keine Zahlen (Stimmen) genannt, jedoch wie stark eine Person gestiegen oder abgesunken war. Zahlen wären zum Rechnen und mit Anderen vergleichen, für den Kopf gewesen. Doch hier hatte jeder für sich die Möglichkeit, sich selbst zu diesem Zeitpunkt, mit sich selbst im Frühjahr zu vergleichen. Nun waren es nur noch achtzehn Erwachsene, jedoch würde der Idealclan immer noch jedem vier Stimmen geben. Im Großen und Ganzen hatte sich gar nicht so viel geändert, ca. ein Viertel des Clans hatte nennenswerte Veränderungen zu vermerken. Ich erfuhr, dass sich meine Wertung verdoppelt hatte, gedankenschnell war mir gleich klar, dass ich somit vier Stimmen bekommen haben musste. Wieder meldete sich das Ego „Na wenigstens Durchschnitt!“, „halt die Klappe sagte ich ihm!“ und reflektierte, was ich anders gemacht hatte seit der ersten Übung. In der Tat stellte ich fest, dass ich engagierter war als in der ersten Zeit des Familienjahres. Das ermutigte mich meine

Gemeinschaftsqualitäten weiter auszubauen und zu wachsen.
Anschließend sprachen wir im Kreis darüber, was die Leute beobachteten bei ab- bzw aufgestiegenen Leuten. Gründe wurden genannt und somit gab der Clan einen weiteren Spiegel. Wieder war es intensiv, doch nun verstanden wir mehr über den Sinn dieser Übung und ich denke, dass die Meisten etwas über sich selbst lernten.

Trommeln - Gebaut aus gebogenen Hölzern oder hohlen Baumstammstücken und roher Hirschhaut

DIREKTE SPIEGEL

Auch hier nahm die Emotionskarussellfahrt kein Ende, ein nächster Kreis wurde von den Guides einberufen. Es ging darum, weitere Spiegel des Clans zu bekommen. Wieder waren die Dinge schwer zu nehmen und zur gleichen Zeit so wertvoll für mein weiteres Leben.
In diesem Kreis ging der Redestab umher und jeder Einzelne sollte Namen nennen, wer eher kreisbewusst gehandelt hatte in diesem Jahr und wer weniger. Dazu kamen, wer das Wildnisjahr bloß als Programm ansah und nicht als reales Leben, wer mehr auf seine eigenen Bedürf-

nisse schaute als auf die des Clans, sowie weitere Fragestellungen dieser Art. Ich landete irgendwo zwischen kreisbewusst und nicht-kreisbewusst. So in etwa schon ganz gut, doch noch ausbaufähig, nahm ich davon mit.
Diese Übung war ein großes Schauspiel zum Thema klares Wahrheit sprechen und die Wenigsten taten sich leicht, Namen zu nennen. Doch jeder tat es am Ende. Die Schwierigkeit war wohl, das antrainierte Schuldmuster unserer Gesellschaft zu überwinden und das Ganze im Kontext des ehrlich seins, Chance zur Selbstarbeit und Gemeinschaftsarbeit zu sehen.
Eine Sache, die mich jedoch klar (be)traf war, dass ich das Wildnisjahr oft als Programm ansah, besonders wenn ich mit Dingen haderte, die hier passierten. Dieser Kreis hatte zur Folge, dass wir zwei Kleingruppen bildeten. Eine mit sogenannten *Zu viel Tuenden* und *Zu wenig Tuenden.* Jeder teilte mit, wie er sich selbst bezüglich mitwirken im Clan erlebte und wir sprachen über Gründe fürs weniger tun, sowie Möglichkeiten sich mehr einzubringen. Das war sehr befremdlich für mich, im Kreis der *Zu wenig Tuenden* zu sitzen. Hatte ich doch einige Zeiten hier, in denen ich sehr aktiv war. Jedoch teilten wir ziemlich radikal in entweder/oder ein und ich hatte bestimmt nicht kontinuierlich zu viel getan! Im eben genannten Kreis zu sitzen löste in mir erst einmal einige Gefühle aus. Herausforderung des Minderwertigkeitskomplexes und Egostimmen im Kopf „Ich gehöre nicht dazu!“, „Was mache ich hier überhaupt?“. Waren diese Stimmen nicht schon ein Zeichen dafür, dass ich richtig war? Doch ich blieb ruhig, besann mich auf meine Realität, in der ich wusste, dass ich hier starke und schwache Zeiten erlebte und dies eine Chance war weiter zu wachsen. Es galt meine Grenzen, außerhalb meiner Komfortzone immer noch zu funktionieren, zu erweitern. Als ich wieder in meine Mitte kam, erkannte ich, dass der Austausch gut war und das motivierte mich, weiter zu machen. In diesem Moment fiel Schnee auf meine Nase und ich wusste, er würde Nässe und Tauwetter mit sich bringen.....
Auch die *Zu viel Tuenden* hatten Erkenntnisse und so kam es, dass in der Zeit nach diesen Kreisen immer wieder ein *Zu viel Tuender* ‚dem etwas auffiel, was zu erledigen war, einen *Zu wenig Tuenden* darauf aufmerksam machte oder um Mithilfe bat. Oft war es nämlich bloß eine Sache der Aufmerksamkeit. Und manche Leute haben ein besseres Auge dafür, was getan werden muss. Auch wenn bei diesem Thema bestimmt noch einige andere Faktoren eine Rolle spielen. Tun oder nicht Tun - das ist

hier die Klage!

Als wir dann die Ergebnisse unserer letzten Gewichtsmessung bekamen, gingen wir in einem weiteren Kreis wieder einmal aufs Thema Essen ein. Wer hatte mehr Gewicht, als er womöglich brauchte und wer hatte noch nicht einmal sein Startgewicht wieder erreicht. Natürlich alles relativ, da manche bereits unter- oder übergewichtig ins Wildnisjahr kamen. Jedoch konnte man an den Zahlen schon erkennen, wer in letzter Zeit stärker in den Topf griff und wer zögerte. Überessen war immer wieder präsent im Camp und auch ich hatte mich ertappt, wie ich definitiv mehr aß als mein Körper brauchte. Zuletzt hatte ich drei Kilogramm mehr als zu Beginn des Familienjahres. Das störte mich zwar nicht, doch ging es hier viel mehr darum, ein gesundes Verhältnis zu Essen zu entwickeln.
Also teilten wir die Gruppe in *Zu wenig Esser* und *Zu viel Esser*. Die entsprechenden Gruppen trafen sich dann im Kreis und sprachen über ihre Essgewohnheiten. Hier war Platz, um Fakten und Gefühle auf den Tisch zu legen und, mit der Unterstützung der Gruppe, eine neue Herangehensweise ans Essen zu erforschen. Ich beschränkte mich für die letzte Zeit auf drei Löffel Bärenfett pro Tag, zwei Löffel Reis und kein Essen zwischendrin - kein Snacken. Man muss dazu sagen, dass unsere Servierlöffel in etwa ein Fassungsvermögen von drei bis vier normalen Esslöffeln hatten. Nach ein paar Tagen schlichen sich wieder zwei zusätzliche Löffel Bärenfett und ein extra Löffel Reis zu meinen Essgewohnheiten hinzu, doch war selbst dies noch wesentlich weniger, als ich in den Wochen zuvor aß! In der *Zu wenig Esser*-Gruppe wurde auch analysiert, warum manche nicht genug Essen bekamen und festgestellt, dass man manchmal auch einfach zugreifen muss, ohne stets Angst oder ein schlechtes Gewissen zu haben jemandem etwas wegzuessen.
Bemerkung am Rande, im *Zu viel Esser*-Kreis zu sitzen, fühlte sich irgendwie an, als wäre ich zum ersten Mal bei einer Gruppe wie den anonymen Alkoholikern. Ähnliche Egoattacken wie weiter oben genannt wollten mich übermannen, doch auch hier fing ich mich wieder.
Sofort waren die positiven Auswirkungen der beiden Kreise spürbar und in der nächsten Zeit verteilte sich das Essen wieder balancierter. Zudem gab es wieder Reste, wodurch das Frühstück bereichert wurde!

Verschiedenste Essschüsseln - Mit Glut gebrannt oder mit einem gekrümmten Messer ausgeschnitzt. Jede so individuell wie sein Besitzer!

RE-INTEGRATIONSGESPRÄCHE

In den letzten Wochen und Tagen hielten wir einige Kreise, um über unsere Re-Integration in der Welt da draußen zu sprechen. Wir fingen an darüber zu sprechen, was im Wildnisjahr funktioniert hatte und was eher nicht. Der Stab ging herum und die Stimmen gaben ihre Erkenntnisse aus den vergangenen elf Monden preis. Es wäre zu viel, hier alles aufzuführen, drum gebe ich eine grobe Zusammenfassung.
Ich denke die Meisten der verbliebenen vierundzwanzig Familienjahrteilnehmer waren von der Heilungsarbeit begeistert, die wir hier ausübten und ständig verbesserten. Auch wenn diese Arbeit oft nicht einfach zu nehmen war!
Wir sprachen darüber, wie das Leben im Wald funktionierte, warum es von Vorteil ist in Gemeinschaft zu leben und wie man hier erlebte und gelernte Dinge mit nach außen tragen kann.

Als es um Dinge ging, die nicht funktionierten, kamen wir schnell auf die Anfangszeit zu sprechen, als wir relativ wenig Führung durch die Guides hatten. Nun konnten wir über den zusammengewürfelten Haufen vom Anfang, der wie ein kopfloses Huhn agierte, lachen! Die hier gelernten Dinge sind nicht unbedingt DIE eine Wahrheit, doch war es schön zu erleben, wie es gehen kann, wenn man mal einen Weg gefunden hat, um ein konstruktives Gemeinschaftsleben aufrecht zu halten.

Dann sollte sich jeder sein persönliches UTOPIA (Wunschvorstellung) für diese Welt vorstellen. Es kamen Visionen, Bilder einer gesunden und balancierten Welt und neue Wege zu leben in den Kreis. Falls Du nun da sitzt und dich fragst, was mit der Welt, wie sie ist, nicht in Ordnung sei und was diese Waldleute da eigentlich wollen, dann gehe ich hier aus meiner objektiven Perspektive und bekenne mich klar zu denen, die glauben, dass es so, wie es ist, nicht ewig weiter gehen kann! So gut wie jeder, der sich etwas informiert, kann sehen, dass der Umgang mit diesem Planeten außer Balance ist. Das heißt nicht, dass Zivilisation und Technologie etwas Schlechtes sind! Nein ganz im Gegenteil, ich sehe einige Bereicherung darin. Viel mehr kritisiere ich hier, wie jene Dinge größtenteils genutzt werden. Tiefer in dieses Thema einzusteigen würde wohl ein eigenes Buch verlangen, darum belasse ich es bei dieser persönlichen Meinung und ermutige jeden, einen Blick hinter die Weltkulissen zu werfen.
Auch ich teilte eine Vision im Kreis, die vor ein paar Jahren zu mir kam und mich immer noch bestärkt, meinen Weg zu gehen. Dieser Kreis war eine Bereicherung, selbst wenn so manch genanntes Utopia wahrscheinlich erst für meine Urenkel Wahrheit werden kann :-)
Eine meiner Lieblingsutopien, welche im Kreis ausgesprochen wurden, handelte von dem Wusch, dass es keine Opferhaltung mehr auf der Welt gebe.

Das nächste große Thema war *Ditch the Ratrace* - im deutschen sagen wir *Aus dem Hamsterrad aussteigen*. Dabei sprachen wir über unseren Planeten und das brachte bald Weltuntergangsstimmung und etwas Niedergeschlagenheit mit sich. Sätze wie „Wir bräuchten die Ressourcen von vier Erden, um unseren momentanen Lebensstil weiterzuführen - welche Alternativen haben wir?“ tauchten auf. Folgende weise Worte aus diesem Kreis schrieb ich mir in mein kleines, mittlerweile halb zerfleddertes Büchlein:

„Weltuntergangsstimmung kommt dann auf, wenn ich mich nicht um alternative Lebensstile kümmere, keine neuen Menschen kennenlerne, die dies tun und einfach ignoriere, was immer mehr ans Tageslicht rückt". Ich stimmte innerlich zu.
Dann sprachen wir über Möglichkeiten, naturnah oder in der Natur zu leben - Landkauf, Pacht, Sonstige Optionen. Über Bildung bzw. Alternativen zur herkömmlichen Schule - Heimschulung, freie Schulen usw. Über Nahrungsmittel - Containern, nach Erntezeit die Reste von Feldern nehmen, Beziehungen zu Bauern aufbauen, Ladenbesitzer nach älterer Ware fragen, denn oft wird viel weggeworfen, da es nicht mehr gut aussieht!. Über anonym bleiben - welche Daten gebe ich von mir preis, was poste ich bei Facebook usw.
Dies waren eine Reihe interessanter Kreise, bei denen man mitbekam was Einige vom Clan schon so alles gemacht hatten. Inspirierend!

Weidenkörbe oder Birkenrinden- und Hirschhautbehälter waren uns sehr dienlich!

DIE LETZTEN TAGE

Die letzte Zeit dieser Erfahrung war, wie man sich vielleicht denken kann, eine kleine Ewigkeit für mich. Die letzten zehn Tage fand ich zu altem Selbstvertrauen, verband es mit neuem Selbstvertrauen und bereitete mich somit auf die kommende Zeit vor. Ich wusste bereits, wo und wie mein Weg weitergehen sollte und stand in den Startlöchern, Entsprechendes in die Wege zu leiten. Das lenkte mich natürlich auch ab, voll hier zu sein. Der Schritt in zivilisierte Reiche war so nah..........und doch so fern.
Manche von Euch können sich eventuell gar nicht vorstellen, warum man aus solch einem Lebensstil wieder heraustreten wollen würde? Zum einen möchte ich keine Weltflucht leben und zum anderen unterlag ich schlicht meinen Komfortsehnsüchten! Ein paar Wochen nach dem Familienjahr spürte ich, wie ich wieder bereit gewesen wäre, in den Wald zu gehen :-)

Kurz vor Schluss traf sich jeder Teilnehmer einzeln mit den Guides am Feuer. Ein abschließendes Gespräch und Resümee über die Zeit hier in den Nordwäldern. Zuerst sollte ich mich selbst einschätzen, wo sah ich meine Stärken, wo meine Schwächen und wo Wachstumsmöglichkeiten? Nach längerem Nachdenken begann ich zu sprechen und erzählte wie ich mich sah. Meine Beschreibung traf zu 90% die Beobachtungen der Guides. Sie schrieben sich zuvor auf, was sie jedem Einzelnen als Feedback geben würden.
Als Essenz ergab sich daraus, dass ich starke versorgende Qualitäten besitze, gerade im Bezug auf Kinder und was im Camp (Zu Hause/Wohnort) getan werden muss und gut mit meinen Gefühlen verbunden bin bzw. diese auszudrücken weiß.
Meine Guardianseite ist schwächer und das lässt mich außerhalb meiner Komfortzone einige meiner Stärken verlieren! Als unser Hauptguide mir folgendes erklärte, hatte es bei mir klick gemacht:
„Solange Jemand im Komfort ist, ist es noch einfach sich um Andere zu kümmern (zu dienen/Service/versorgen), doch ist es wichtig auch außerhalb des Komforts noch aufrecht zu stehen, denn Diskomfort wird im Leben immer wieder auftauchen! Wer zum Beispiel Kinder hat, kann sich nicht aussuchen, wann Er/Sie fürsorglich ist oder ob gerade keine Kraft dafür da ist. Wenn Menschen in Not sind, braucht es Leute, die bereit sind, an ihre Grenze zu gehen um versorgen zu können.“

Diese Worte hallten noch lange nach dem Wildnisjahr in meinem Verstand. Darin erkannte ich auch meine Wachstumsmöglichkeiten. Ich war dankbar für dieses Feedback.
Nach diesem Gespräch ging ich allein spazieren und erinnerte mich an Szenen meiner Vergangenheit. Mir fiel auf, dass ich in Jugendjahren eigentlich stets Grenzgänger war. Ich trank bis zum Umfallen, rauchte viel, kiffte noch morgens bei erstem Tageslicht, nachdem die Party vorüber war noch einen letzten Joint, aß bis der Bauch fast platzte und überreizte meine Sexualität.
Dann wendete ich mich größtenteils von all den aufgezählten Dingen ab. Das war erst einmal befreiend. Doch irgendwie ging damit, ohne dass ich es bemerkte, auch etwas Anderes verloren. Nämlich eine bestimmte Energie, die man benötigt, um an Grenzen zu gehen. Nun möchte ich mich wieder mit dieser Energie verbinden, doch diesmal bin ich gewillt, sie in andere Bahnen zu leiten. Mit meinem Herzensweg als Leitfaden!

Wintermokassins aus gegerbter Hirschhaut zusammen mit den Innenschuhen aus unseren Winterstiefeln

ABSCHLUSSFEST

Für den vorletzten Tag des Familienjahres planten wir ein großes Fest! Voller Vorfreude stand ich morgens auf, in den Startlöchern Feuerholz zu sammeln, denn heute Abend würden wir viel davon brauchen. Als ich aus meiner Schneebehausung krabbelte, sah ich die grauen Wolken und Schnee. Im Laufe des Vormittags wurde der Schnee mehr und auch noch nass. Beim Frühstück brannten die Feuer bloß rauchig und es war jetzt schon fast nicht mehr möglich, einigermaßen trocken zu bleiben. Zudem waren die Nahrungsvorräte nicht gerade üppig. Sollte so unser Abschlussfest aussehen? Als ich an betrübten Gesichtern vorbeilief um die nächste Ladung Holz zu holen, war ein Wolfsruf zu hören! Auuu-uuuuuuhhhhhh! Der halbe Clan lief in Richtung Straße. Essen? Guides? Abbruch des Festes? Wir waren auf alles gefasst. Kurze Zeit später erlebten wir uns inmitten der vollen Fülle von verschiedenen Früchten, Nüssen, Gemüsen, einem Hirsch und Bärenfett. Wir feierten bereits dort am Waldrand! Doch mit die größte Überraschung war eigentlich, dass die Guides uns Planen mitbrachten, um im Trockenen zu feiern. Damit hatte keiner gerechnet! Jetzt war Feststimmung garantiert und mit Bananenschalen in der Hand brachten die Leute die Kostbarkeiten zum Camp. Wir begannen gleich aufzubauen und füllten bis dahin leer gebliebene Töpfe.

Bis zum Nachmittag hörte es auch auf zu schneien, wir saßen alle um drei Feuer und trockneten unsere Kleidung bzw. Körper. Die Töpfe waren aufgereiht und zudem gab es noch einen köstlichen Avocado-Paprika-Nuss-Salat von den Guides, sowie Bärenpfoteneintopf. Wir (über)aßen, wie die Weltmeister und es war mehr als genug für jeden da. Dann sprachen wir über Verbesserungsvorschläge des Wildnisjahres, die Guides schrieben einiges, was erwähnt wurde auf und würden so manches im nächsten Wildnisjahr berücksichtigen. Durch diese Teilnehmervorschläge formt sich das Wildnisjahr nun schon seit einigen Jahren, jedes Jahr etwas neu. Ziel ist es, das Programm so zu gestalten, dass Leute, die hierher kommen, aus sich heraus, in ihre Kraft kommen und lernen ein selbstmotiviertes Leben zu führen.

Dann gab es eine Ehrung der Guides, bei der jeder im Clan für dessen Arbeit, Geduld, Fürsorge, Beharrlichkeit, Erfahrung und Mitgefühl dankte. Viele Umarmungen wurden gegeben und auch Tränen blieben nicht aus!

Die Guides hielten noch einen kleinen Extrakreis mit allen Kids des

Clans, um deren Stimmen bezüglich was gefallen hat und was nicht bzw. ihre Highlights zu hören. Ich sage dir, es ist unglaublich, was diese jungen Menschen hier erleben durften und auch wenn sich die meisten wieder auf Pizza und Co freuten, bin ich mir sicher, dass keiner von ihnen diese Erfahrung je vergessen wird! Einige Zeit nach dem Wildnisjahr, erfuhr ich, dass einige Kids bereits ihre Mutter löcherten, wann denn das nächste Familienjahr stattfinden würde!
Was dann folgte, war Trommeln, ekstatisches, freudiges Tanzen, Singen und im Körper kreisenden Emotionen freien Lauf lassen. Wir zelebrierten einen spontanen Tanz, bei dem jeder das nachtanzte was eine Person gerade vormachte. Dann wechselten wir im Kreis und jeder war mal Vortänzer. Eine Person zog all ihre Jacken und Shirts aus, dann sah man kurz darauf fast fünfzehn Halbnackte in einer winterlichen Schneelandschaft, bei wildem Getrommel um drei Feuer herumtanzen. Ein Bild für Götter!!! Wie im Indianerfilm!
Die Freude und Verbundenheit an diesem Abend war groß, und zur gleichen Zeit war bei manchen schon die Abschiedstrauer präsent.
Der nächste und letzte Tag war geprägt von einer seltsamen Schwere, Müdigkeit und Trägheit. Irgendwie war es so unrealistisch, dass wir nach all dieser Zeit und all den Erlebnissen tatsächlich auseinander gehen würden. Doch so war es und wir aßen unsere letzte gemeinsame Mahlzeit. Da wir an zwei Tagen in zwei verschiedenen Gruppen das Wildniscamp verließen, um das Basecamp nicht mit Packen und Organisieren zu überfordern, hieß es umarmen, letzte Worte austauschen und verabschieden. Ich war in der ersten Gruppe und Diejenigen, die noch zwei Nächte länger blieben, brachten uns noch bis zum See. Wilde Schneeteufel wehten über dem immer noch zugefrorenen See, die Sonne kämpfte sich schwach durch ein paar Wolken und Kinder jagten, mit Freude und voll im Jetzt, die Schneeteufel. Nach wenigen hundert Metern fragte einer der Kids seinen Vater, warum Erwachsene immer so ernst sind? Nach ein paar Momenten nachdenken, fand der Vater eine weise Antwort, an die ich mich leider nicht erinnere.
Mich berührte der Abschied relativ wenig. Altes ging, Neues kam und noch Älteres wurde wieder gesehen. Ist das nicht immer wieder ein normaler Kreislauf? Ich glaube nicht wirklich an Abschiede und trage so viele Erlebnisse und Menschen immer noch präsent in meinem Herzen. Das ist vielleicht auch der Grund, warum ich mir nicht mehr viel aus Fotos mache.
Nun war es also zu Ende. Wow, ein Jahr in der Wildnis. Zurück im

Basecamp ging es mit Packen, Organisieren, Telefonieren und vorbereiten weiter. Am Abend erhielten wir unsere Zertifikate. Wahrscheinlich das schönste Zeugnis das ich bislang bekam.

24 von den anfänglich 42 Clanmitgliedern blieben bis zum Ende!

4. Kapitel - Die Zeit danach

WEITERREISE

Ursprünglich plante ich mit einigen Leuten aus unserem Clan in Richtung Westen Amerikas zu ziehen, den Yellowstone - Nationalpark zu sehen und einen bekannten Indianer an der Westküste zu besuchen. Doch hatte ich keine Vorstellungen über die Dimensionen des amerikanischen Landes! Als ich die Strecke im Internet nachsah, stellte ich fest, dass es sich um eine Fahrt von mehreren Tagen handeln würde. Da mir bloß achtzehn Tage bis zum Rückflug blieben, entschied ich mich für eine Reiseroute mit weniger fahren und mehr erleben! Zusammen mit einem Clanfreund fassten wir den Beschluss, nur durch den Bundestaat zu reisen, in dem wir gerade waren. Für uns war klar, dass wir zu einem großen See im Norden wollten. Doch wie genau gings weiter? Vor allem war unser Gepäck nicht wenig, auch wenn ich so manches wieder an die Wildnisschule zurück verkaufte, Dinge verschenkte oder mit einem Paket nach Deutschland schickte. Also mailte ich Freunde an, die ganz in der Nähe der Schule wohnten und fragte, ob wir erst einmal bei ihnen sein dürften. Woher ich diese Leute kannte? Das waren die Leute, welche uns in der Reiserntezeit am Adlerfluss mit Essen versorgten. Erinnerst du dich? Der willensschwache Ausflug in die Zivilisation.

Nach dem Wildnisjahr mailte ich diesen Leuten und kurze Zeit später machten wir eine Zeit aus, wann sie uns abholen würden. Nun begann die Phase des *Das erste Mal..........* . Bevor ich meinen ersten Schritt in die amerikanische Zivilisation tat, hatte ich die Möglichkeit bei der Wildnisschule zu duschen. Wow, nach elf Monden das erste Mal den Luxus von warmem Wasser von oben zu spüren war unglaublich. Mit Eigelb wusch ich Haare und Körper und wenn ich bislang dachte ich hätte mich sauber gewaschen, dann stellte ich jetzt fest wie viel Schmutz aus den kleinen Rillen der Haut kommen kann! Wieder frisch und mit Zivilisationskleidung stand ich nun da. Die Jeans war mir so unbequem, dass ich von der Schule eine angenehme, graue Wollhose kaufte. Ich betrachtete meine langhaarige, bärtige Gestalt im Spiegel und kam mir vor wie Indianerjohns im Seidenanzug ;-)

Das erste Essen von draußen waren frische Pralinen die Einer aus

unserer Gruppe bei seinem Konditorenonkel bestellte. Dieser schickte die kleinen Kunstwerke zur Wildnisschule und sie standen uns nun nach dem Programm zur Verfügung. Sofort spürte ich den starken Suchtfaktor der Schokolade. Kein Vergleich zu Fruchtzucker! Am Abend machte ich einen Spaziergang entlang der Straße. Mitarbeiter der Wildnisschule kamen mit dem Auto gefahren und sahen mich am Straßenrand laufen. Spontan nahmen sie mich mit in eine typisch amerikanische Bar. Das Amerika, das ich in den nächsten achtzehn Tagen kennen lernen sollte, war so, wie ich es aus dem Fernsehen kannte! Als ich die Bar betrat, blinkte überall Leuchtreklame, auf drei Fernsehern liefen Football, Icehockey und Baseball. Die neun Gäste und drei Personalleute waren allesamt stärker bis stark übergewichtig und Cola, Pommes und Burger füllten die Tische. Es kam mir fast albern vor, dass ich mir vor einem halben Mond noch Gedanken über mein Gewicht machte. Hier drin wirkte ich wie ein Supersportler! Ich stelle immer wieder fest wie relativ Dinge sind, was ist viel und was ist wenig? Ich aß eine Hand voll stark gewürzter Chickenwings und nagte neben dem Fleisch auch die Knochenenden ab. Die Reste meines Tellers sahen aus wie die eines wilden Tieres.
Doch möchte ich an dieser Stelle meinen persönlichen Gewichtsprozess der letzten Jahre teilen und meine jetzige Erkenntnis. Von Kindheit bis heute hatte ich mehrere Phasen von pummelig bis übergewichtig, hin zu schlank, sportlich, dünn und abgemagert. Ich kann mich kaum an Zeiten erinnern, in denen andere Leute nicht über mein Äußeres kommentierten. Wenn ich weniger Gewicht habe, höre ich manche Leute sagen „Du bist aber dünn geworden“. Habe ich mehr Kilos, sagen sie „Du hast aber einen Bauch bekommen“. Was für mich wirklich wichtig ist, ist, dass ich mich wohl fühle und weiß, wer ich bin. Mein Körper trägt mich und gemeinsam gehen wir durch dick und dünn! Es soll für mich keine zu große Rolle mehr spielen, denn so wie mein Leben viele unterschiedliche Phasen enthält, so wird auch mein Körper sich immer wieder neu formen.

Am nächsten Tag besuchten wir die netten älteren Leute, die am Adlerfluss wohnten. Ein schönes, großes Holzhaus, zwei Autos, zwei Wohnwägen und vieles mehr nannten sie ihr Eigen. Alles war sauber und aufgeräumt. So wie ich es von meiner leiblichen Familie kenne, für mich fast schon zu sauber ;-) Kennst du das, wenn du zu Leuten nach Hause kommst und dich kaum traust frei im Haus zu bewegen, da jeder

deiner Schritte Schmutz und Unordnung mit sich bringen könnte?
Wir teilten unsere Geschichten mit den Leuten und ihren Nachbarn, die zum Abendessen kamen und erfuhren große Gastfreundschaft. Seit Jahren trank ich meinen ersten Kaffee, was ich lange vorm Wildnisjahr abgelegt hatte. Das Abendessen wurde zur einzigartigen Konstellation. Sie machten selbstgemachte Burger, mein österreichischer Clanfreund - ein gelernter Koch - machte selbstgemachte Spätzle mit Kürbisgemüse in Sahnesoße und dazu kochten wir Wildreis mit Cranberrys. In der Zeit hier hatte ich auch meine ersten Donuts, Pancakes, die in Ahornsyrup schwammen, Suppen und einiges mehr. Die ersten fünf Tage nach dem Wildnisjahr überaß ich maßlos, dann besann ich mich wieder auf alte Werte. Die zweieinhalb Wochen Amerikareise brachten weitere fünf Kilo für mich!
Wir blieben zwei Nächte hier und machten mit dem pensionierten Paar einen Ausflug in eines der vielen Indianerreservate. Um gleich alle Illusionen darüber zu nehmen, das sind größere Gebiete mit kleinen Dörfern, kaum zu unterscheiden vom umliegenden Amerika. Beim Einfahren fallen die großen Schilder mit dem Namen des Reservats auf, sowie die roten Autokennzeichen, die den Autobesitzer als Indianer kennzeichnen. Jedes Reservat hat ein eigenes Casino, das als Haupteinnahmequelle der hier lebenden Leute, welche indianische Wurzeln haben dient. Traurig aber wahr, bei einem Blick ins Casino stellte ich fest, dass dieses nicht mit dem Nobelcasino, das ich einmal in Deutschland besucht hatte, zu vergleichen war. Da wäre man ohne Anzug und Krawatte nämlich nicht reingekommen! Die Leute in diesem Indianercasion waren im Durchschnitt fünfundfünfzig Jahre alt, meist übergewichtig und es war das einzige öffentliche Gebäude, das ich in Amerika betrat, in dem geraucht wurde. Cola, Fanta und andere Süßgetränke gab es, so viel man wollte for free. Vergeblich suchte ich Roulette - das einzige Casinospiel, das mich reizt - und betrachtete all diese Erwachsenen dabei, Münzen in duzende Automaten zu werfen und Kinderspiele a la fang die Kokosnuss, treffe das Monster oder kombiniere die Früchte zu spielen. Es fiel mir schwer, hier nicht zu (ver)urteilen. Doch war unser eigentliches Ausflugsziel ein ganz Anderes. Wir besuchten ein Indinanermuseum. Dort war deren Lebensweise dargestellt - Kochen am Feuer, Reisernte, Fischen, Gerben, Bärenfett und vieles mehr. Nach dem durchlaufen des Museums schmunzelten mein Clanfreund und ich „Das ist, was wir im letzten Jahr getan haben!“ Wir waren auch daran interessiert, wie man Ahornsirup gewinnt, denn zu dieser Zeit floss

gerade das süße Wasser in den Bäumen. *Zufälligerweise* kannten die Nachbarn der Leute, bei denen wir zu Besuch waren, ein älteres Paar im Norden der Region, die Ahornsirup gewannen. Hey, das war genau die Richtung, die wir einschlagen wollten! Der nette ältere Herr erzählte noch viele Geschichten an diesem Abend und brachte uns am nächsten Tag sehr detaillierte Karten, die uns zu seinen Freunden führen sollten. Wir mieteten ein Auto und fuhren zu einem der größten Seen im Norden, dem *Erhabenen See*, welcher auf dem Weg zu unserem nächsten Ziel lag. Dieser See zog uns beide wie magisch an! Nach ein paar Stunden auf Amerikas fast leeren, langen Highways parkten wir das Auto und betraten den Strand des Sees. Der Sand zeigte sich nur teilweise, da noFlächen des Strandes mit schönen Eiskristallen bedeckt waren. Der Wind wehte und peitschte Wellen gegen die Eiswände des Seeufers. Ich trug ein kleines Päckchen mit mir, welches mir im Sommer geschickt wurde. Da wir im Wildnisjahr keine Pakete empfangen konnten - Schutz vor äußeren Einflüssen, um im Hier und Jetzt zu bleiben - erhielt ich es danach. Darin war ein kleiner Bergkristall, der bei einer Zeremonie auf einem Wildnisfest in einem für die Erde heilsamen Muster, mit anderen Kristallen, gelegt wurde. Ein Freund, der an der Zeremonie teilnahm, schicktihn mir, dabei handelte es sich um Adlerenergie, Ausführungen dazu würden wohl den Rahmen sprengen, doch fühlte ich mich geehrt, das, ich *Sun Eagle*, diesen Kristall hier der Erde übergeben durfte und damit einen Teil der Zeremonie vom Sommer aktivierte! Wir schliefen im Wald an der Küste und über Nacht legte ich den Kristall, mit der Frage „Was möchtest Du?" auf meinen Bauch. Am nächsten Morgen war mir klar, was ich zu tun hatte. In der Wonne der Morgensonne, bei Wind und Wellen betrat ich den Eis-Schnee-Sandstrandboden, welcher für mich ein Sinnbild für Übergänge symbolisierte. Zum einen für meinen eigenen Übergang meiner aktuellen Lebensphase und zum anderen für den Übergang der Welt in eine neue Zeitqualität. Ich sang ein Herzenslied zur Eröffnung dieser kleinen Zeremonie, sprach ein Gebet, bei dem ich die Himmelsrichtungen einlud, dankte und gedachte der Menschen, welche die ursprüngliche Zeremonie machten und hielt den Bergkristall eine Weile in die strahlende Sonne. Er wollte hier sein, ich spürte es genau. Also versenkte ich ihn in den tosenden Wellen des *Erhabenen Sees*. Später sang ich mit meinem Clanfreund *Hey Angowa*, das Willkommenslied, welches die Energie des Adlers in sich trägt. Zwei Nächte später träumte ich, wie ich wieder am Ufer des Sees stand und das Wasser zurückging. Ich

betrat den Grund des Sees und fand dort den Kristall. Voller Energie erwachte ich! Ich freute mich, ein Teil des großen Ganzen zu sein und mit meinem Sein mitzuwirken, danke.
Nach einer weiteren Autofahrt kamen wir an ein mitten in der Natur gelegenes Haus bzw. vielmehr eine große, ausgebaute Garage, die von Innen isoliert wurde. Die älteren Leute hier waren auf Anhieb nett und in ihrer Art ganz anders als die ersten Leute. Viel einfacher, ärmer, selbstverständlich herzlich und kein bisschen gestellt. Wir fühlten uns gleich wie zu Hause und lernten, wie man Ahornwasser vom Baum gewann. Direkt vom Baum schmeckte es wie süßes Wasser, leicht abgekocht wie süßer Tee und wenn man den Saft auf ca. drei Prozent reduzierte, erhielt man Ahornsirup. Diesen Sirup hatte die Frau für uns noch weiter reduziert und wir kosteten puren Ahornzucker. Wir zeigten unsere Dankbarkeit, indem wir ihnen morgens all die fünfzig bis sechzig, an Ahornbäume gehängte Eimer, in Kanister entleerten und in deren Außenhaus zum Abkochen brachten. Der dicke Schneeteppich war bereits nicht mehr so stabil, was dazu führte, dass wir immer wieder schweren Schrittes in Löcher einbrachen. Das bereitete besonders dem älteren, ursprünglich norwegischen, Herrn Probleme. Er hatte Parkinson und bekam immer wieder Schwächeanfälle, wir halfen ihm, so gut es ging. Er war ein außergewöhnlich lustiger Mensch und zeigte dies schon in den ersten Minuten, als er unsere leicht verhaltene, freundliche Art auf den Arm nahm. Auf die Frage wie lange sie schon hier lebten, erhob er beide Hände und zeigte ein Maß, als ob man jemandem erklären würde wie lang ein Stock ist und sagte „so lang“. Es dauerte bis es bei uns klick gemacht hatte, doch dann mussten wir alle lauthals lachen! Seine Frau versorgte uns mit hiesigen Spezialitäten wie Weißfisch und frischen Fischlebern. Das Angenehme an ihrer Art war, dass sie trotz Ihrer Fürsorglichkeit nicht bemutternd war. Sehr direkt in ihrer Sprache nahm sie auch kein Blatt vor den Mund und teilte stets mit, was sie dachte. Auch hier blieben wir zwei Nächte und hatten noch ein Highlight mitzuerleben. Sie hatten im Wald eine selbstgebaute Sauna mit Holzofen, auf dem Steine waren. Der alte Norweger machte den Aufguss und wir peitschten uns gegenseitig traditionell mit Zweigen. Dies öffnet die Poren der Haut. Am Ende war er schwach und ich half ihm in die Kleidung, worauf er mich fragte, wo ich gelernt habe für Leute zu sorgen?
Sie erzählten uns auch von ihrem Sohn der durch die Welt reist und Extremtouren in Alaska macht. Es hingen Bilder von ihm an der Wand

und darüber stand geschrieben. „Die Welt ist für jene, die ihre Träume wahr werden lassen". Ein starkes Gefühl der Verbundenheit überkam mich und ich spürte, wie mein Herz dem Satz an der Wand zustimmte.

Vor Abreise von der Wildnisschule gaben die Guides uns Kontakte von zwei netten Familien und ohne Vorankündigung besuchten wir eine Familie, die am *Erhabenen See* lebt. Viel Gelände mit schönen, matschigen Pfützen, in denen fünf Kinder umhertobten. Ein Mann, der gerade Bäume fällte, begrüßte uns freundlich. Nachdem wir unsere Geschichte erzählten, waren wir sofort willkommen. Wir boten gleich an, ihm bei seiner Arbeit zu helfen. Gemeinsam mit all den Kids trugen wir Äste und zerkleinerten sie im Häcksler. Immer wieder erwähnte er, wie wichtig es sei, dies nicht als Arbeit zu betrachten, sondern als Spiel. Das Tun soll Spaß machen und den hatten wir! Später betraten wir deren bescheidene Stube, wo sie als siebenköpfige Familie in Küche, Wohnzimmer und Schlafzimmer lebten. Wir teilten deren und unser Essen und kamen im Gespräch im Herzen zusammen. Es war gleich klar, dass wir auf einer Welle schwangen. Wir durften in deren Seminarhaus übernachten und er erzählte uns, dass er hier mit seiner Frau geheiratete hatte und ein alter Indianer, der im Herzen noch die alten Traditionen lebt, immer wieder Zeremonien hier abhält. Wir schliefen wohlig. Am nächsten frühen Morgen wollte ich das Auto vorfahren, um unsere Sachen einzuladen und schlidderte im Matsch umher, bis der Wagen letztendlich feststeckte. Wir versuchten alles Mögliche, mit Brettern unter den Reifen, anschieben und so weiter. Es half nichts. Schlammverschmiert und mit eiskalten Händen berichtete ich unserem Hausherrn von unserer Lage. Das schien für ihn alles kein Problem zu sein! Kennst du die amerikanischen Hinterladerautos? Die Dinger sind riesig und fast jeder hier im Norden der Region hat so einen. Jetzt wussten wir auch warum! Ohne Probleme zog er uns mit einer Eisenkette aus dem Morast. Nach dem Frühstück mit frischen Eiern von deren Hof verabschiedeten wir uns.

Wir besuchten auch die zweite Familie, die uns die Guides empfohlen hatten und kamen genau zur richtigen Zeit! Denn diese Leute waren Korbmacher und Holzschalen bzw. Holzbesteck-Handwerker. Genau heute wollten sie losziehen, um eine Schwarzesche zu fällen und Material für Körbe zu gewinnen. Super, das hörte sich interessant an! Also zogen wir in den Wald. Wir fällten den Baum und trugen das untere

Stammstück nach Hause. Es war noch eine weitere Frau da, welche diesen Workshop besuchte. Mit Eisen beschlagenen Knüppeln hämmerten wir oft auf den Stamm, bis sich zwei Finger breite Streifen in Jahrringdicke aus dem Stamm lösten. Wir hatten eine tolle und lehrreiche Zeit und saßen später in ihrem selbstgebauten Haus zusammen. Wieder teilte jeder, was er zu Essen hatte und sie gaben uns vom Besten - Biberfleisch! Welch ein Fest, mein Clanfreund kochte die Köstlichkeiten und wir unterhielten uns über Gott und die Welt. Im Hintergrund waren deren vier Kinder am Spielen. Die Frau hatte teils indianische Abstammung und unsere Familienjahrgeschichte faszinierte das Paar. Auch sie waren Weltenbummler und nachdem wir in deren Wald schlafen durften, verabschiedeten wir uns am nächsten Tag mit einem Gefühl der Freundschaft.

Die Reise ging weiter in Richtung Süden, weg vom *Erhabenen See.* Wir nächtigten eine weitere Nacht an einem zufällig herausgesuchten See. Diese Region hat über fünfzehntausend Seen, egal wo man hier hin fährt trifft man auf einen See! Als wir am nächsten Tag auf den Straßen und Highways entlang fuhren, sahen wir immer wieder wilde Tiere. Schöne wilde Truthähne liefen in Gruppen über die Straße, Eichhörnchen, Hirsche und mehr. Er fuhr und ich blickte gedankenverloren auf die Landschaft. Dann sah ich, was ich mir schon seit Tagen wünschte, ich rief „ääähhhhhhh..........Waschbär!“ und er sagte bloß „ah, schön, hab ich verpasst, nicht gesehen“ und ich rief „Tot!“. Zwei Sekunden später quietschten die Reifen und wir drehten hundertachtzig Grad. Ich zog den Roadkill ans Auto, roch daran und stellte fest, dass er noch ganz frisch war. Also packte ich ihn ein und freute mich wie ein Honigkuchenpferd! Wir gaben das Auto ab und trafen uns mit der Frau, welche uns im Wildnisjahr über unsere Totems und Krafttiere befragt hatte und blieben zwei Nächte bei ihr zu Besuch. Hier trafen wir auf eine Clanfreundin, ihr Weg führte zur gleichen Zeit hier her. Am Abend zog ich dem Waschbären das Fell über die Ohren und kochte ihn zwanzig Stunden in einem Langsamkocher. Die waren mal in den Neunzigern modern. Am nächsten Tag speisten wir und das köstliche Fleisch zerfiel wie Butter auf der Zunge. Dazu machte ich Kokosmilchcurrygemüse und wir aßen wieder festlich. Die Frau war genauso alt wie meine Mutter und wir alle hatten gleich einen guten Draht zu einander. Hier schaute ich meinen ersten Film. Dabei ging es um einen Tiger, der mir dieser Tage immer wieder auf Bildern oder sonst wie begegnete. Der Tiger,

erinnerte mich an meine männliche Energie, die ich mittlerweile stark spüren konnte. Ich spürte bereits, dass das Wildnisjahr mich verändert hatte, doch konnte ich noch nicht greifen inwiefern!?
Zu viert, mit der Frau bei der wir ein paar Tage zu Besuch waren, fuhren wir weiter in eine größere Stadt. Dort lebte eine Clanfreundin mit ihrer Familie. Noch ein junger Mann aus unserem Clan war gerade dort und wir waren sechs Leute, also ein Viertel des Clans! Dort machten wir Ausflüge in die Kirche der Unitarier - vom christlichen Glauben abgeleitet, toleriert und akzeptiert alle anderen Glaubensformen - ins städtische Kunstmuseum, in dem Bilder mit Blumen nachgestellt bzw. verstärkt wurden und spielten mit Kindern auf einem Spielplatz ein Fangspiel. Es war schön zu beobachten, wie unsere im Familienjahr gelernten Strukturen, wie Redekreis und Befindlichkeitsrunden uns auch darüber hinaus dienten. Somit fanden wir schnell Lösungen für aufkommende Probleme und praktizierten das neue Wissen. Zum Abschluss gingen wir noch in eine sogenannte Käsekuchenfabrik. Ein riesiges Restaurant, in dem man dreißig verschiedene Sorten Käsekuchen essen konnte. Jeder aß zwei Stücke der Kalorienbomben und keinen Bissen hätte ich mehr nehmen können!
Nun trennten sich Wege und ich reiste mit dem Clanfreund, den ich in der größeren Stadt traf, zur letzten Station vor dem Abflug weiter in eine richtige Großstadt. Er kannte dort eine nette ältere Frau, die uns Behausung und warmes Essen gewährte. Unter anderem aßen wir eine Deepdish-Pizza, welche drei Zentimeter hoch war, vier Stücke und ich war randvoll!
Zusammen besuchten wir dort einen sogenannten *Bahaitempel*, der mich sehr beindruckte. Ein wunderschöner Bau und eine relativ neue Religion. Vor ca. hundertfünfzig Jahren gegründet, enthielt der Tempel das Christenkreuz, den Judenstern, ein islamisches Zeichen und ein buddhistisches Zeichen. Die Philosophie: Es gibt einen Gott, eine gemeinsame Religion und eine Menschheit. Dabei spielt es keine Rolle, welche Hautfarbe jemand hat, welcher Religion, Philosophie oder Nichtreligion jemand angehört oder welchen kulturellen Hintergrund man hat. Hier können Alle zusammenkommen, gemeinsam beten und meditieren und in allen Schriften lesen. Wen das mehr interessiert, einfach googlen. Bei einer Meditation in diesem Tempel kamen mir folgende Gedanken: Neben nicht-religiös-spirituell-interessierten Leuten gibt es viele Suchende/Gläubige auf dieser Welt, welche dementsprechend einer Sache, Religion, Philosophie oder Organisation ange-

hören. Das gibt Halt und oft auch Sinn fürs Leben. Ich schätze nun grob und denke, dass es ca. neunzig Prozent der Suchenden sind, welche sich in eine bestimmte Richtung bekennen. Doch was ist mit den restlichen zehn Prozent Suchender? Warum bekennen Jene sich nicht klar zu einer Sache? Ich komme beispielsweise immer wieder an wirklich tolle Institutionen mit Streben nach höherem Bewusstsein für die Anliegen dieser Welt, wie beispielsweise eine Organisation, die sich mit Philosophie beschäftigt, die Wildnisjahrschule, einige Andere mehr und nun auch hier dieser Bahaitempel. Meist mag ich deren Lehren und Praktiken und spüre die Notwendigkeit dieser Dinge für die Welt. Doch was zieht mich immer wieder weiter? Hermann Hesses Buch *Siddhartha* kam mir in den Sinn, denn selbst als dieser den großen Buddha mit seiner vollkommenen Lehre traf, ging er eines Tages weiter. Die meisten blieben beim Buddha und ihnen reichte, was es dort gab. Doch Siddhartha spürte, dass sein Weg weiter gehen müsse und so lernte er neben seinen meditativen, heiligen Lehren auch Lust und Leidenschaft, sowie Genuss, Gier, Neid, Schmerz, Freude, Feiern, Geschäftsleben, Weltlichkeit und vieles mehr kennen. Am Ende lebte er in aller Einfachheit mit einem alten Fischen an einem Fluss und fand den Frieden, den er sein Leben lang suchte. Ähnlich wie Siddhartha gehe auch ich immer wieder weiter. Vieles möchte ich erleben, Menschen kennenlernen und Neues lernen. Wenn mich heute jemand fragen würde, wo er Sinn für sein Leben suchen solle, dann würde ich wohl antworten „Habe viele Lehrer in deinem Leben und wisse, dass der Größte von allen dein eigenes Herz ist“.

Die letzten beiden Tage lief ich dann allein durch die Großstadt, da mein Flug später ging als der meines Clanfreundes. Also sah ich mir das Stadtzentrum an und mein Weg führte mich an vielen Geschäften und Leuten vorbei, hinein in einen Laden mit indianischer Kleidung. Gleich kam ich mit der netten Verkäuferin in Kontakt und erzählte ihr vom Wildnisjahr. Sie hatte indianische Abstammung und freute sich so sehr darüber, dass ich ein Stück weit in den Fußspuren ihrer Vorfahren ging. Ein tiefes Gefühl von Verwandtschaft war da und sie lud mich zu ihr an die Westküste ein. Wer weiß, wann ich dieses Angebot mal noch wahrnehmen werde?
Eine Stunde später lief ich durch das griechische Viertel der Stadt. Ich selbst habe teils griechische Abstammung. Ich ging in einen Laden, um der Frau, bei der ich gerade zu Besuch war, Blumen und griechischen

Wein zu kaufen. Ich unterhielt mich mit der Verkäuferin und an meinem Namen bemerkte sie meine Herkunft. Wir sprachen nur kurz, ich habe nie gelernt griechisch zu sprechen, und ich ging bald wieder. Als ich dann heimkehrte, verglich ich die Begegnungen mit den beiden Frauen und stellte mit Erstaunen fest, wie verbunden ich mit der Indianerin und ihrer Kultur war und wie wenig mit meinem griechischen Teil!
In dieser letzten Nacht in Amerika regnete es stark und ein Sturm überkam die Region, ein Gefühl der Freude und Dankbarkeit für die Zeit der Reise nach dem Wildnisjahr machte sich in mir breit, als ich zum Dachfester in den Himmel blickte und der Musik des Regens lauschte. Am nächsten Tag flog ich heim. Und bei diesen Worten frage ich mich wo *daheim* eigentlich ist, denn je länger ich auf diesem Planeten wandle, desto mehr empfinde ich stets das als zu Hause, wo ich gerade bin. „Zuhause ist, wo mein Herz ist“, singen Manche und mein Herz trage ich in der Brust :-)

TÄGLICHES LEBEN

Hier möchte ich ein paar Dinge teilen, welche ich im Wildnisjahr bzw. meinem bisherigen Leben erlernen durfte. Diese Dinge inspirieren mich bis heute und sind mehr oder weniger in mein tägliches Leben integriert:

- Früh schlafen legen; mit dem letzten Licht. Früh aufstehen, am besten mit dem ersten Licht. Ich kann mir nicht ganz erklären, warum es mir gut tut, doch empfinde ich weniger Lustlosigkeit und mehr Motivation für den Tag.

- Mehr im Jetzt leben. Es ist wichtig, aus der Vergangenheit zu lernen und eine Richtung für die Zukunft zu haben, doch hilft mir präsent bleiben glücklicher zu sein, bei allem was ich tue.

- Dankbarkeit für all die Dinge, die mir gegeben sind und was ich erfahren darf. Nichts ist selbstverständlich. Ich begrüße und verabschiede den Tag mit Worten des Dankes.

- Mehr mit Fragen durchs Leben gehen, als mit Antworten. Antworten begrenzen Möglichkeiten und fördern Urteile. Eine Frage führt zur nächsten Frage und erweckt Neugierde und Offenheit.

- Wahrheit sprechen und hören trainieren.

- Die Träume meines Herzens hören und so gut es geht verwirklichen.

- Zeit mit Kindern verbringen, diese erinnern mich ohne Worte an die oberen Punkte.

SCHLUSSWORTE

Gesellschaftliche Verhaltensweisen, die mir mit am stärksten auffielen, als ich vom Wildnisjahr kam, waren Schuld und schlechtes Gewissen!
Es scheint mir geradezu, dass unsere westliche Sprache und Benehmen darauf basieren. Da wir im Wald das Wort *Entschuldigung* sowie *Passt schon* bewusst aus unserem Vokabular nahmen, konnten wir an unserem tiefsitzenden Schuldbewusstsein arbeiten. Das war vielleicht anfänglich erst einmal etwas komisch, jemanden leicht zu stoßen oder spät zu sein, ohne sich dafür zu entschuldigen. Doch entwickelten wir Stück für Stück ein Bewusstsein dafür, dass jeder gerade das Beste gab, was er konnte. Das läuft praktisch natürlich nicht so einfach ab, wie es hier steht, da meine Zunge oft schneller ein *Entschuldigung* wirft, als mir lieb ist. In den Situationen, in denen ich mich früher entschuldigt hätte, sage ich meinem Gegenüber z.B., dass ich unachtsam war oder mache eine Geste mit der Hand, so dass mein Gegenüber merkt, dass ich meine Unachtsamkeit wahrnahm. Je tiefer ich in dieses Thema blicke, desto mehr komme ich in Berührung mit Angst! Erst Angst vor Schuld, dann Angst vor Ablehnung und Angst vor Strafe.

Und das Opfer, hat diese Person nicht das Recht, mich zu beschuldigen, wenn ich zu spät bin? Nein! Ich denke, dass man in solch einer Situation sachlich erklären kann, wie wichtig es ist, pünktlich zu einem bestimmten Termin zu kommen und es dabei zu belassen. Alle aufkommenden Emotionen gehören dem Wartenden und können nur von diesem wieder gelöst werden. In meinen Augen macht es auch wenig Sinn auf ein *Entschuldigung* mit einem *passt schon* zu ent-schuldigen. Das wäre nämlich nichts Anderes als die Emotionen der anderen Person zu retten und würde bestätigen, dass ich diesen in meiner Schuld empfand. Ich denke, dass wir alle Lernende sind - trial and error - und daher das Prinzip der Schuld wenig Sinn macht. Manchmal, wenn ich das jemandem erzähle, höre ich, dass die Kirche daran schuld sei. Ich kann diese Beeinflussung in unserer Geschichte sehen, doch möchte ich auch hier nicht von Schuld sprechen. Würde das nicht wieder bedeuten, die Verantwortung für meine Emotionen von Anderen abhängig zu machen? Vorsicht Opferhaltung!

Was mir diesbezüglich noch schwer fällt, ist jemand Fremden anzusprechen ohne *Entschuldigen sie* zu sagen. Das sitzt einfach sehr tief! Entsteht solch eine Haltung nicht aus dem Weltbild, dass jeder Mensch für sich alleine steht und wenn ich in dessen Bereich eintrete bzw. in

Kontakt gehe, quasi Eindringling bin und störe?
Ich möchte hier ein alternatives Bild anbieten. Menschen sowie Tiere, Pflanzen und viele andere sind Wesen, die grundsätzlich alle miteinander verbunden sind und jeder seinen Weg auf diesem Planeten geht. Es ist wichtig, für uns in Kontakt zu gehen, sich gegenseitig zu unterstützen und offen zu sein für Anliegen anderer Individuen. Dies hilft mir die *Schuld der Störung* in *Freude über Kontakt und Zusammenarbeit* zu wandeln. Wie gesagt, es ist auch für mich ein Prozess und somit spreche ich beispielsweise Leute auf der Straße oder im Laden mit „Ich habe eine Frage....." an. Nach dem Kontakt hinterlasse ich meine Dankbarkeit.
Achte einmal auf Schuldverhalten und schlechtes Gewissen in deiner Umgebung und bei dir selbst, wahrscheinlich wirst du erstaunt sein. So ging es zumindest mir!

Des Weiteren dachte ich darüber nach, warum ich im Wildnisjahr des Öfteren mit so vielen inneren Widerständen konfrontiert wurde. Einen Teil der Antwort fand ich, als ich wieder mit Wildnisleuten aus Deutschland zusammenkam. Als ich vor einigen Jahren die Wildnisausbildung in Süddeutschland begann, lernte ich im Rahmen dieser Philosophien das bewusste *nein* sagen, wenn ich etwas nicht mochte; mehr auf meine eigene, innere Stimme zu hören und meine Grenzen zu respektieren. „Sag klar nein, wenn du etwas nicht möchtest und achte darauf, dass es dir gut geht", erklärte mir mein Wildnislehrer. Das fühlte sich richtig gut an!
Dann kam ich ins Wildnisjahrprogramm und als ich hier zu meinem *nein* stehen wollte, erlebte ich plötzlich das Gegenteil. Hier hieß es viel mehr „Geh an bzw. über deine Grenzen, halte nicht an alten Mustern fest, das ist bloß dein Ego, geh aus deiner Komfortzone und fordere dich heraus!". Beide Philosophien machten für mich Sinn, doch wusste ich oftmals nicht, was ich wann tun sollte und war stark verunsichert und verwirrt. Dieser innere Kampf, der mit starken Emotionen verbunden war, zog sich nahezu durch das gesamte Wildnisjahr. Zu Beginn noch überwältigte er mich. Mit der Zeit lernte ich, besser damit umzugehen.
Heutige Reflektionen über diesen Zustand zeigen mir, wie wichtig es ist, diese beiden Seiten zu kennen. Es geht weniger um richtig oder falsch, als vielmehr um den gesunden Rhythmus dieser Philosophien. Bin ich beispielsweise zu lange und zu oft in meiner Komfortzone, geht es mir zwar gut, doch werde ich träge und motivationslos. Bin ich zu lange und zu oft über meinen Grenzen, lerne ich zwar sehr viel und empfinde

Zufriedenheit, doch drohen körperliche oder emotionale Überforderung mich zu Boden zu schmettern.
Nun, da ich sowohl die lichten als auch die Schattenseiten beider Philosophien kenne, liegt es an mir, stetig nach Wachstum zu streben und zur gleichen Zeit mir die nötige Ruhe zu geben. Beide liegen oft sehr nah beisammen und sind am Ende vielleicht bloß zwei Gesichter ein und derselben Sache. Der schmale und spannende Grat des Lebens.

ICH BLEIBE WILD

Die Rückkehr nach Deutschland war sehr spannend. Viele Menschen spiegelten mir meine Veränderung, sowohl im Äußeren, als auch im Verhalten. Ich selbst spürte am stärksten, wie sich meine Emotionslage verändert hatte. Mehr Ruhe und weniger Erschütterlichkeit. Das ist eines der größten Geschenke, die ich aus dem Jahr im Wald mitnehme. Wieder zurück werden mir folgende Worte der Guides umso deutlicher: Die Wildnisskills, welche wir im Wildnisjahr erlernten, sind nett, jedoch bloß Unterhaltung. Die wirklich wichtigen Dinge trage ich nun überall mit mir, auch wenn mein gegerbtes Leder mal nicht mehr ist, innewohnendes Wissen hat kein Verfallsdatum! All die Dinge, welche ich über zwischenmenschliche Beziehungen, Gemeinschaft und mich selbst gelernt habe, finden in aller Welt praktische Anwendung.
Überhaupt das ganze Ausmaß dieser einzigartigen Erfahrung wurde mir erst draußen so richtig bewusst. Mein Blick ging tiefer und meine Sinne waren schärfer. Auch wenn ich schon früher sehr sensitiv war für im Raum liegende Stimmung und Emotion, war das nicht nur immer Segen. Nun habe ich Werkzeuge, um mit diesen Schwingungen auch umgehen zu können. Vorm Wildnisjahr sagte ein früherer Wildnisjahrabsolvent einmal zu mir „Ein Wildnisjahr ist wie zehn Jahre in unserer gewohnten Umgebung". Dies bezog er auf inneres Wachstum. Ich blieb damals offen, jedoch war ich auch etwas skeptisch. Nun weiß ich, wovon er sprach! Ich habe große Achtung vor all den Menschen, die dieses Programm schufen und stetig feilen und verbessern. Auch wenn ich zwischenzeitlich mal sauer auf sie war ;-)
Man kann sich das ungefähr so vorstellen wie bei diesen Zeichnern, die irgendwo auf einem Blatt Papier ein paar Striche und Bögen zeichnen, dann ganz wo anders weiter zeichnen und das Bild für lange Zeit nicht viel verrät. Gegen Ende bekommt man dann eine Ahnung was dabei

herauskommt und am Schluss entsteht ein einzigartig schönes Bild.

Meine Umgebung hatte sich nun geändert, es fuhren wieder Autos um mich herum, laute Musik, rauchende Leute und hektisches Hamsterradverhalten - viele müde, sich beschwerende Menschen und das Wetter scheint an allem schuld zu sein. Natürlich waren nicht alle so, doch nach der Erfahrung in einem Clan gelebt zu haben, der als Ziel hatte, dass jeder Einzelne voll in seine Kraft kommt, wirkte vieles hier draußen passiv und schlaff!
In mir drin spürte ich, wie ich immer noch im Wald war, wie ich immer noch wild war! Und wild sein ist für mich weniger ein bestimmtes Verhalten, auch wenn Leute verdutzt schauen, wenn ich mir in aller Öffentlichkeit die Zähne putze oder meine Fingernägel mit dem Messer schneide. Viel mehr ist wild sein, für mich, eine Einstellung zum Leben. Eine Mischung aus innerer Freiheit, Freude am Tun und Sein, sowie Verantwortungsbewusstsein, welches sich nach dem eigenen Herzen richtet!
Beispielsweise hatte ich nicht wieder das Gedankenkonstrukt von Arbeit = schlechte Zeit und Wochenende, Urlaub = gute Zeit angenommen. Oder Ausschlafen = Kraft und Energie und wenig schlafen = müde und kraftlos. Ich hätte dies vor dem Wildnisjahr wohl noch für unmöglich gehalten, doch stehe ich nun fast jeden Morgen früh auf und arbeite bzw. tue, was es zu tun gibt. Dabei verschwimmen Arbeit und Freizeit immer mehr. Ich ruhe, wenn es Zeit zu ruhen ist und nicht wenn ein Sonntag es vorgibt! Ich tue, wenn es Zeit zu tun ist und nicht wenn die Uhr oder der Kalender es vorgeben. Das heißt trotzdem, dass ich mich an Zeiten und unsere Kalendervorgaben halten muss, wenn ich in unserer Zivilisation agiere. Die Freiheit von der ich spreche, findet in meinem Inneren statt. Dabei ist es wichtig für mich, ein Ziel zu haben, welches meinem Herzen entspricht. Es kommt weniger darauf an, was ich tue als vielmehr wofür ich im größeren Zusammenhang gehe. Das verdeutlicht mir erneut, wie sehr Visionen und Träume der entscheidende Antrieb für mein Leben sind, mir Sinn geben und mich erfüllen. Dies wünsche ich jedem Menschen auf dieser Welt:

Lebe Deinen Traum
Jetzt!

Alexandros Sun Eagle

Vorgeschichte des Buches

Ich hatte nie vor ein Buch zu schreiben! Alles was ich tat, war, einem inneren Impuls zu folgen und meinen Traum zu leben – ein Jahr in den Nordwäldern Amerikas zu verbringen. Gesagt, getan. Während dieser Zeit hatten wir einmal pro Mond die Möglichkeit, eine dreistündige Wanderung zu einem Basecamp zu unternehmen. In diesen einfachen Holzhäusern lebten unsere Programmguides, welche das Wildnisjahr leiteten, und wir konnten einen ganzen Tag Telefon und Internet nutzen, um mit Verwandten und Freunden in Kontakt zu treten. Das war besonders, denn ansonsten lebten wir fern von jeglicher Zivilisation!

Einige Menschen sprachen mich vor dem Wildnisjahr darauf an, ob ich sie auch in meinen E-Mailverteiler mit aufnehmen könnte. Ich hatte nämlich vor, einmal pro Mond einen Bericht darüber zu schreiben, wie es mir geht und was ich erlebe. Und das tat ich auch. Mehr als ich es erwartet hätte, waren die knapp hundert Leser begeistert, und viele von ihnen warteten jeden Monat sehnsüchtig auf den nächsten Bericht.

Nach dem Wildnisjahr forderten genau diese Leser mich dazu auf, ein Buch über meine Erfahrung zu schreiben. „Ich, ein Buch schreiben?“, sagte ich verwundert, „…ich habe doch keine Ahnung wie man ein Buch schreibt!?“. Doch fand ich die Idee nicht schlecht und schrieb einfach darauf los. Entweder es würde einfach bloß eine spannende Geschichte werden, die ich eines Tages meinen Enkeln vorlesen würde, oder……

Da ich nach dem Wildnisjahr in meinem Auto lebte bzw. im Englischen Garten in München, ging ich jeden Morgen zum Starbuckscafé, bestellte den günstigen Kamillentee und hatte dort Strom und Internet, um das Manuskript anzufertigen. Ich schrieb anfangs noch auf WordPad, da ich kein richtiges Word hatte. Und das war mir damals auch zu teuer, also ließ ich mir vom Bruder eines Freundes vorübergehend ein gecracktes Word 2010 geben, bis ich selbst eine Originalversion haben würde. Jetzt konnte es losgehen…… zu früh gefreut, die Version war auf Spanisch! Doch konnte ich mit einem Deutsch-Spanisch-Wörterbuch die nötigen Funktionen nach langer Tüftelei einstellen. Irgendwann bekam ich dann den Download für die deutsche Spracheinstellung hin, und jetzt konnte es richtig losgehen! Bald befanden sich auch schon einige Kapitel in meinem Word-Dokument.

Doch wie würde ich einen Verlag finden? Sagen die nicht den meisten ab? Und wer lektoriert es mir, ist das nicht sehr teuer? Kurz darauf lernte ich wie aus heiterem Himmel eine Literaturwissenschaftlerin kennen, welche mit Freuden bereit war, das Manuskript zu lektorieren. Yeah, welch Segen! Ich machte ihr ein nettes Geschenk, und wir arbeiteten gut zusammen. Nun erinnerte ich mich daran, dass eine Freundin meiner Großmutter bereits zwei Bücher geschrieben hatte, und nahm sofort Kontakt zu ihr auf. Sie verwies auf den ReDiRoma-Verlag und ich rief schon bald dort an. Der Verleger fand mein Manuskript sehr lesenswert und damit lief alles wie am Schnürchen! Vom Beginn des Manuskriptes bis ich das erste Exemplar in Händen hielt, dauerte es viereinhalb Monate. Durch eine einfache Verteiler-E-Mail verbreitete ich das Erscheinen des Buches, und tröpfchenweise kamen täglich mehrere Bestellungen herein. Zu meinem Erstaunen wurden bis zum Erscheinen der Neuauflage mehrere hundert Bücher verkauft, womit ich ehrlich gesagt anfangs nicht gerechnet hatte!

Auf meiner Reise nach Indien lernte ich dann eine nette Frau aus Kanada kennen, welche bereits 14 Jahre in der Schweiz lebte und mit einem deutschen Mann verheiratet ist. Sie las das Buch, war begeistert und ging auf meinen Wunsch ein, das Buch ins Englische zu Übersetzen. Und so kam es, dass das Buch „A family in the Wilderness - One Year of living like Natives“ im April 2014 herausgegeben wurde. Wieder einer dieser glücklichen Zufälle?

Um einen noch besseren Eindruck vom Familienwildnisjahr zu bekommen fragten einige Leser nach Bildern. Um diesem Wunsch nachzukommen, setzte ich mich erneut an den Laptop und fügte Bilder für die Neuauflage ein. Das Ergebnis hältst du nun in Händen! Gefällt es dir? ……

……falls ja, dann informiere mich doch über dir bekannte Möglichkeiten, wie das Buch „Wildnisfamilie“ einer größeren Leserschaft bekannt gemacht werden könnte. Meine bisherige Erfahrung ist, dass viele das Thema interessiert, sie müssen bloß davon erfahren!

Vielen Dank für deine Unterstützung!

Häufig gestellte Fragen

1. Würdest du das Wildnisjahr wieder machen?

Das ist eine interessante Frage, da sie sich mir auf diese Art gar nicht stellt! Ich entschied mich, das Wildnisjahr zu machen, da ich in meinem Inneren ganz klar spürte, dass dies der nächste Schritt ist, um zu wachsen. Ich wusste bei meiner Entscheidung nicht einmal genau worauf ich mich einließ und ehrlich gesagt, hätte ich es gewusst, dann wäre mein logischer Verstand wahrscheinlich an die Decke gegangen!
Also, wenn mir heute jemand diese Frage stellt, dann kann ich nur sagen, dass, wenn es mich erneut so sehr ziehen würde wie beim ersten Mal, dann würde ich wieder für ein Jahr in die Wälder gehen. Wenn ich jedoch heute merke, dass jetzt ein anderer Ort der richtige für mein Wachstum ist, dann gehe ich lieber dorthin. Die innere Stimme entscheidet nicht zwingendermaßen logisch, doch weiß sie genau, wo das ganze hinführt. Das kann der angstorientierte Verstand nicht! Wenn du deinem inneren Ruf folgst, wird es vielleicht nicht immer ganz einfach sein, doch glaube ich, dass die Chancen für ein erfülltes Leben wesentlich höher sind, und langweilig wird einem dabei auch nicht!

2. Was sind die Voraussetzungen, um bei solch einem Jahr teilzunehmen?

Im Grunde genommen nichts weiter, als der Wille dabei zu sein. Manche Leute haben Outdoor- und Wildniserfahrung, andere wiederum gar nicht. Da es kein Überlebenstraining im klassischen Sinne ist, sondern ein Training im Leben, ist für jeden etwas dabei. Die wahrscheinlich treffendere Frage ist, ob man seine inneren Voraussetzungen dafür erfüllt? Ist man wirklich bereit, aus der eigenen Komfortzone herauszutreten, etwas absolut Neues zu wagen und darauf zu vertrauen, dass alles gut ausgehen wird? Das Wildnisjahr bietet bloß eine spezielle Plattform im Außen, um letztendlich direkt und ohne Umweg seiner Innenwelt zu begegnen. Ich denke eine Voraussetzung ist auf jeden Fall Mut!

3. Was war deine größte Herausforderung während des Wildnisjahres?

Ich selbst! Natürlich bin ich Hunger bzw. vor allem emotionalem Hunger begegnet. Kälte, Erschöpfung, Diskomfort und anderen, physischen Herausforderungen. Doch wenn man davon ausgeht, dass jeder Mensch, dem man begegnet, ein Spiegel eines Aspektes in einem ist, dann war wohl die größte Herausforderung für mich, in all diese Spiegel zu sehen, nicht zu verurteilen, sondern zu lieben. Es gelang mir nicht immer. Doch lernte ich gewiss jede Menge über mich selbst und meine Schatten. Noch heute sind mir diese zwischenmenschlichen Begegnungen aus dem Wildnisjahr lehrreiche Erfahrungen und täglich habe ich erneut die Chance, einen weiteren Schritt in Richtung Liebe zu machen!

4. Wie ging es den Kindern mit diesem Lebensstil?

Die ersten Wochen waren wohl geprägt durch eine Art Anfangseuphorie. Sie hüpften und spielten. Doch ähnlich wie bei den Erwachsenen verflog das bald und die große Trägheit kam. Kein Fernseher, kein Computer, kein Komfortessen usw. Dies führte dazu, dass sie mehr und mehr in ihre Fantasiewelten eintauchten - vor allem die Jungs. Oft nahmen sie nicht mehr allzu viel am Campgeschehen teil und spielten und lebten in ihren Gedankenspielen. Wahrscheinlich eine Art Flucht, welche sie direkter ausdrückten als einige Erwachsene, denn auch ich war oft in Gedanken woanders!
Aber nach fünf bis sechs Monden änderte sich etwas gravierend. Anstatt darauf zu warten von Außen *bespaßt* zu werden, fingen sie an, aus sich heraus kreativ zu werden! Viele Spiele wurden erfunden, der Wald wurde zum Abenteuerspielplatz, und mit ihrer Fantasie wurden Stöcke, Steine und Knochen zu interessantem Spielzeug.
Am Anfang des Wildnisjahres beobachtete ich noch Grüppchenbildung unter den Kids, doch am Ende sah ich sie als eine Gruppe. Sogar die beiden unterschiedlichsten Kids, welche zu Beginn nicht zusammen spielten, kamen nun gut miteinander aus. Ähnlich wie Geschwister wuchsen sie zusammen, und jeder hatte seinen Platz in der Kinderkultur.

5. Wie war es, wieder in die zivilisierte Gesellschaft zurückzukommen?

Für mich war es weniger herausfordernd, als manch einer annehmen würde. Ich denke das lag daran, dass ich genau wusste, wie es in meinem Leben weitergehen sollte. Ich hatte klare Ziele und war bereit, morgens früh aufzustehen und mich ans Werk zu machen.
Bis heute sehe ich Unklarheit bzw. Unentschiedenheit als einen der leidvollsten Zustände. Man geht nicht so richtig hierhin und auch nicht so richtig dorthin. In beide Richtungen geht Energie verloren, doch am Ende steht man immer noch am Anfang!
Wenn ich nicht genau weiß, wie es bei mir weitergehen soll, dann setze ich mich in die Natur oder gehe Spazieren und warte so lange, bis ich wieder Klarheit habe. Zu diesem Thema erfuhr ich bislang zwei hilfreiche Ansätze:

1. Man sollte stets drei Ziele haben: Ein Kurzfristiges (Tage oder wenige Wochen), ein Mittelfristiges (Wochen oder wenige Monate) und ein langfristiges Ziel (Monate oder Jahre).
2. Man sollte jederzeit bereit sein seine Ziele loszulassen.

Immer dann, wenn es mir gelingt, diese beiden Philosophien miteinander zu vereinen, erfahre ich die meiste Klarheit für meinen Weg. Mit anderen Worten: Gehe unbeirrt, geradewegs auf dein Ziel zu und sei jederzeit bereit, wenn sinnvoll, davon abzuweichen.
Auch wenn ich mich stets nach der Natur sehne, war es in Ordnung für mich, wieder zurück in der Gesellschaft zu sein, da ich genau wusste, was die nächsten Schritte sein sollten.

6. Hat sich deine Sicht auf das Leben durch das Wildnisjahr verändert?

Definitiv. Als ob mir jemand die Augen ausgewechselt hätte! Wir lebten so authentisch in diesem Jahr, und als ich die ersten Male wieder Städte besuchte, kam ich mir vor wie in einem großen Theater. Ich stand auf der Straße und fragte mich eindringlich, ob „Die“ das wirklich ernst meinen? All die wichtige Hektik und Ungeduld, all die Masken und Versuche, etwas oder jemand darzustellen, jeder scheint nach etwas zu jagen und sieht dabei aus wie Don Quijote im Modeoutfit. Ich konnte nicht einmal verurteilen, so sonderbar und regelrecht witzig kamen mir die Menschen hier vor! Ich denke, mittlerweile haben wir im Groben zwei Arten zu leben auf diesem Planeten bzw. zwei verschiedene Wirklichkeiten: Die eine ist im Rhythmus mit dem Planeten und der Natur, und die andere ist im Rhythmus eines künstlichen Systems. Es ist bestimmt von Vorteil sich in beiden Welten bewegen zu können, doch ist es noch viel wichtiger zu erkennen, welche von beiden tatsächlich real ist! Wer das große Schauspiel, wie ich unsere Gesellschaft nenne, als wahr ansieht, wird schneller ein Teil des Bühnendramas als ihm lieb ist! Deshalb betrachte ich die Gesellschaft mehr als Komödie und nehme bewusst daran teil, um mitzuwirken, dass das Theater irgendwann ein Ende hat bzw. zu einem natürlicheren und menschlicheren Schauspiel transformiert. Ich denke nicht, dass es darum geht, dass wir wieder alle im Wald leben. Vielmehr darum, dass wir selbst im Inneren wieder zum Wald werden und die natürlichen Prinzipien in unsere heutige Welt integrieren.

7. Was nimmst du mit aus diesem Jahr?

Ein neues Messer, Ledermokassins, drei selbstgegerbte Rehhäute, Wissen, wie man ohne Streichhölzer Feuer macht,............ Nein, natürlich nicht! Nach dem Wildnisjahr konnte ich folgende Aussage des Gründers dieses Programms besser verstehen: All jene Dinge - wie Feuermachen, Gerben, Spurenlesen, usw. - sind bloß Unterhaltung. Das, was wir tatsächlich mitnehmen aus diesem Jahr, sind die zwischenmenschlichen Werte. Denn wer die Chance genutzt hat, etwas über Kommunikation und die eigenen Verhaltensmuster zu lernen, der wird nun hilfreiche Werkzeuge in Händen halten, welche ihm überall auf der Welt und vor allem in unserer modernen Gesellschaft von Nutzen sein werden! Und genau so habe ich es auch erfahren.
Und wenn meine Einstellung zum Leben mal wieder durch Trägheit oder Sinnlosigkeit bedroht wird, dann höre ich heute noch die Stimmen aus dem Wildnisjahr, welche immer wieder aufriefen: „Komm in deine Kraft - Jetzt!“
Doch das wahrscheinlich Wertvollste, was ich in diesem Jahr lernen durfte, war, mehr zu vertrauen. Vertrauen - eine innere Kraft jenseits des rationalen Verstandes. Immer dann, wenn ich es schaffe zu vertrauen, weichen meine Ängste und auf einmal entsteht Platz für Liebe und Freude in meinem Leben.

In diesem Sinne möchte ich dich zu einem Austausch über dieses Buch oder auch das wilde Leben auf dieser Welt einladen. Gerne kannst du mir eine E-Mail an folgende Adresse schreiben:

suneagle@sei-mal-anders.de

Teile deine offenen Fragen mit mir. Könntest du dir vorstellen, solch ein Wildnisjahr zu machen, oder brennt es dir sogar in der Brust danach? Ich bin bereit, dir mehr Informationen über die amerikanische Wildnisschule zu geben und dich während der Vorbereitungen für dein Wildnisjahr zu unterstützen!
Vielleicht möchtest du auch deine ehrliche Kritik an diesem Buch und den von mir geschilderten Inhalten teilen. Dann freue ich mich über jegliches Aufmerksammachen, Lob und neue Vorschläge.

Vor allem aber interessiert mich, wie du lebst und was deine größten Sehnsüchte und Träume sind!

Alles Liebe für deinen Weg, Alexandros Sun Eagle

MEHR INFORMATIONEN

Vielleicht sind folgende Angebote und Möglichkeiten für dich oder jemanden, den du kennst interessant.

BUCHPRÄSENTATIONEN: Gerne komme ich zu dir ans Lagerfeuer, in einen Seminarraum, zu einem Festival oder einer ähnlichen Veranstaltung und erzähle in einer angenehmen Runde persönlich vom Wildnisjahr und meinen Erlebnissen.

GROSSBESTELLUNGEN: Bei Bestellungen ab 5 Büchern gibt es einen Gesamtrabatt von 10%. Bei Bestellungen von 10 oder mehr Büchern einen Gesamtrabatt von 20%.

KOMMISSIONSVERKAUF: Vielleicht hast du einen Laden, Marktstand oder eine andere Präsens, bei der die Möglichkeit besteht, das Buch mit anzubieten. Gerne lasse ich dir kostenfrei ein paar Exemplare zukommen und du bietest sie dann bei dir an. Natürlich bekommst du pro verkauftem Buch einen Kommissionsrabatt, den wir vorher festlegen.

VERLAGSKONTAKTE: Du hast eine Verbindung zu einem Verlag bzw. Großverlag oder wüsstest, wie man das Buch einer breiteren Masse anbieten könnte. Dann gib mir bitte Bescheid, ich freue mich auf diese Möglichkeit!

WILDNISANGEBOTE: Gerne komme ich auch zu euch und wir erleben gemeinsam die Natur! Zusammen können wir Feuer machen, Schalen brennen, schnitzen, am, um, und im offenen Feuer kochen und durch verschiedene Wahrnehmungsübungen der Umgebung sowie unserer inneren Natur näher kommen.
Besonders geeignet für Schulen, Kindergärten, Firmen und andere soziale Einrichtungen.

ZUSAMMENWIRKEN: Du bietest inspirierende Kurse, Workshops, Vorträge oder ähnliches an und könntest dir eine Zusammenarbeit mit mir vorstellen. Bitte kontaktiere mich, ich freue mich darauf mit dir gemeinsam zu kreieren.

ONLINE-VERNETZUNG: Du hast eine Internetseite, Facebook oder ähnliche Plattform, auf der du das Buch Wildnisfamilie präsentieren bzw. eine Verlinkung auf meine Seite erstellen kannst. Auch das ist mir eine gute Unterstützung!

Mehr Informationen zu meinem Tun und Wirken unter:

www.sei-mal-anders.de

Family Wilderness Guide Program 2016-17

Was braucht ein Kind um gut heranzuwachsen? Jemand in unserer Gesellschaft würde vielleicht antworten: „Eine gute Schule". Einer aus einer Bauernkultur mag sagen:„Es braucht ein Dorf". Eine indigene Person könnte entgegnen: „Es braucht eine Kinderkultur", was bedeutet, kontinuierlich mit anderen Kindern zu leben und sie ihr Leben frei gestalten zu lassen. Und was braucht man für eine solide Kindererziehung? „Einen guten Partner", oder „ein verantwortungsbewusstes, gefestigtes Individuum" wäre wahrscheinlich die Antwort einer modernen Person. Der Landwirt könnte sagen:„Die Hilfe von Großeltern". Die indigene Person würde wahrscheinlich entgegnen:„Es braucht einen Stamm". Mehr unter:
www.teachingdrum.org/aboutfamilyyearlong.html

The Guardian Way 2016-17

Du wirst lernen unsichtbar zu werden und Dich als Schatten zu bewegen, auf mehr Kraft zuzugreifen als Du selber erzeugen kannst, mehr zu sehen, als Deine eigenen Augen es erlauben, und die Gedanken und Gefühle anderer besser zu kennen als Deine eigenen. Du wirst lernen Konflikte zu lösen, indem du die Wahrheit hinter der Angst siehst. Wie indigene Völker wirst Du beginnen, Pflanzen und Tiere als Brüder und Schwestern zu sehen, damit Du allen Lebewesen mit Ehre und Respekt dienen kannst. Das ist die Art des Guardian – eine vielfältige Person in Jäger- und Sammler Völkern, die als Kundschafter und Abgesandter, Versorger und Beschützer dient, sowie als Vorbild und Inspiration für die Jüngeren gilt. Die Guardian Trainees werden diese Rolle während des Family Wilderness Guide Program erfüllen. Ihr traditionelles Guardian Camp wird in der Nähe des Hauptcamps sein. Sie werden in ein intensives Trainingsprogramm aus Übungen und Erkundungstouren involviert sein, sowie Aufträge im Dienste des Familien-Clans erfüllen. Mehr unter:
www.teachingdrum.org/guardiantraining.html *und*
www.teachingdrum.org/training.html

Die Friedensbaum Stiftung hat sich zum Ziel gesetzt das Wissen um die Möglichkeiten und Wege des Friedens so vielen Menschen wie möglich bewusst zu machen und damit die Türen für ein neues wertschätzendes Miteinander zu öffnen. Die Vermittlung dieses Friedens-Bewusstseins erfolgt neben den weltweiten Friedensbaum Pflanzungen durch die eigens gegründete Filmproduktionsgesellschaft „Peacetree Film Creations" und der sich in Gründung befindlichen Friedensbaum-Universität. Darüber hinaus initiiert und fördert die Stiftung Friedenskampagnen.

Friedensbaum-Pflanzungen

Mit der Pflanzung von Friedensbäumen kann das Bewusstsein von Frieden und Verbundenheit in den Kollektivkörper eingespeist werden. Das weltumspannende Bewusstseinsnetz der Bäume trägt die Information durch die Energiebahnen der Erde und des Äthers weiter und unterstützt damit den kommenden Evolutionssprung. Die Arbeit mit dem Ritual greift auf eine sehr direkte Weise in das morphogenetische Feld ein. Wir sind davon überzeugt, mit dieser Arbeit sehr viel effektiver für eine friedvolle Zukunft zu wirken als mit politischen Aktivitäten, da die Grundlage jeder großen Veränderung vor allem eine Veränderung im Bewusstsein ist.

Die MAMOS und die BÄUME DES FRIEDENS

„ Wir haben die gesamte Schöpfung eingeladen unseren Film mit zu gestalten!"
Das PeaceTree Filmteam ist dem „Reiseführer des Herzens" gefolgt. Die Einladung einen Friedensbaum auf einem internationalen Erdheilertreffen in Montana/USA zu pflanzen, führte zu der außergewöhnlichen Begegnung mit den MAMOS – vier Gesandten eines ursprünglichen Volkes – der Arhuaca aus Kolumbien. Sie sind bis heute Träger einer uralten Weisheit und Hüter der Erde. In ihrer großen Sorge um Mutter Erde haben sie sich auf den Weg in die westliche Welt begeben. Ihr Anliegen ist in seiner Schlichtheit von größter Wichtigkeit: Der Weg des spirituellen Bewusstseins ist der Weg des wahrhaftigen Friedens.
Mögen die MAMOS so viele Herzen wie möglich berühren!

Die Friedensbaum Universität

Mit der Friedensbaum Universität möchten wir altes und neues Wissen über das Friedenstiften vermitteln. In dieser Schule des Friedens erschaffen Kinder ihren eigenen Raum, in dem sie ihren ureigenen Frieden leben können. In diesem geschützten Rahmen lernen sie diesen Frieden zu entfalten und in ihre Umwelt hinaus zu tragen, um dort selbst zu Friedensstiftern zu werden. Um dies zu verbreiten soll es Weiterbildungen für ErzieherInnen und LehrerInnen geben, damit auch sie dieses Wissen an ihre Schüler weitergeben.

Regenbogentanz

Jedes zweite Jahr zu Vollmond findet dieser transformative und heilsame Regenbogentanz für den Frieden statt. Dieses Jahr werden wir 144 Regenbogenkristalle aufladen, die dann auf der ganzen Welt bei Friedensbaum-Pflanzungen verteilt werden. Das Motto für den Tanz vom 26.08.-01.09.2015 ist „Schönheit"

weitere aktuelle Infos unter www.friedensbaum.de

WILDNISSCHULE CHIEMGAU

Das Wissen der Naturvölker

Wildnispädagogik - die Natur neu entdecken.

Diese Weiterbildung für Erwachsene ist ein Schwerpunkt der Wildnisschule. Folgende Fragen hat sich Dirk Schröder, Gründer der Wildnisschule Chiemgau, auf seinen Reisen immer wieder gestellt:

„Warum sind Naturvölker so fröhlich, warum lernen dort die Kinder so leicht, warum werden die Älteren dort geachtet, warum ist bei ihnen der Lebenskreis geschlossen? Die Antworten kamen ihm, als er immer mehr in das „Wildniswissen" eintauchte. Er konnte die tiefe Verbundenheit mit allem, was lebt, spüren.

Die Wildnisschule Chiemgau - Elementar Erfahrungen hat sich zum Ziel gesetzt, das alte Wissen der Naturvölker weiter zu geben und die Kursteilnehmer zu unterstützen, ihr Potenzial zu erkennen und zu entfalten. Es werden die Grundlagen zum Überleben in der Natur gelehrt. Dazu gehören: Feuermachen mit dem Naturfeuerzeug, essbare Pflanzen und Heilkräuter erkennen und verwerten, Wasser finden, Notunterkunft, Spurenlesen etc.

In den Veranstaltungen werden auch die Sinne und die Wahrnehmung auf eine Art trainiert, wie es bei nativen Kulturen üblich ist. Die Kurse, in denen der respektvolle Umgang mit allem was existiert, vermittelt wird, gehen weit über reines Survival-Training hinaus.

Mit der **Ausbildung „Wildnispädagogik"** möchte Dirk Schröder dazu beitragen, dass dieses universelle Wissen auch bei uns wieder Verbreitung findet - dass wir wieder unseren Platz im Kreislauf der Schöpfung finden.

Weitere Informationen unter:

www.wildnisschule-chiemgau.de